ZHONGXUE YUWEN
JIAOXUE FA SHI JIANG

中学语文教学法

十讲

张占杰◎著

安徽师范大学出版社
· 芜湖 ·

责任编辑:潘 安
装帧设计:丁奕奕

图书在版编目(CIP)数据

中学语文教学法十讲 / 张占杰著. —芜湖:安徽师范大学出版社,2017.5（2021.4重印
ISBN 978-7-5676-2821-2

Ⅰ.①中… Ⅱ.①张… Ⅲ.①中学语文课－教学研究 Ⅳ.①G633.302

中国版本图书馆CIP数据核字(2017)第086122号

中学语文教学法十讲

张占杰 著

出版发行：安徽师范大学出版社
　　　　　芜湖市九华南路189号安徽师范大学花津校区　邮政编码:241002
网　　址：http://www.ahnupress.com/
发 行 部：0553-3883578　5910327　5910310(传真)E-mail:asdcbsfxb@126.com
印　　刷：苏州市古得堡数码印刷有限公司
版　　次：2017年5月第1版
印　　次：2021年4月第4次印刷
规　　格：700 mm×1 000 mm　1/16
印　　张：12.75
字　　数：240千
书　　号：ISBN 978-7-5676-2821-2
定　　价：38.00元

目　　录

前　言

随着新课标的颁布，中学语文教学进入一个新的时代。中学语文教学新时代的主要标志有三个：语文课程性质的重新界定，教材内容和形式的改变，学生学习方式的转变。对语文教师而言，专业成长方向需要有一个较大调整才能适应这场语文教学的变革。

第一，语文课程性质的重新界定促使教师加强人文修养。

1902年《钦定中学堂章程》颁布以来，初中（义务教育）阶段教学大纲达22种，新中国成立后自1956年起颁布的教学大纲有12种，对语文性质的界定大多从工具性和人文性两个维度进行，时代不同，两者内涵不尽相同。

对语文的工具性质，大纲时代大多界定为：语文是学习和工作的基础工具，语文学科是学习其他各门学科的基础。因此，将基本知识和基本技能作为语文教学的两翼，采取强化训练的方式就顺理成章了。新课程标准对语文的工具地位并没有否认，但采取了另一种解释：语文是最重要的交际工具，是人类文化的重要组成部分。在这一基础上，语文教学使用"语文素养"的提法代替原来的"基本知识和基本技能"的提法，从"知识与能力""过程与方法""情感态度与价值观"三个维度诠释这一概念，既包括原来的"双基"内容，又增加新的内涵，"过程与方法""情感态度与价值观"的提法考虑了学习过程和范围，强调了语文学习对学生的尊重，在塑造学生健康而丰富的精神世界方面起决定性作用，这充分体现了语文课程"工具性与人文性统一"的特点。新课标之前的教学大纲，人文性的内容也有规定，只是界定的范围较窄，较多地体现当时的意识形态要求，如：语文学科对于提高学生的思想道德素质和科学文化素质，培养有理想、有道德、有文化、有纪律的社会主义公民，具有重要的意义。在语文教学过程中，开拓学生的视野，发展学生的智力，激发学生热爱祖国语文的感情，培养学生健康高尚的审美情趣，培养社会主义的思想品质和爱国主义精神。在新课标中，人文性的内容界定更为详细，值得我们关注的内容在于，它将学生逐渐养成良好的个性和健全的人格，促进德、智、体、美的和谐发展，作为语文教学的目标之一，突破了大纲时代对语文人文性的界定，从人文主义精神的高度看待语文教学。

对比大纲和新的课程标准对语文课程性质的界定，可以看到，课程标准将原来割裂的语文的工具性和人文性统一起来，从现阶段学生精神成长的高度认识语文课程，定位明确，有利于确立语文课程的独立地位。正如许多专家所言，语文教学中人文精神，是以人文主义为精神内涵，以尊重学生为逻辑起点，从教师角度考虑，教师是这种人文精神实现的直接执行者，换句话说，教师身上人文精神的多寡直接影响到课标的实现程度。人文精神所特有的关怀、理解、尊重人的生命需求，生命状况和心理诉求、情感、追求等，教学过程中应有所体现。教师还要站在较广泛的人文视野上看待语文，通过各种方式建构学生的知识，在义务教育阶段建构学生健康而独特的价值观，对独立思考自觉追求。总之，要在这一阶段打下学生"精神的底子"。这是新课标对教师人文素养的基本要求。

就精神成长的历史环境而言，新中国成立以后的语文教师与鲁迅、叶圣陶、夏丏尊等大师有很大的差别。叶圣陶、夏丏尊等是新文化运动的参加者，精神世界中人文主义影响根深蒂固，自由思想、人格独立的追求浸透在血液当中，这构成了他们教学的主要内容。看一看这一代教师的学生的课堂回忆，我们会清晰地感到与当代语文课堂不同，知识技能的传承中上述精神追求贯穿始终，这些学生回顾时感受最多的是老师对他们精神信仰的培育。相对而言，新中国成立后，语文课堂科学主义占主导地位，从根本上说不是一个课程理念问题。新课标以人文主义精神作为语文人文性的自觉追求，是多年来知识界努力的结果，是社会进步，倡导以人为本理念的结果。但不容忽视的事实是，中学教师多年来在科学主义教学观引导下逐渐形成的一套教学模式与近几十年来升学制度的挤压，使他们由被封闭到自我封闭，与学校外的世界隔离，对新的教学理念理解有许多偏差，心理上矛盾，希望改革但害怕改革，对新课程充满期待但觉得它离自己太远。如果教师对自己应有的人文品格没有足够的认识，新课程就失去了应有方向。可以说，新课标实施能否达到预期目的，最关键的因素在于教师的适应程度和自觉程度。教师与时俱进是新课程实施最可靠的保障，适应新课程需要，与学生一起成长，是教师自我超越、走向自觉的最佳途径。在这种情况下，培育、充实语文教师的现代人文精神就显得相当迫切了，它成为新课标能否顺利实施的关键。

第二，教材内容和形式的调整促使教师加强教学文本的独立解读能力。

20世纪80年代开始，中学语文教科书开始引入"教学目标"。1982年的教科书虽没有明确这一概念，但在教学参考书中以"教学要点"的形式出现了。1993年人教版教科书的编写者按照能力要求的高低程度与学生的认知特点将教学大纲中的各种教学目标细化，编入每一个单元和每一篇课文。与此同时，许多省份还发行了与教科书配套的《目标教学手册》《语文教学目标实施方略》等材料。在教学目标的描述上，编写者尽可能多地使用行为动词，将教学目标转化为可观察、可量化的学习行为，便于教师据此把握教学重点、难点，教学内容的深度、广度，更为准确、科学地组织教学。教材的选择首先是要符合国家意识形态标准。对有些不那么符合标准却因为作者的地位和定评等因素而难以割舍的文本，则采取两种方式处理：一是依据一定的价值标准进行删改，削足适履；二是在教学参考书上以权威的姿态对文本作出符合要求的解读。这两种方式的文本解读，都是对文本的有意误读，取消了教师文本解读的独立性，教师由此变成了传声筒。无怪乎有的教师说，中学语文的文本解读在文本之上建立了一套顽固的、强大的解释体系，它刻板、教条、贫乏、单一、概念化，把学生与文本的联系隔开了，取代了文本。另外，文本的文体解读抛离了本来的文体样式，而统一作文章解读并据此选择教学策略。无论哪一种文本，教材编写者对教学目标的设定都包含着这样一种理念：通过对文章字、词、句的理解和结构的分析，寻找出这篇范文的内在逻辑及写作方式，进而总结、归纳出一整套指导阅读与写作的方法，使学生在理解掌握的基础上加以运用，形成较高的语文实际运用能力。

总体来看，大纲时代的语文教材优秀文学作品的比重明显偏小，加之上述解读体系的掣肘，对学生成长阶段精神世界的开拓需求有意无意地采取了漠视的态度。或许在特定的历史背景中，教材编写者认为只要有大纲中规定的那些"人文内容"就足够了，学生的精神世界无需再做进一步开拓。在这种情况下，学生失去的是对优秀文学作品丰富生动的感受能力，习惯于面对文章时忽略作品充沛的情感、独特的体验而专门从中心思想或是写作特点角度感知课文。语文课在这样一种情境中使学生渐渐失去了兴趣，教师在这样的教材以及教学目标要求下，不再钻研教材独特魅力所在，不再思考这种魅力与学生精神世界开拓的意义关联，渐渐失去了这种钻研的能力，变成了一个只会按照教学参考书教书的教书匠。

新课标带来的全新理念促使教材编写发生改变：

课标教材7—9年级136篇课文，文学作品就有92篇，大大超过了原来教材文学作品的比重。如果我们将被认为是说明文的一些作品，如《苏州园林》《绿色蝈蝈》等，在宽泛的意义上也当作文学作品来看的话，这一比重还会增加。从文质兼美的教材选编标准来看，在"文"上，现在教材的质量远远高于原来的教材。

课标教材最大的变化在于内容的编排上，它是"学本"而不是"教材"。写在前面的话、单元说明、课文提示、研讨与练习、写作、口语交际、综合性学习，都是用与学生对话的方式呈现，体现对学生的尊重。单元内容主要由主题或专题构成，不追求语文知识的系统性，淡化语文实践活动中的知识支撑功能，强化实践者的主观感受和情感作用，具有较大的开放性和弹性，着力塑造学生个体丰富而健康的精神世界，培养他们的创造精神。

尽管现在还存在所谓的教学参考书，但它已经回归了"参考"的本意，对教师备课只起辅助作用，而不是起规定作用，教师需要根据学情探讨教学内容和教学方式。

这样的编写方式带来的结果是，文学作品比重增加，课堂教学中思想交锋式的对话，使得教师不能再像原来那样备课，需要调动教师的生活积累、学术积累，需要教师日常生活中有独特而深沉的思考习惯。如果教师再以原来教书匠的眼光看待自己职业的话，他就不会适应现在的新课标要求。因此，新课标需要思想型、学者型的教师。

第三，学生学习方式的转变促使教师对教学方式和教学内容重新思考。

大纲时代基本的教学方式是师讲生受，满堂灌、教师唱独角戏的现象比比皆是。教师的基本责任是在有限的时间里尽可能多地灌输知识，满足学生对知识如饥似渴的需求。这种状况延续很长一段时间，这是特定历史原因造成的，但不能说教师对教学艺术不重视。

新中国成立后，随着教学大纲的颁布，语文课性质、内容的确定，语文教学逐步走向稳步发展的方向，出现于漪、钱梦龙、章熊、洪镇涛等一大批特级教师。他们是中国现代语文教育史上第一代职业化的语文教师，也是从事语文教育时间最长的一代语文教师，其主要的历史功绩在于对教学方法进行系统而全面的探索和构建，影响了之后几代中学语文教师。但20世纪80年代后，中考、高考对学生的决定性影响促使语文教学的科学主义日渐盛行，语文教师的教学艺术探索走向歧途，各级各类学校以及学校内部的教学评估、教学比赛对此起了推波助澜的作用，课堂上出现许许多多伪现象。

伪读书现象。教师不给学生充分阅读文本的时间，学生们在老师"开始""停止"的"指令"中读书声渐起，又戛然而止。教师只注重阅读形式花样翻新，缺少对学生阅读效果的实际关注、引导，对如何通过不同方式的阅读使学生一步步走向文本深处缺乏理性的思考。

课堂上伪问题现象。教师的课堂提问一个接着一个，但大多数问题的思维价值不大，问题之间缺少内在逻辑。对课堂生成的有价值的问题，老师担心预设的教学目标不能完成，不敢相机引向深入。对有争议的问题，老师担心讨论时出现偏差，或避而不谈，或草草收兵。

多媒体使用上喧宾夺主。随着计算机技术的普及，多媒体在语文教学中被普遍使用，甚至有些地区和学校将教师是否使用多媒体作为衡量教师教学水平、教学效果的主要标准。教师充分发挥了多媒体声音、形象等可感性功能，大量使用图片、音乐、电影资料等辅助教学，但它对学生想象力和语言敏感力培养的影响很少有人注意到。

课堂上伪表扬现象。90年代后，随着语文人文精神大讨论深入展开，课堂上语文教学内容悄然发生变化的同时，教学民主逐渐为教师认同，但另一种倾向使这种民主变了味道：课堂上掌声不断，表扬之声不绝于耳，然而表扬空泛、廉价，矫情夸张，并不能使学生体会到对自身价值的认同。

新课标对学生的学习方式做了明确的说明，认为语文课程必须根据学生身心发展和语文学习的特点，爱护儿童的好奇心、求知欲，鼓励自主阅读、自由表达，充分激发他们的问题意识和进取精神，关注个体差异和不同的学习需求，积极倡导自主、合作、探究的学习方式。与过去相比，这种学习方式最大的不同在于让学生在发现中学习、提高，而不是在灌输中学习，其核心是问题意识的培养。中学生的问题意识是指学生在学习过程中，基于与文本的平等关系，以自己的阅历为起点，以探究的方式对文本追问的意识。这种追问有些可以通过自行查阅资料解决，有些则需要通过合作得到解答，可以是师生合作，也可以是生生合作，还可以是课内、课外其他形式的合作。对中学生来说，这样的追问并不一定要得到具体答案，但追问使学生产生探究的兴趣，探究的过程是学生不断吸收知识和掌握方法的过程，是学生调整对世界认识的过程，在不断追问中，学生充实了语文知识，丰富了语文素养。追问既是目的又是手段。

改变学生的学习方式，首先要改变教师的教学方式。教师的主导作用不会因提倡学生的自主学习而被削弱。教师在教学中"真问题"设计、提出的方式，如何有效地围绕"真问题"引导学生思考、探究，如何进行个性化指导，成为一堂课成败的关键。这种课不一定热热闹闹，却启人心智，不一定非得师生对话，却可引起学生的兴趣，课堂的形式变得不那么重要，却在更高层次上增强了教学的有效性。因此，教师对教学艺术的追求就是要超越对课堂形式的刻意追求，以"润物细无声"的方式完成课堂教学。基于这样一种课堂理念的教学，学生是主体，但处处显示出教师的存在。教学艺术从来不是一个形式问题，它是由教师的学养支撑起来的，是一种由内到外的展示。

应当指出的是，大纲时代的那些伪现象今天依然存在，有些地方愈演愈烈，这是值得我们深思的。学生学习方式的改变已经出现，教师教学方式的改变显得迫切，教师对教学艺术的认识应做相应的调整。

上述三大因素决定着语文教师专业成长应当朝着一个方向转换，那就是学者化方向。语文教师应当是一个现代人文知识分子，有自己丰富的精神世界，尊重自己的学生，平等地对待他们；应当以严谨的学术态度对待语文教学中的问题，对教材有自己的独特解读，对教学有自己的方法，将学问与教学艺术统一起来，引导学生通过语文学习不断开拓自己的精神世界，提高语文素养。一个平常不搞科研的教师对课题的认识和科研型教师对课题的认识肯定是有差异的，对教材有自己的独特研究，甚至形成一定的研究成果的教师对教材的认识与依靠教学参考书备课的教师肯定也是有差异的。新课标的实施对教师的知识结构、知识视野、认识深度以及对学生的理解程度都提出了挑战。教师素质需要较大的提高，以便完成适应新课标的角色转换。

（本部分原题名《新课标下语文教师专业成长方向转变的必要性》，载于《河北广播电视大学学报》2011年第6期，与李娜合写，现略有改动）

第一讲 中国语文教育的发展

"中学语文教学法"既是一门理论课程，又是一门实践课程。作为理论课，它不是凭空而来的，一方面源自新的教育学、心理学以及语文等各门学科的知识，另一方面是对以往语文教育经验的总结，因此，回顾一下中国语文教育的历史很有必要。这里，我们主要谈中国古代语文教育和现代语文教育的发展。当代语文教育的内容在讨论本学科基础理论时会逐一介绍，本讲不再涉及。

一、古代语文教育

中国古代语文教育，可以分为远古至西周、春秋战国、秦汉、魏晋南北朝、隋唐五代、宋元以及明清七个阶段。

（一）远古至西周时期

这一时期产生了原始的文字，即所谓的"仓颉造字"。文字的产生必然会促进教育的诞生，但最初的教育只不过是家庭式的。随着学校的出现，教育就变得规范化了，语文教学就此有了专门的场所。

我国古代学校的设立，从虞舜时期就已开始。虞舜时期有上庠和下庠，夏代有东序和西序，商代有右学和左学，西周时期有国学和乡学。这些学校是按照等级设立的。贵族阶层子弟上的是大学，学习专门知识，包括礼乐知识；中下层奴隶主子弟上的是小学，学习应用技术，如计算、识字、文学、礼、乐、射、御等，入学前还要学习祭祖问卜知识。

大学和小学的知识以"六艺"为主，即"礼、乐、射、御、书、数"。

"礼"，包括祭祀时的祭祀礼、结婚时的结婚礼等，涉及政治、道德、历史等。

"乐"，包括音乐、舞蹈等。

"射"，包括射箭、投掷等。

"御"，包括驾车、骑马、习战等。

"书"，包括识字、写字等。

"数"，包括算术、计量等

这些课程除"书"外，看似和今天的语文课没什么关系，但应当看到，它们都是借助语言文字传授的，也就是说，语言文字的学习，是"六艺"的学习前提。

歌谣、祝辞、传说、神话等也是重要的语文学习内容。有些是口口相传，有些以文字形式记载下来，成为后世语文教材，这些内容大多被收在《山海经》《楚辞》《淮南子》《穆天子传》《庄子》《国语》《左传》等书中。

(二)春秋战国时期

这是一个历史大变革的时代。就教育来说，由"学在官府"转为"学在四夷"，主要表现在私学的发展和稷门学宫的设立。

私学的兴起，大批新兴地主、商人、平民子弟有了受教育的机会。文化下移，礼乐崩坏，促使百家争鸣。当时许多思想家同时是教育家，如孔子、孟子、老子、荀子、庄子、墨子等，以办私学促进自己思想的传播。典型的如孔子，其私学中，先后有学生三千人，贤良者七十二人。墨子自称从者数百人，其学生和孔子的学生一样散居各地办学或从政。

当时的齐国在临淄稷门设立学校，号称"稷门学宫"，它不是哪一家学派办的私学，而是各派均有代表人物，或教学、或学习。收徒授业与学术研究并行，并在适当的时候为统治集团提供咨询服务，因此，"稷门学宫"有点类似于今天的研究型大学或社会科学院之类的机构。担任学宫讲学的，有邹衍、淳于髡、田骈、鲁仲连、荀子等人，其中，荀子曾3次担任学宫祭酒的职务。

语文教材上，这一时期已经有文字蒙求课本《史籀篇》。孔子作为教育家，对古代文献的整理肩负着学术研究和教材使用的双重使命，所以持非常谨慎的态度，为此他删《诗》《书》，定《礼》《乐》，赞《周易》，修《春秋》，使其成为当时教材一时之选。另外，楚国诗歌，历史散文，诸子散文，等等，既是当时诗歌、散文创作的代表性作品，又是语文教育的基本教材。

这一时期的《学记》，是我国古代教育史上出现最早、内容最完备的教学论著作，对学制的建立，学校教育的作用、目的和任务，教育教学的过程、原则和方法，教师的教学能力和职责，学生的学习态度和方法，等等，各方面都做了提纲挈领的论述。《学记》指出要"化民成俗，其必由学"，对教育的终极目的做了言简意赅的说明。

关于教育制度和管理，《学记》总结了"大学之道"的基本框架：小成阶段七年，大成阶段两年。

前七年分为四段：

第一段一年，"视离经辨志"，主要在于考查学生的阅读能力，包括章句分析能力和识别心智的趋向。

第二段二年，"视敬业乐群"，考查学生的专心程度及与学友的和睦状况。

第三段二年，"视博习亲师"，考查知识的广博程度、是否尊敬师长。

第四段二年，"视论学取友"，考查学生的研究学问和交友能力。

小成阶段相当于15—21岁最基础的教育阶段。

大成阶段的二年，相当于22—23岁，是深造阶段，学习做到触类旁通，闻一知十，政治上成熟坚定。

以上九年的教育，要成就对社会有用的人。

《学记》提出了"教学相长""长善救失""善教善喻""藏息相辅"等教育原则，还阐述了"问答""讲解""比较"等基本教学方法。

（三）秦汉时期

秦统一六国，建立了秦王朝，采取禁私学、以吏为师等政策。统一文字，形成秦书八体，在此基础上，编写写字和识字课本。重视识字写字教学成为秦代语文教育的重要特征。丞相李斯的《仓颉篇》，中车府令赵高的《爰历篇》，太史令胡毋敬的《博学篇》，都用小篆书写，起到了使文字规范化的字书和识字写字课本的双重作用。

"焚书坑儒"是中国文化史上的一场劫难，因此西汉经书存世少而又少，只能靠一些经师记忆、口授、讲解。文字记录、内容阐述等成为教学重点，因此产生了以治经为主要内容，重师法、重证据的所谓"汉学"，形成了汉代语文教学重视识字、写字教学，重视教师讲解，重视记诵的特点。汉代的识字写字教材有《仓颉篇》（闾里书师合秦代的《仓颉篇》《爰历篇》《博学篇》而成）、司马相如的《凡将篇》、史游的《急就篇》、李长的《元尚篇》、扬雄的《训纂篇》、贾鲂的《滂喜篇》、蔡邕的《劝学篇》等。

史游的《急就篇》是现在保存完整的秦汉时期的唯一文本，使用时间长达六百年，共34章，前32章每章63字，后两章每章64字，合计2144字。34章中，史游写了31章，其余三章，即7、33、34章，是东汉人续写的。《急就篇》的编写体例依李斯《仓颉篇》的做法，又有自己的特点，简而言之，就是集中识字，整齐押韵，注重实用，知识面宽，读写结合，强调思想教育。

汉代的阅读教材有《孝经》《论语》《五经》（即《易》《书》《诗》《礼》《春秋》）以及诸子文章。除此之外，汉代还出现了教学专门用书《尔雅》。《方言》和《说文解字》也是语文学习的专门工具书。

读经是汉代语文教学的主要内容。围绕读经，教学内容主要包括断句、正音正读、释词、解释段落大意、讲解语法修辞和文化背景知识。

汉代也重视写作教学，大体分为两个阶段：

第一阶段，和识字教学相配合，主要教日常应用文，包括地方簿籍、文书、各种记录（劳作记录、出入关记录、传递邮书记录、传递烽火记录、边防执勤记录等）、民间契约、买卖债券、私人书信、遗嘱等。

第二阶段，和读经相配合，训练官僚机构使用的各种文体。如辞赋类，包括赋、诗、歌、七言等；书表笺奏类；颂诔箴铭类；论说类；碑志类；等等。

（四）魏晋南北朝时期

魏晋南北朝时期战乱频仍，教育总体来说受到的影响很大，官学尤甚，但也有几个亮点。就官学来说，西晋初期，太学之外有国子学，北魏官学较发达，国子太学生多时曾达几千人。这一时期突出的是私学，特别是家学盛行。

蒙学教育仍以识字写字为主，与汉代相差无几。识字教材秉承汉代传统，编成韵语，同时向学童进行知识教育和学习态度、立身行事方面的教育。教材有《三苍》《劝学》《发蒙记》《始学》《千字文》等，以《千字文》为代表。

《千字文》，作者周兴嗣，成书于公元六世纪（南朝梁天监初年），直到十九世纪我国农村还用它教儿童，是我国使用时间最长的一本识字教材。《千字文》每四字为一句，共125句。句法整齐，讲求声律，强调用典使事，追求文采辞藻。具体内容包罗万象，涉及天象、岁时和名贵物品，歌颂古代帝王，一个人应有的品行修养和伦常道德，历史人物和历史事件，地理常识，对士子爱惜时光、抓紧学习的勉励等。

这一时期的阅读教学一般是在学童学完识字教材后进行的。教材有作为诵读教材的《孝经》《论语》《五经》《老子》《庄子》以及史书、诗赋文章。魏晋南北朝时期，是一个文学自觉的时代，经学之外，文学是这一时期语文教学的重要内容，关于文学的著作、教材应运而生，如萧统的《昭明文选》、刘勰的《文心雕龙》、锺嵘的《诗品》等。

《昭明文选》把文学与经学、史学、玄学分开，在编纂上，经书不选，子书不选，说话的记录不选，史书除了具有文学价值的赞、论、序、述，一般不选。其编选体例是按照文章体裁分类编排，共39种文体，700多篇文章。

就教学方法而言，仍以自学为主，辅以教师讲解。教师有的是自己家庭中的长辈，有的是学馆老师，子弟众多的家族一般兼有自己的学馆。有些人想要深造，就外出寻找名师指点。自学的方法首先是读书。读书分目治和口治两种。所谓口治，就是朗读和吟咏，达到熟记背诵的目的。所谓目治，就是浏览快读。其次是抄书，那时还没有印刷的书，要读书就要靠自己抄写。教师讲授大多是个别辅导，有时教师也上大课，听讲的有几百人甚至上千人。有的讲学，不光学生听，同行专家和朝廷官员有时也来听讲。听讲时可以提出问题，质疑问难。

写作训练是和阅读教学同步进行。一般来说，南朝学童学习写作的时间比北朝要早一些。所学内容包括：

（1）自抒情感的诗歌和用于应酬的诗歌，如"献诗""公宴""祖饯""游览""赠答"等。

（2）公文和一般通俗应用文，如文契之类。

（3）议论文，受当时社会上盛行的学术论辩之风影响，对问答体的论说文尤其重视。

（4）书信。

南北朝时期对文章韵律刻意追求，骈文和近体诗成为主要文体。根据这些文体的写作要求，基础训练做相应的调整，具体包括：

（1）作文用典的隶事训练。

（2）音韵的训练。分双声叠韵训练、四声训练、反语训练等。

（3）包括比喻、对偶等在内的修辞训练。

（4）连珠训练。

为配合这些训练，编写了一些相应的参考书，如音韵方面的《声类》《韵集》《四声谱》等，隶事方面的《皇览》《四部要略》《类苑》等，修辞方面的《对林》《语对》《对要》等。

这一时期有一个特殊的语文教育现象值得注意，就是南朝的"官话"教学和北朝的"双语"学习。

金陵本是三国吴建都的地方，东晋时，洛阳倾覆，中州士女避乱江左者十有六七，司马睿在此地建都，侨人掌握了东晋的朝政大权。吴语与洛阳话的融合成为必然，成为新的"官话"。这种官话，使用于王公大臣之间，影响了当时的语文教学，成为今天"普通话"的源头。

北朝政权掌握在鲜卑贵族手里，早期号令用鲜卑语，汉人也要学鲜卑语。孝文帝迁都洛阳，实行汉化政策，禁止使用鲜卑语及其他少数民族语言，只许使用汉语。官吏中，鲜卑人要通汉语，汉人也要通鲜卑语。因此，要进入官宦阶层，两种语言必须都要运用自如，这势必有一个"双语"基础教学的事实。

南朝的"官话"教学和北朝的"双语"学习均粗具规模，表明语文教育曾经充当过民族融合剂的作用。

（五）隋唐五代时期

隋唐五代，科举制度应时而生，从此人才的选拔有了专门的途径，同时意味着中国教育的规范化、系统化以及相对公平化，这突出体现在学校制度的完备化上。

隋朝设立了管理教育的中央机构"国子寺"（后改为"国子监"），唐朝则在国子监下设国子学、太学、四门学、书学、算学、律学等六学，其他官僚机构相应设立了自己的学校，如门下省设立弘文馆，东宫设立崇文馆，尚书省祠部设立崇玄馆，太医署有医学，太卜署有卜筮，司天台有天文、历数、漏刻，太仆寺有兽医，校书郎有校书，等等。这些都属于中央一级的学校。地方学校，州设有医学和经学，县设有经学，都设置博士助教，也规定学生的名额。

隋唐的私学也较为发达，产生了一些名师大儒，如教授文字学的曹宪，教授《文选》的李善，教授经学的颜师古、孔颖达，教授文章的韩愈、柳宗元，等等。

隋唐时期的蒙学教育以识字教学为主，同时进行知识教育和封建思想的教育。就教材而言，以前编写的仍然使用，也有新编的教材。分为五类：

（1）名言谚语集锦，借以进行识字教学和封建思想教育，如《太公家教》。

（2）隶事教材，如《兔园册》《蒙求》等。

（3）当代诗歌选本，如《文场秀句》。

（4）字书和常识问答，供学童随身携带，临时查阅，如《杂抄》《俗务要名林》等。

（5）专供蒙童习字用的教材，如《仓颉篇》《急就篇》《千字文》等。

隋唐时期的阅读、写作教学比较发达。经书仍然是主要读物。唐代已经有"九经"的名称，分别是《易》《书》《诗》《周礼》《仪礼》《礼记》《春秋左氏传》《公羊传》《穀梁传》。诗赋杂文也是必学科目，《昭明文选》是必读书。唐代科举考试进士要考实务策，还要考诗赋，这些策、诗、赋都有一定的格律要求，一些应考参考书应运而生。如供"捡事"用的《珦玉集》《类林》，供"看文体"用的《兔园策府》，两者兼而有之的《初学记》。隋唐时期的应用文写作主要是民间通用的应用文，如买卖、典租、雇佣、借贷的契约，分家文书、分配遗物凭证，以及各种公文和吉凶书仪等。唐代是我国诗歌发展的黄金时代，诗歌教育空前发达。蒙学时期，一般要教当代诗人的诗，有的教材是摘句或选本，有的则是指定某位诗人的作品。儿童进行作诗训练，以日常见到的动植物和身边景物等为题材，进行容易入门的咏物诗训练，并学习日常应酬诗。学诗要受到严格的声律方面的训练，永明体的四声律已被简化为平仄律，但其严格程度也是很强的，还要进行属对训练、集事训练，进而再到一首诗写作的立意取材、炼字炼句、修改加工等，步骤分明，一丝不苟。中唐时期，韩愈、柳宗元掀起了"古文运动"，复兴儒学，反对骈文，提倡古文。古文运动扭转了长期统治文坛的形式主义潮流，继承了早期散文的优良传统并有所创新和发展，开创了散文写作的新局面，拨正了古代散文的发展方向。古文运动对语文教学的影响，即在于从过去的重形式到摒弃外在的浮华而转为重视内容的教授，讲究文风淳朴，这使语文教学更为实在和实用，韩愈、柳宗元、李翱的写作与教学在当时影响非常大。

（六）宋元时期

宋元时期官学、私学、书院同时并存。

宋代的官学经历范仲淹等倡导的"庆历兴学"、王安石发动领导的"熙宁、元丰兴学"、徽宗崇宁元年由宰相蔡京主持的"崇宁兴学"三次改革，学校教育受到重视。所属州、县均设立学校；科举考试先考策论，次考诗赋，不考贴经、墨义；恢复或创办各类专科学校；学科分类细化，如武学、律学、医学、算学、地学、书学、画学等，课程内容较以前丰富、实用。

官学之外，宋代的私学和蒙学有了较大的发展。周敦颐、二程、张载等理学家出现，讲学之风日盛，促进了私学进一步发展。元代，地方学校比较发达，路、府、州、县都设立了学校，各地方还创立了一种"社学"，每五十家有一社学，社学有经师，经师从通晓经书的人中选用。这类学校很普及，小学、乡学、村学、义学、家塾等均属之。这就为私人办学打开了通道，也为蒙学教育提供了方便。

书院之名始于唐代，分官、私两类，但都不是聚徒讲学的教育组织。前者如集贤殿书院为藏书修书之所，后者为文人士子治学之地。唐朝"安史之乱"以后，聚徒讲学之风逐渐兴起，聚徒讲学性质的书院至五代末期基本形成，北宋初年发展成为较完备的书院制度，成为中国传统教育制度的重要组成部分。宋立国后，暂时无力顾及振兴官学，对著名私学采取"赎买"政策，始为官私联营的学校模式。三次兴学期间，官学空前兴盛，重在改革实践，纯学术的研究日渐消沉，因而书院不彰，连著名的六大书院也破败停办或改为官学。南宋时期，由于朱熹等对书院卓有成效的复办和理学的流行，书院又日渐昌炽。宋代书院普遍订立了比较完备的条规，这是书院制度化的重要标志，其中朱熹亲自拟订的《白鹿洞书院揭示》，成为书院学规的典范。

宋元时期蒙学的发展，从"三""百""千"的流行及其他修身教育教材的盛行可见一斑。

"三"，指南宋王庆麟主编的《三字经》，共1248字，分为5个部分：教育的重要性，三纲五常十义的幼学次序，四书五经的读书先后，十余例勤学的典型，显亲扬名、光前裕后的为学效果。三字一句，押韵，把识字、历史知识和封建伦理训诫融为一体。

"百"，指北宋编的《百家姓》，共收507姓（单姓446个，复姓61个），四字一句，句句叶韵，使孩童在一个不长的时间里集中认识一大批汉字，学会在日常生活交际里使用这些姓氏名称。

"千"，指的是南北朝时期周兴嗣编的《千字文》，因其内容丰富、易懂，文句通俗，而在宋广泛使用，远远超过了其他类似的读本。

宋代理学兴盛，注重修身教育不言而喻，从童蒙开始，一直贯彻到中年和老年时期，成为宋代教育的一大特色。童蒙的修身教材以《童蒙训》《童蒙须知》《教子斋规》为代表。

《童蒙训》，又名《吕氏童蒙训》，南宋吕本中编，采集宋代有关修身、治家、从政的言论，作为修身教育的根本，多是谈治学之道和修己才能治人的道理。

《童蒙须知》，朱熹编，对学生在衣服冠履、语言步趋、洒扫涓洁、读书写文等提出了严格的要求。

《教子斋规》，南宋真德秀编撰。所谓斋规，就是书斋读书的规矩。真德秀列举了八项内容：学礼、学坐、学行、学立、学言、学揖、学通、学书。其要点为：识礼教、遵教诲、坐要端正、行要徐缓、语言朴实、待人恭敬。

宋元时期的阅读训练，首先是"读"法。南宋史学家、教育家吕祖谦在《古文关键》中说，第一看大概主张，第二看文势规划，第三看纲目关键，如何是主意首尾相应，如何是一篇铺叙次第，如何是抑扬开合处，第四看警策句法，如何是一篇警策，如何是下句下字有力处，如何是起头换头佳处，如何是衔接有力处，如何是融化屈折剪截有力处，如何是实体贴题处。这是读文章的基本步骤，即"浏览—概要—鉴文—析句"。其次是标、点的运用。点，指的是句读，把没有断句的文句点断；标，指书中重要的或特殊的内容，用各种符号突出来，使文显意明。再次，阅读教学的方式，一般是教师领读一句，就点断一句，学生跟读一句，就领会一句，跟读字音不准或字义不明，就略加讲解，以便继续读下去。有时先读后讲，有时先讲后读，有时边讲边读，有时边读边讲，或自读，或领读，或跟读，或唱读，或吟读，或诵读，或背诵，师生配合默契，读到入情入理为止。读诗、读词、读曲、读文章，大多如此。教材中，诗歌选本有陈淳撰写的《小学诗礼》，刘克庄编的《千家诗》，以《千家诗》流传最广。宋文中，以欧阳修、三苏、曾巩、王安石的文章为主。

宋元时期的写作训练，与阅读训练相辅相成。启蒙时期，一边读《三字经》《百家姓》《千字文》《千家诗》，一边开始学炼词、炼句，学习属对、叶韵。其后，专门为诗词写作而进行的训练就是属对和韵律训练，基本教材如《对类》。在作文教材方面，有《文说》《文鉴》《文荃》《文则》《文章百段锦》等。

《文说》讲作文方法，分为八点：养气、抱题、明体、分问、立意、用事、造句、下字。

《文荃》将叙事方法归结为十一法：正叙、总叙、间叙、引叙、铺叙、略叙、别叙、直叙、婉叙、意叙、平叙。

《文则》主要谈文法、修辞问题。

（七）明清时期

明清时期程朱理学成为官方哲学思想，科举考试以《朱子集注》为范本。科举制度越来越僵化，所谓的科举取士，变成八股取士，因此，学校教育的重点在八股文。官学之外，这一时期私学、义学、社学有普遍的发展，城镇和农村的贫寒子弟获得了启蒙教育的大好时机。

私学，又叫私塾，作为灵活方便的蒙养学校，学习年限没有限制，学习内容和方法也没有死板规定，受到学生和家长欢迎。

义学，又叫义塾，一般是为了救济贫寒儿童而开办的乡村小学，多以家庭为主体兴办。

社学，也叫村塾，是城镇乡村办的学校。

明清时期的书院，有时盛，有时衰，从总的趋势看，还是较为昌盛的。明朝书院，不完全统计，在745所左右。到清代，西学东渐，书院的教学内容有所变化，如光绪二十年，河北书院设经义、制事两斋。经义斋习经义、理学、词章、算学等课程，制事斋则学习西洋算学、方言、格致、律法、制造、商务、水陆兵法、舆地测绘等课程。书院的空疏、迂腐研究风气大为改观。

蒙学教育的多样化，八股取士的固定化，使明清教育的形态在教材上表现出来。蒙学教材以广为流传的《三字经》《百家姓》《千字文》《诗经》《蒙求》《神童诗》为主，同时，社会上大量流行着《三字经》《百家姓》《千字文》的改编本、续编本。如清初黄周星的《新编三字经》，道光年间连恒的《增补注释三字经》；明初洪武年间吴沉、刘仲质的《皇明千家姓》，清康熙年间张瑜笺注的《御制百家姓》；《千字文》的改编本有周履靖的《广义千字文》等。除这些蒙学教材之外，其他比较著名的还有《弟子规》《龙文鞭影》《幼学琼林》《鉴略妥注》等。蒙学之后，进一步深造，一些提高阅读能力的教材大量流行，在四书五经传统阅读教材基础上，又有大量的文选读本，如《钦定四书文》、《日记故事》、《唐宋八大家文钞》（明茅坤编）、《古文观止》（清吴楚才、吴调侯编）、《古文辞类纂》（清姚鼐编）、《经史百家杂钞》（清曾国藩编）、《文章辨体》（明吴讷编）、《文章明辨》（明徐师曾编）。

明清两代的写作训练分八股文训练和一般实用文训练。

"八股"，按照顾炎武的说法，就是破题、承题、起讲、提比、虚比、中比、后比、大结。也有人认为指的是起二股、中二股、后二股、束二股，一共八股，八股前后都是对偶成文。八股文要求结构清楚，语言简练，但形式呆板，内容上承儒家传统，代圣人立言。学习八股文，要经过严格的属对训练、声律训练、句读训练、辞赋训练。

明清时代，科学启蒙思想以及商业经济不可忽视的思想露出曙光，一些自然科学、社会科学、文学艺术等方面巨著产生，如李时珍《本草纲目》、徐光启《农政全书》、宋应星《天工开物》、顾炎武《日知录》、纪昀《阅微草堂笔记》、张潮的《虞初新志》、曹雪芹的《红楼梦》等等，促进了经世致用人才观念的发展。一些西方学者的到来也为中国打开了一扇通向世界的大门，如意大利传教士利玛窦向中国传播了大量西方科学知识，他和徐光启合作翻译了《几何原本》《乾坤本意》《测量法义》《万国图例》等几十种自然科学图书。中国一些艺徒学校开始增加医学、地理、天文历法等知识的教学，考试也增加了这方面的内容。这从侧面促进了语文教育中经世致用文章的学习和教学，反映在文体上，就是"录""序""言""事""逸事""书""志""记""游记""笔记""传""篇""说""谈"等文体流行。这些文体涉及的内容包括政治、经济、军事、农林、天文、气象、物理、化学、冶炼、医学、工程技艺、考古文史等，充分展示了这一时期自然科学和社会科学的发展，促进了社会教育多样化发展。

二、现代语文教育

（一）现代语文教育的背景

1. 学校体制的发展

清朝200多年来固守以文取士的科举制度到1905年终于走到了终点，光绪皇帝下诏"立停科举以广学校"。在这之前，各地已经纷纷办起了具有现代学校性质的"学堂"，学习科目的划分越来越细。

光绪二十九年十一月底（1904年元月），清政府颁布了由张之洞、张百熙、荣庆合订的《奏定学堂章程》。因这一年是旧历癸卯年，这一章程规定的学制简称"癸卯学制"。这是我国第一个正式颁布后在全国实际推行的学制，也是我国近代第一个较为系统完备的学制，它对蒙学堂、小学堂、中学堂等的教学内容、教学时间、教学方法等做了原则性规定。

《奏定学堂章程》把小学教育规定为两级9年：初等小学堂5年，高等小学堂4年。初等小学堂收7岁以上的儿童，分"读经讲经"和"中国文字"两大学科门类：前者以《孝经》《礼记》以及"四书"节本为基本教材，后者则按一定顺序学习汉语基本语法、日常应用写作和浅显诗歌作品。高等小学堂以收初等小学堂毕业生为原则，学习科目分为"读经讲经"和"中国文学"两大类：前者以《诗经》《书经》《仪礼》等为基本教材，后者则脱离"经学"单独设科。"文学"承担四项任务：一是阅读，全部读古文，但是对阅读的内容和篇数没有明确的规定；二是作文，要求在阅读的同时，教学立意遣词的方法，并用俗话翻译文言，再学作记事文和说理文；三是习字，先习楷书，后习行书；四是练习官话，每周一次，以《圣谕广训》直解为标准。

1912年，参考日本学制，政府公布了《小学校令》，规定初等小学（国民小学）修业4年，高等小学修业3年。初等小学毕业，即可升入高等小学校或乙种实业学校，高等小学毕业可升入中学、师范学校、甲种实业学校。

1922年，参考欧美学制，政府对学制又进行改革，发布《学校系统改革令》。小学校由原来的七年制改为六年制，其中，初级小学四年，高级小学两年。中学由原来的四年改为六年，其中，初级中学三年，高级中学三年。

民国时期还有一个重要的教育现象，就是土地革命战争时期的革命根据地和抗战期间的解放区实行的学制。土地革命战争时期的革命根据地把旧的教育制度彻底打破了，建立了以共产主义为指导的服务于工农革命利益的新教育制度，形成了从红军教育到干部教育，再到国民教育，从小学到大学，从学校教育到工农业余教育的一套革命教育系统。红军教育主要抓军事教育；干部教育主要抓政治教育，同时注意文化教育；工农业余学校包括各种夜校、半日校、星期学校、识字班等，以扫盲为主，并进行政治、军事教育等。苏区小学也叫列宁小学，五年制。前三年为初小，学习国语、算术、游艺三门课，国语课包括乡土地理、革命历史、自然常识、政治常识等内容；高小两年设国语、社会常识、科学常识、算术和游艺等五门课程。苏区中学实际上就是各种干部学校、职业学校，四年制，不另设普通中学。到抗战期间，陕甘宁边区有了较为完备的普通中学、师范学校及职业学校。1948年，随着解放战争逐步胜利，东北、华北的小学、中学体制逐渐固定下来，小学实行四二制，中学实行三三制。

2. 白话文运动、国语运动与"国语"科的设定

白话文是我国书面语的一种，是和文言文相对的一种文体。它以北方话为基础，与一定时代的口语相接近。唐、宋、元、明、清有大量的文学作品是用白话文写的，宋元以后的一些官方文书、学术著作也有用它来写的，到清朝末年，更是出现了一股近代白话文的运动，它与之后的国语运动相连接，最终推动了国语教育的进程。

太平天国时期，就开始推行白话文。在《戒浮文巧言谕》《钦定士阶条例》《钦定军次实录》等文件中，提倡接近人们口语的白话文，改革文风，使文学趋向通俗化、大众化。他们还采用简体字、标点符号等。

1887年，黄遵宪正式提出了语言与文字合一的问题，提倡"我手写我口"的创作理论，为近代白话文运动和近代白话文学指明了方向。

裴廷梁在《苏报》上发表《论白话为维新之本》的文章，第一个明确提出"崇白话废文言"的主张。

与此同时，国语运动如火如荼开展起来。它包括"切音""简字""注音字母""国语罗马字""新文学"等运动。

1891年，宋恕提出了汉语拼音的主张，而像张百熙、吴汝纶这样的重臣通过在日本的考察，也认识到"国语"的重要性和紧迫性，极力推进"国语"普及。

王照效仿日本假名，取汉字偏旁与部分笔画，创造了"官音字母"60个。他主张以北京话的标准来统一读音，并指定官话字母"专拼白话"。

晚清国语运动的骨干分子在民国成立以后的1913年组织了"读音统一会"，力图统一国语，制定了39个注音字母。1916年他们在北京成立了"国语研究会"，作为促进国语运动的总机构。1918年，胡适发表《建设的文学革命论》，提出"建设新文学"的唯一宗旨就是实现"国语的文学，文学的国语"。文章发表后，"文学革命"与"国语统一"运动开始合流。

1919年4月，以蔡元培为首成立了"国语统一筹备会"，具体研讨国语统一的办法。11月，在国语统一筹备会第一次大会上，刘复、周作人、胡适、朱希祖、钱玄同、马裕藻等提出《国语统一进行办法》的议案，提出拟请教育部推行国语教育的五种办法。这样，"国语"运动在更大范围内产生了影响，新文学运动的领导者掌握了现代教育的话语权之后，语文的国语教育便从民间层面走向了国家层面。

1904年的"癸卯学制"规定，初等小学设"读经讲经""中国文字"科，高等小学和中学设"读经讲经""中国文学"科，可看做是"语文"单独设科的正式开端。

1912年，民国政府教育部公布了中小学相关教则、施行规则等，彻底废除"读经讲经"课，设置"国文"课。

1920年，北洋政府教育部通令全国，国民学校改"国文"为"国语"，高等小学则"国语""国文"掺和教授，这是我国以政府名义明令使用"国语"学科名称之始，是中国现代语文教育史上继"国文"单独设科以来的一件大事。

1923年，全国教育联合会复订刊布的新学制课程标准，继续使用"国语"名称。

1929年，国民政府教育部颁布《中小学课程暂行标准》，确定小学称"国语"，中学称"国文"。

（二）课程标准的制定与修订

自癸卯学制对语文单独设科至1949年，9次制定、修改小学课程标准，7次制定、修改中学课程标准。

1904年《奏定学堂章程》颁布，宣告在中国推行癸卯学制，这是中国近代第一个真正实施的较为完整的近代学制，也是中国近代第一个在全国范围内统一实施的学制。章程规定"文学"脱离"经学"单独设科。"文学"学科的建立扩大了"文学"的外延，为充当知识生产途径的"文学教育"提供了可能，也为中国具有学科意义的语文教育揭开了近代教育史上的序幕。语文教学的目的渐趋明朗。

1912年，教育部公布《教育部订定小学校教则及课程表》，对国文科提出教学要求："国文要旨，在使儿童学习普通语言文字。养成发表思想之能力，兼以启发其智德。"

1916年，发布《教育部明令公布国民学校令实行细则》，重申"国文要旨"。

1920年1月，教育部通令："初等小学一、二年级先改国文为语体文。"

1922年，改学制为"六三三"，将有关条文中的"国文"改为"国语"，包括语言、读文、作文、写字四项，产生了言文一致的"国语"科。

1923年，公布了中小学课程纲要。

《小学国语课程纲要》由吴研因拟订，强调儿童本位，一切从儿童兴趣出发，识字量少了，内容浅显了。

初级中学《国语课程纲要》由叶圣陶拟订。

高级中学有《公共必修科国语科学程纲要》和《必修科本科特设国文科学程纲要》，分别指导不同科的国语或国文课程教学。前者由冯顺伯拟订，后者由穆济波拟订。

这些纲要在我国教育史上第一次完整地以教育法规的形式明确了语文学科的性质、教学目的、教材体系、教学原则、教学内容及分阶段教学要求，初步形成了现代语文教育学科的纲领性文件，为规范20年代的语文教育做出了积极的贡献，也为以后制定和修正国语、国文课程标准提供了蓝本。

1929年8月，颁布中小学课程暂行标准。

小学部分，由吴研因、赵欲仁等人修订，初中部分由孟宪承、刘大白等人修订，高中部分则由孟宪承、胡适等人修订。

小学国语部分，目标、作业类别、作业要项、教学方法等均较前具体，教学内容分说话、读书、作文、写字四项详细列出要求。这是对语文教学目的的再一次明确，即培养学生的听、说、写、书能力，为以后的语文教学目的的设定提供了依据。

初中、高中部分特点有三个：确认中学语文科，无论初中、高中，以提高叙事说理、表情达意能力为目的，文言作文能力不作普遍要求；把口语表达能力的训练、培养、提高明确作为教学目的；明确提出了"了解平易文言书报"和"养成阅读书报的习惯"的要求，开始注重学生智能能培养，把阅读范围从之前拘囿于"古书"，扩大到一般书报，重心移到实用方面。

1932年，教育部委请周予同、夏丏尊、顾均正等人重行审核，颁布正式审定的课程标准。国语部分，对学生每个学段中每周的说话、读书、作文、写字的作业时间做了具体规定，增加了三个附件：各种文体说明，读书教材分量支配，教材的选编。1936年，根据形势需要，将标准进行了修正，增加了"了解固有文化""增强（或唤起）民族意识"的目标要求，在教材内容中加大文言文比重，特别规定要重视"党义文选"的要求。

1941年，鉴于战时形式，教育部对小学课程重加修订。初级国语教材和常识教材，以图画表解为主，必要时用简要的文字说明，教学从常识入手。另外增加了两个附件：教材文体类别，文法组织。国语科更具科学性。

1948年，教育部对小学课标又进行了修订，在小学国语教学目的上，对儿童熟练使用标准语，认识基本文字，欣赏儿童文学，培养阅读态度、兴趣、习惯以及理解的能力，养成书写正确、迅速、整洁的习惯等方面做了进一步具体明确的要求，可见已经将目标落实到"能力"和"习惯"的培养上，这是比较科学的。

在中学课标的修订方面，1941年和1948年，在肯定文言与白话兼教的情况下，高中阶段仍继续要求学习白话文，并提倡试写白话文的文学作品，不再排斥白话文的写作训练，把对学生阅读欣赏兴趣、习惯、能力的培养提到议事日程。

（三）教材的编制

1878年，张焕纶办的正蒙书院曾编写过国文教材，只是这套教材已无从考据，据传该套教材的文体是"俗语译文言"的。

1898年，俞复等在无锡开办三等公学堂，俞复、丁宝书、杜嗣程、吴眺等着手编写教科书，1902年编成《蒙学读本》7编（册），以"寻常小学堂读书科生徒用教科书"的名义由上海文明书局印刷发行。

在此期间，有关小学语文教学方面的教科书还有《识字贯通法》《文话便读》《字课图说》等。1903年，上海商务印书馆编辑的《最新国文教科书》，是我国经官方审定的第一套小学语文教科书，它既是新学制的产物，又促成了新学制的推广和发展。这套教科书含初等小学堂用的《最新国文教科书》

10册和高等小学堂用的《最新国文教科书》8册，历时两年编成。初小用书由庄俞、蒋维乔、杨瑜统编撰，高风谦、张元济和日本学者小谷重、长尾桢太郎校订。高小用书由高风谦、张元济、蒋维乔合编，内容颇有新意，反映了当时国内外政治、经济、科学等方面的情况。

清末新政时期的教科书在思想内容方面，资产阶级改良思想有所体现，反映了对人才素质的要求。在编排形式方面，集中识字和使用韵语的传统做法开始解体，注意在语言环境中教学汉字。在教学内容方面，注意到语言训练的规律性和语文知识的教学。总之，现代语文教材的模式已初露端倪，显示着中国小学教科书的发展方向。

1915年中华书局出版了谢无量编《新制国文教本评注》，全套四卷，每年一册。该教材的文章编排，突破了旧式文选性教材单纯以时代为序的"直线型"编排老套路，兼顾时代先后及文字深浅两个方面，并尝试以文体分编新体制。如该教材第一册共分为五编：第一编论著之属，第二编续录之属，第三编书牍之属，第四编传志之属，第五编杂记之属。这里的"编"，虽然不是严格的现代意义上的"单元"，但显然已有组元的思想，为我国中学语文教材以单元组织课文的先例。

1920年教育部正式下令小学"国文"改为"国语"，并自秋季起教科书一律改用白话，中学语文教科书也迅速采用白话。这一时期代表性的教材如下：顾颉刚、叶绍钧等编的新学制初中《国语教科书》（1923年），黎济波编的新中学教科书《高级国语读本》（1925年），孙俍工等编的《初级中学国语课本》（1922年），吴遹生编的《新学制国语课本》（1924年）。这些教材基本体现了国文课程标准精神，教科书中语体和文言二分天下，有的甚至全部采用白话，选文注重内容的时代性、社会性和趣味性。教科书大多在书前或书后列出详细的课文教学目标、教学任务、教学进程及教学方法指导等内容。教科书的结构虽然是文选与题解注释等，但注释时注重启发，培养学生统观及互相参证的学术性研究能力。语文教材的编制除形式上文言、语体兼采外，选文内容也发生了很大变化，反映五四新文化、新思想的白话文学作品和白话文论文被大量选用，如鲁迅的短篇小说，郭沫若的新诗，周作人的散文小品，陈独秀、李大钊、胡适的论文、演讲等。外国作品的译文如《卖火柴的小女孩》等首次被选入教材。即使是文言文，也扩大了选材范围，古人的文言说明文，近人如梁启超、蔡元培的文言作品，也被选入课文，使当时的新式语文教材充满了时代的气息。

二十世纪二三十年代的小学国语教材一个显著的特色是儿童文学化，这与当时盛行的"儿童本位"的儿童观，以及唤起儿童阅读兴趣、发展儿童想象力和语言能力的教育目标有关。典型的教材有陈鹤琴、盛振生合编的初级《儿童国语教科书》，叶圣陶编的初小、高小《开明国语课本》。

陈鹤琴、盛振生的教科书《儿童国语教科书》1931年由上海儿童书局出版，共8册，供小学一至四年级学生使用。它的文字全用标准口语，有利于发展学生口语表达能力；以成句的话起首，与儿童原有的说话能力相适应；一册书从头至尾用儿童的口吻构成一个连贯的故事；图文并茂，发展儿童的想象力。

叶圣陶的教材《开明国语课本》1932年由开明书店出版，共12册，初小8册，高小4册。400多篇课文，形式和内容庞杂，有一半是叶圣陶本人的创作，其余则是根据现有材料的再创作，又有著名画家丰子恺配图，教材受到社会的欢迎。高小本1947年改名《少年国语读本》出版，初小本1949年改名《幼童国语读本》出版，从1932年初版计算，这套教材在社会上流行了17年。

1937年前后出版了大量的中学语文教材，以单元组合选文，组合形式渐趋多样化。不仅有以文体、作家、时代、题材为内容的单元组合，更有读写结合与融语文知识、范文和作业于一体的综合单元。抗日战争期间，由于特殊的社会形势，还出现了许多"活用课本""自学课本"和"进修课本"。

这一时期比较流行的中学语文教材有：

（1）孙俍工编的初、高中《国文教科书》，初、高中各六册，每学期一册。该套教材的最大特点是以"文章作法"为线索进行单元组合，每个单元都有一个揭示训练中心的小标题；各单元的选文都服从本单元"文章作法"的要求，并为其提供相应的范例；每个单元还按照本单元"文章作法"的要求，布置若干作文题目，供教师指导学生写作时选用。初中以语体文为主而辅以文言文，每学期分成数个单元，每单元教学一种文体，或某种文体的一部分。一年级以记叙体为主；二年级以说明体为主，而辅以文艺抒情文；三年级以议论体为主，应用文为辅，兼及古诗词经史知识。高中以文言为主，一年级以记叙为主，二年级以学术思想为主，偏重议论、说明两体，三年级以文艺体为主，贯以文学史常识。不足之处是没有安排系统的语文基础知识内容。

（2）傅东华编的六册《复兴初级中学国文教科书》。该教材力求思想不违背时代潮流及体裁风格堪为模范者，又在可能范围，尽量采取新颖之作品，以期能增进教学双方之兴趣。它按新标准的时间支配，每周精读3个小时，略读1个小时，习作2个小时，习作项下规定文章作法与作文练习隔周更换教学。教科书各册包括精读教材40课，习作教材20课（每隔一周授两课）。略读材料由教师随时指导阅读。

（3）朱文叔编的《新课程标准适用·初中国文读本》（舒新城、陆费逵校阅），6册，1933年由中华书局出版发行。这套课本照顾到文学本身，更注重民族精神的陶冶、现代文化的理解，选文从自然景色、动植物的描写、社会文化的记述到人生态度的论说，文字清新流畅，注意引发青年热爱自然、寻求光明的志趣，激励爱国御敌的精神。

（4）夏丏尊、叶绍钧合编的《初中国文科教学自修用书·国文百八课》，开明书店出版，从1935年到1938年先后发行第一至第四册，第五、六册因为卢沟桥事件爆发，没能继续编写出版。在《编辑大意》中编者说："在学校教育上，国文科向和其他科学对列，不被认为一种科学，因此国文科至今还缺乏客观具体的科学性。本书编辑旨趣最重要的一点就是想给与国文科以科学性，一扫从来玄妙笼统的观念。"显然，本书是编者对语文学科科学化的一次尝试，这套教材也成为民国时期经典阅读教材。

解放区的中学语文教材主要有：

（1）胡乔木主持编制《中等国文》，1945年由新华书店出版发行，全书6册，供三年制初中使用。选文方面，纠正了国文教材编选偏重政治的倾向，常见的体裁和文章兼容并包，语文规律的说明性文章也被列为正式课文。整套教材共6册，每册30课，分成6组，每组5课，前三、四课是新选或新撰的课文，后一两课是关于汉语、汉文规律的说明文。课文后附有"教学参考""注释""习题"，引导学生面向实际，着眼于读写知识及能力的训练。

（2）《初中国文》《高中国文》，东北行政委员会教育部1948年和1949年分别编出，东北书店印行。整套教材的选文思想性与艺术性有了明显的提高，较多中外著名学者、作家作品，如我国的李大钊、鲁迅、郭沫若、茅盾、丁玲、艾青、赵树理等，苏联的高尔基、爱伦堡等，美国的斯诺和白修德，法国的巴比塞，捷克的伏契克和日本的鹤见佑辅等，均有作品入选。这两套教材不再选入应用文，而是编入了指导学生阅读和写作的课文，如《谈谈读书笔记》《谈怎样读文学作品》等。初中入选的古代作品，除诗歌外，主要是白话小说；高中的则选用文言散文，如《卖柑者言》《黔之驴》《赤壁之战》和《愚公移山》等，但数量极少，每册只收两篇。

（四）语文教学试验与研究

1. 语文教学实验

1920年，何仲英发表《白话文教授问题》，并在他所在的浙江第一师范进行了白话文教学的实验。在文中，何仲英提出了他的白话文以问题为导向的教学方法，即在教授白话文教材时，先由教师提出一个可研究的问题，然后由学生自行分析综合，最后师生相互质疑，共同探讨，求得理解。分九个步骤：说明、答问、分析、综合、书面批评、学生讲演、辩难、教师总结、批改札记。同年，陈启天发表《中学的国文问题》，提出国文教学因文而异的教学方法。他把国文教材分为三类：模范文、问题文、自修文。模范文是学生需要精读深究的文质兼美的文章，应着力掌握其语言、结构、思想，做到精熟的程度；问题文是反映社会、人生、政治等重大问题的文章，学生应从问题入手，采取共同研究法，培养学生学会独立思考的习惯和能力；自修文是学生课外自修教材，教师宜采用个别教学法，指导学生阅读，培养学生自己读书的能力。

除此之外，国文教育界还将外国的教育科学理论应用到国文教学中，其中有设计教学法和道尔顿教学实验，尝试过分团（组）教学法、导学教学法和比较教学法。这些教学尝试在20世纪80年代以后又被新时代的语文教师重新发现，进行了一波又一波"教学改革"试验。20世纪40年代，还有艾伟等进行"中文阅读心理实验研究"，于在春进行"集体习作教学实验"，为语文教学寻找科学的依据。

2. 黎锦熙的国语教学研究

黎锦熙（1890—1978），字劭西，湖南湘潭县晓霞镇人。我国现代汉语语法教学体系的创立者，现代语文教学法的奠基人之一。相关著作包括《国语运动史纲》《新著国语教学法》等。

在《新著国语教学法》中，他第一次揭示了国语教学听说读写四项共通的关系，试图将国语教学体系建立在科学基础上，借鉴赫尔巴特五段教学法，创设了国语教学的三段六步教学法。三段包括理解、练习、发展。在理解阶段，分预习和整理两步；在练习阶段，分比较和应用两步；在发展阶段，分创作和活用两步。

1947年，黎锦熙写了《中等学校国文讲读教学改革方案述要》和《各级学校作文教学改革案》，内容丰富，对白话文与文言文教学、讲读教学、作文教学等方面做了深入的研究。在讲读教学中，他把之前的"三段六部教学法"中的"整理"单独列为一段，形成预习、整理、练习、发展的讲读教学程序。他特别强调图解法在讲读教学中的重要性。黎锦熙严格区分了白话文和文言文的教学方法，提出"两纲四目"。一纲是白话文与语言训练相联系，包括两目：一是先须"耳制"（初讲时，学生不可以看本文）；二是注重"朗读"（须用美的说话式，并随时矫正字音、语调、语气）。二纲是文言文与外国语同比例，也有两目：一是必须"背诵"（预习时，即宜熟读，已读者，分期背默）；二是彻底"翻译"（逐字逐句，译成白话，确依文法，勿稍含糊）。在作文教学方面，黎锦熙提出了作文教学的三原则：写作重于阅读，改错优于求美，日札优于作文。作文训练分为两个阶段，先求"通"，再求"美"。

3.叶圣陶、夏丏尊、朱自清等的语文教学研究

叶圣陶主编过《国文杂志》《中学生》《开明少年》等杂志，和夏丏尊共同写过《文心》，和朱自清共同写过《精读指导举隅》《略读指导举隅》。叶圣陶、朱自清、夏丏尊等的语文教育研究成就是多方面的。

在作文教学方面，叶圣陶在和王伯祥共同撰写的《对于小学作文教授之意见》中从"读物""命题""作法""批改"四个方面阐述了自己的见解，他们认为，小学生作文读物"惟求其为较近于口说之文字"，注重培养学生实际探求的欲望与能力；在命题方面，认为应以学生为本位，适合年龄段学生，可触发其思想感情的事事物物皆可作为作文题目；在作法上，在"理""情""意"三个方面要求学生，使学生作文理真、情切、意达；作文批改的目的在于"修正学生所作之意义及字句"应当坚持"少改多就、评重于改"的原则。叶圣陶还著有《作文论》一书，对现代作文教学的原则、作文的结构安排、文体、方法等方面做了全面、深入、细致的论述。

1937年前后，叶圣陶和朱自清两人合写《国文教学》，对中学国文教学做了新的探讨，其影响一直延续到今天。他们认为：国文教学固然要重视精神训练，但尤其要重视技术训练，即重视了解文字和运用文字能力的训练；在阅读教学和写作教学的关系上，阅读和写作的训练是不能分主次轻重的，阅读是吸收，写作是吐纳。文言文和白话文阅读都要顾及，不可偏废，在写作方面，则应以白话文的优秀作品为范本，学会用白话文来写作；语文教本只是个例子，教本选文，不能仅限于文学，还应有包括书信、宣言、报告书、说明书等应用文在内的普通文字；语文教学不应只是逐字逐句讲解，应根据教本"例子"，重视学生实际的阅读、写作训练，培养学生的阅读习惯，欣赏文学作品的能力和写作的技能；语文教师对国文教学有正确的认识、相当的责任感、足够的读写能力。

20世纪20年代颁行新学制中学国文科课程标准以来，"阅读"一项就分设"精读"和"略读"二目。"精读"，读教科书的选文；"略读"，读指定的专书、专集。叶圣陶和朱自清在40年代出版的《精读指导举隅》《略读指导举隅》就是针对不同的需要，通过实例指导阅读的专著，其中倡导的阅读方

法以及指导阅读的方法，今天读来依然有启发意义。

《精读指导举隅》一共选了六篇课文作为例子，其中记叙文一篇，小说一篇，抒情文一篇，说明文一篇，议论文两篇。按选文时代划分，古代两篇，现代四篇，每一篇都有一篇详尽的"指导大概"，"指导大概"前又有一长篇"前言"，是向教师说明的"阅读教学法"。"精读"的指导内容、过程和方法，可以概括为：预习阶段，要通读全文，认识生字生词，解答教师提示的问题；课内讨论阶段；练习阶段，要吟诵，读相关的文字，答教师的考问。

《略读指导举隅》一共举了七部书做例子，包括经籍一种，名著节本一种，诗歌选本一种，专集两种，小说两种。每部书前分别为学生和教师写有"指导大概"和"前言"，对"略读"指导的意义和内容做充分的说明。"略读"指导分四步：第一步读书前指导，对版本、序文、参考书、不同类别书（知识读物、小说剧本、诗歌专集、古书）等的阅读方法分别进行介绍，还要进行问题指导；第二步是组织学生阅读，要求学生随时做好相应的笔记；第三步是课内讨论；第四步是读书成绩的考核。

第二讲　语文与语文课程

一、"语文"的概念

　　"语文"作为基础教育的学科名称，首倡者是叶圣陶。在追忆"语文"名称的由来时，叶圣陶说："'语文'一名，始用于一九四九年华北人民政府教科书编审委员会选用中小学课本之时。前此中学称'国文'，小学称'国语'，至是乃统而一之。彼时同人之意，以为口头为'语'，书面为'文'，文本于语，不可偏指，故合言之。亦见此学科'听''说''读''写'宜并重，诵习课本，练习作文，固为读写之事，而苟忽于听说，不注意训练，则读写之成效亦将减损。……其后有人释为'语言''文字'，有人释为'语言''文学'，皆非立此名之原意。第二种解释与原意为近，惟'文'字之含意较'文学'为广，缘书面之'文'不尽属于'文学'也。课文中有文学作品，有非文学之各体文章，可以证之。第一种解释之'文字'，如理解为成篇之书面语，则亦与原意合矣。"①在《认真学习语文》一文中，叶圣陶更是明确指出："什么叫语文?平常说的叫口头语言，写到纸面上叫书面语言。语就是口头语言，文就是书面语言。把口头语言和书面语言连在一起说，就叫语文。"②另一位语文教育专家张志公对"语文"的由来也有一个很好的说明："一九四九年六月，全国大陆已大部分解放，华北人民政府教育部教科书编审委员会着手研究在全国范围内使用的各种教材问题。关于原来的'国语'和'国文'，经过研究，认为小学和中学都应当以学习白话文为主，中学逐渐加学一点文言文；至于作文，则一律写白话文。总之，在普通教育阶段，这门功课应当教学生在口头上和书面上掌握切近生活实际、切合日常应用的语言

---

　　① 中央教育科学研究所. 叶圣陶语文教育论集[M]. 北京：教育科学出版社，1980：730.

　　② 中央教育科学研究所. 叶圣陶语文教育论集[M]. 北京：教育科学出版社，1980：138.

能力。根据这样的看法，按照叶圣陶先生的建议，不再用'国语''国文'两个名称，小学和中学一律称为'语文'。这就是这门功课叫做'语文'的来由。这个'语文'就是'语言'的意思，包括口头语言和书面语言，在口头谓之语，在书面谓之文，合起来称为'语文'。"[1]

按照两位专家的解释，当初的"语文"本意，就是口语和书面语，语文课，就是学习口语和书面语的课程。从前面的语文教育史的回顾中，我们了解到，古代的语文课以书面语为主，而现代将口语放到了显著位置，这里的口语，指的是"国语"，而非方言，其内在的意义大有可研究之处。国语教学开启了语文学科"听说读写"并重的时代。国语教学，主要是学习国语的语音、语法、修辞以及口语表达方面的知识；国文教学，是书面语的教学，书面语又分古代书面语和现代书面语，它不仅仅是一种语言形式，在文字的背后，承载着国家民族传统的、现代的思想情感。现代书面语的形成，有三个来源：一是古代书面语，即文言文，二是现代口语，三是"五四"以后日益重要的外来语的翻译，三者缺一不可。现代口语是基础，文不离语，语不离文。对学生来说，学好"国语"，是学好"国文"的基础，国语教学"听"和"说"的重要性因此就被提升到和传统语文教学"读""写"一样的高度。

对于"语文"概念的理解，我们可以换一个角度来看，即从学生的角度动态地看：小学发蒙时，以认字为主，因此"语文"就是语言文字；小学中年级以后，语文教学以阅读文章为主要学习方式，"语文"又是"语言文章"；而阅读文本中，又有不少文学作品，因此"语文"又是"语言文学"；高中读物文化内涵加深，"语文"又是"语言文化"。

二、语文课程

（一）概　念

课程即课业及其进程，是为了实现各级学校教育目标而规定的教学科目及其目的、内容、范围、分量和进程的总和。

语文作为基础教育阶段的一个学科，汉语言文字及其应用构成了语文学科的基本内容，将这些内容按照一定的程序组织起来，以便在教学活动中更好地实现提升学生语文素养的目标，就构成了语文课程。

21世纪的义务教育及普通高中的语文课程目标都是根据知识与能力、过程与方法、情感态度与价值观三个维度来设计的。这三个纬度相互渗透，融

---

① 张志公. 张志公语文教育论集[M]. 北京：人民教育出版社，1994：69.

为一体,共同指向语文素养的整体提高。从这个角度讲,语文课程就是以获得基本的语文素养为目标,让学生通过学习祖国的语文,掌握语文学习方法、获取语文知识、提高语文能力、培植热爱祖国语文情感、形成积极人生态度和正确价值观的过程。

(二)对语文课程性质的认识

长期以来,语文教育界对语文课程的性质有着不同的认识。新课程实施之前,人们主要是从学科的角度来探讨语文课程的性质的,纠缠于工具性、人文性、思想性、实践性、综合性的结合等方面。

《义务教育语文课程标准(2011年版)》正式颁布,对语文课的性质做了新的界定:"语言文字是人类最重要的交际工具和信息载体,是人类文化的重要组成部分。……义务教育阶段的语文课程,应使学生初步学会运用祖国语言文字进行交流沟通……提高思想文化修养,促进自身精神成长。工具性与人文性的统一,是语文课程的基本特点。"一个"交际",一个"人类文化",两个"重要",表明了在课程性质上的倾向性——语文课程具有工具和人文的性质。

对交际工具的理解。新课程标准不仅将语文定性为工具,还突出了这个工具的个性特征:负载文化的交际工具。社会交际的言语必然是对语言的具体运用,包括听说读写,它是每一个成员一天也离不开的。人们凭借口头语言和书面语言,用来互通信息、交流思想、传递感情、协调工作、组织社会生活、维持社会的存在和发展,尤其是"言语作品"充当文化传播的工具,实现着跨时空的交际,从远古先人传留到子孙后代,从个人之间扩展到世界范围,随着信息传播技术的飞速发展,语文的交际作用不但不会减弱,反而越来越大。

对人文性的理解。语文这个工具与一般生产、生活工具不同,它是人们思想、情感、社会文化的负载工具,人文性才是它的本质属性。语文课的任务主要是通过语言的学习、感悟去培养情感,陶冶审美情操,弘扬中华民族的人文精神。语文是负载文化的交际工具,语文的这一性质给语文学科以坚实的理论基础和正确方向。

语文课程的基本特点是工具性与人文性的统一,"使学生初步学会运用祖国语言文字进行交流沟通……提高思想文化修养"。在课程实施的过程中,要真正做到二者的统一较难。既要打好语文学习的基础,又要重视语文的熏陶感染作用,也就是要在培养学生语文能力、使学生逐渐掌握语文工具的过程中，同时受到文化、文学、思想、情感的熏陶。具体而言，就是语文课首先应激发和培育学生热爱祖国语文的思想感情，引导学生丰富语言的积累，培养语感，发展思维，初步掌握学习语文的基本方法，养成良好的学习习惯，具有适应实际生活需要的识字写字能力、阅读能力、写作能力、口语交际能力，正确地理解和运用祖国语言文字。其次，语文课丰富的人文内涵对学生精神领域的影响是深广的，学生对语文材料的感受和理解又往往是多元的。因此，应该重视语文课程对学生思想情感所起的熏陶感染作用，注意课程内容的价值取向，树立社会主义荣辱观，培养良好思想道德风尚，同时要尊重学生在语文学习过程中的独特体验，通过优秀文化的熏陶感染，促进学生和谐地发展，使他们提高思想道德修养和审美情趣，逐步形成良好的个性和健全的人格。教师应当清醒地认识到，语文课在学生的这一阶段起着塑造其精神世界的作用，会在很大程度上决定了学生今后审美品位。

语文课程是一门实践性的课程，应着重培养学生的语文实践能力，而培养这种能力的主要途径应是语文实践。语文是母语教育课程，学习资源和实践机会无处不在，无时不有。因而，应该让学生多读多写，日积月累，在大量的语文实践中体会、把握运用语文的规律。语文课程是学习运用祖国语言文字的课程，学习语言文字运用只能在语言的实践过程中进行。要把学生从课堂教学引向课外阅读，要重视培养学生广泛的阅读兴趣，扩大阅读面，增加阅读量，提高阅读品位，提倡多读书，好读书，读好书，读整本的书。应密切关注现代社会发展的需要，拓宽语文学习和运用的领域，注重跨学科的学习和现代科技手段的运用，使学生在不同内容和方法的交叉、渗透和整合中开阔视野，提高学习效率，初步获得现代社会需要的语文素养。

语文课程性质的新界定，体现了以人的发展为本的教育理念，有利于全面提高学生语文的综合素质，有利于学生的终身学习和发展。过去单纯强调工具性，在实践中的最大弊端是与应试教育、标准化考试相结合，派生出大量枯燥、繁琐、重复、费时费力而效果不佳的机械训练，学习行为具有"工具"的某些特征，严重扼杀了学生的想象力和创造力，天长日久，确实产生了铸造"平面人"的趋势。确认语文的人文性，就意味着语文学习除了要不断提高理解运用祖国语文的能力外，还应广泛吸收人类的文化，为学生的终身发展打下一个精神的底子。语文学科性质决定了这门课具有多重功能和奠基作用。语文素养是学生学好其他课程的基础，也是学生全面发展和终身发展的基础。因此，语文课程要致力于学生语文素养的形成和发展，这是语文教育的基本任务。

(三)语文课程目标

新课程目标从知识与能力、过程与方法、情感态度与价值观三个维度进行设计。"三个维度"的目标设计告诉我们：知识和技能是重要的，但语文教学不能只有知识和技能，更不能在"加强基础知识"的口号下，为追求学科知识的系统性、完整性而死记硬背，或在"熟能生巧"的旗号下搞机械训练、重复训练。应该从三个维度全面认识和把握课程目标。

1.对语文课程总目标的理解

课程目标是按照国家的教育方针，根据学生的身心发展规律，通过完成规定的教育任务和学科内容，使学生达到的培养目标。它受国家为基础教育规定的教育目的的制约，是总的人才培养目标的具体体现。课程目标是课程编制、课程实施和课程评价的准则和指南，在课程标准中属于主体部分。语文课程目标，则是从语文科的角度规定人才培养的具体规格和质量要求。新课标的第二部分"课程目标"，分为"总目标"和"学段目标"两个部分。"总目标"规定了九年义务教育阶段的语文课程所要达到的目标，共十条：

1.在语文学习过程中，培养爱国主义、集体主义、社会主义思想道德和健康的审美情趣，发展个性，培养创新精神和合作精神，逐步形成积极的人生态度和正确的世界观、价值观。

2.认识中华文化的丰厚博大，汲取民族文化智慧。关心当代文化生活，尊重多样文化，吸收人类优秀文化的营养，提高文化品位。

3.培育热爱祖国语言文字的情感，增强学习语文的自信心，养成良好的语文学习习惯，初步掌握学习语文的基本方法。

4.在发展语言能力的同时，发展思维能力，学习科学的思想方法，逐步养成实事求是、崇尚真知的科学态度。

5.能主动进行探究性学习，激发想象力和创造潜能，在实践中学习和运用语文。

6.学会汉语拼音。能说普通话。认识3500个左右常用汉字。能正确工整地书写汉字，并有一定的速度。

7.具有独立阅读的能力，学会运用多种阅读方法。有较为丰富的积累和良好的语感，注重情感体验，发展感受和理解的能力。能阅读日常的书报杂志，能初步鉴赏文学作品，丰富自己的精神世界。能借助工具书阅读浅易文言文。背诵优秀诗文240篇（段）。九年课外阅读总量应在

400万字以上。

8.能具体明确、文从字顺地表达自己的见闻、体验和想法。能根据需要，运用常见的表达方式写作，发展书面语言运用能力。

9.具有日常口语交际的基本能力，学会倾听、表达与交流，初步学会运用口头语言文明地进行人际沟通和社会交往。

10.学会使用常用的语文工具书。初步具备搜集和处理信息的能力，积极尝试运用新技术和多种媒体学习语文。[①]

语文课程总目标的内涵突出了这样一些思想：

第一，强调了学生在语文学习中的主体地位。比如第5条"能主动进行探究性学习"，从学习方式的角度强调学生在语文学习中的主体性；第7条"具有独立阅读的能力"，就是把每一个在阅读中的学生视为一个独特的自我，这样才能做到目标中所说的阅读中"注重情感体验""发展个性""丰富自己的精神世界"等要求。

第二，凸显了现代社会对语文能力的新要求。如考虑信息社会特点，加上"初步具备搜集和处理信息的能力"；着眼于现代社会人际交往频繁的要求，口语交际方面提出"具有日常口语交际的基本能力"，强调文明交往和合作精神；鉴于语文不但是文化的载体，而且本身就是文化的重要组成部分，专加第2条，体现继承中华优秀文化传统、具有全球性文化视野的理念，强调语文学习与当代文化密切的关系。

第三，突出了语文课程的实践性本质。"总目标"第5条对此作了总的表述："能主动进行探究性学习"，"在实践中学习和运用语文"。同时，让这一精神贯穿于汉语拼音、识字与写字、阅读、写作、口语交际诸方面能力的要求中，大大淡化了对系统的语文知识传授的要求。

新课标指出："课程目标从知识与能力、过程与方法、情感态度与价值观三个方面设计。三者相互渗透，融为一体。目标的设计着眼于语文素养的整体提高。"新课标的课程目标"设计框架"，也能成为理解"总目标"的抓手，因此，这段话也为我们指引了理解"总目标"的两个角度，即"三个维度"的角度、"总目标"与"学段目标"关系的角度。关于"三个维度"，后面还要展开，此处只说后一个理解角度。

语文课程的"总目标"与"学段目标"是总分关系。它要求我们在理解

---

① 中华人民共和国教育部. 义务教育语文课程标准（2011年版）[M]. 北京：北京师范大学出版社，2012：6-7.

语文课程目标时，既要注意到语文课程"总目标"的整体性，又要具体地把握"总目标"达成的阶段性。九年义务语文教育划分为四个阶段，即第一学段（1—2年级）、第二学段（3—4年级）、第三学段（5—6年级）、第四学段（7—9年级）。以"写作"为例，可以清楚地看出目标的整体性和阶段性之间的关系。

总目标：

能具体明确、文从字顺地表达自己的见闻、体验和想法。能根据需要，运用常见的表达方式写作，发展书面语言运用能力。

第一学段：

1.对写话有兴趣，留心周围事物，写自己想说的话，写想象中的事物。

2.在写话中乐于运用阅读和生活中学到的词语。

3.根据表达的需要，学习使用逗号、句号、问号、感叹号。

第二学段：

1.乐于书面表达，增强习作的自信心。愿意与他人分享习作的快乐。

2.观察周围世界，能不拘形式地写下自己的见闻、感受和想象，注意把自己觉得新奇有趣或印象最深、最受感动的内容写清楚。

3.能用简短的书信、便条进行交流。

4.尝试在习作中运用自己平时积累的语言材料，特别是有新鲜感的词句。

5.学习修改习作中有明显错误的词句。根据表达的需要，正确使用冒号、引号等标点符号。

6.课内习作每学年16次左右。

第三学段：

1.懂得写作是为了自我表达和与人交流。

2.养成留心观察周围事物的习惯，有意识地丰富自己的见闻，珍视个人的独特感受，积累习作素材。

3.能写简单的记实作文和想象作文，内容具体，感情真实。能根据内容表达的需要，分段表述。学写读书笔记，学写常见应用文。

4.修改自己的习作，并主动与他人交换修改，做到语句通顺，行款正确，书写规范、整洁。根据表达需要，正确使用常用的标点符号。

5.习作要有一定速度。课内习作每学年16次左右。

第四学段：

1.写作要有真情实感，力求表达自己对自然、社会、人生的感受、体验和思考。

2.多角度观察生活，发现生活的丰富多彩，能抓住事物特征，有自己的感受和认识，表达力求有创意。

3.注重写作过程中搜集素材、构思立意、列纲起草、修改加工等环节，提高独立写作能力。

4.写作时考虑不同的目的和对象。根据表达的需要，围绕表达中心，选择恰当的表达方式。合理安排内容的先后和详略，条理清楚地表达自己的意思。运用联想和想象，丰富表达的内容。正确使用常用的标点符号。

5.写记叙性文章，表达意图明确，内容具体充实；写简单的说明性文章，做到明白清楚；写简单的议论性文章，做到观点明确，有理有据；根据生活需要，写常见应用文。

6.能从文章中提取主要信息，进行缩写；能根据文章的基本内容和自己的合理想象，进行扩写；能变换文章的文体或表达方式等，进行改写。

7.根据表达的需要，借助语感和语文常识，修改自己的作文，做到文从字顺。能与他人交流写作心得，互相评改作文，以分享感受，沟通见解。

8.作文每学年一般不少于14次，其他练笔不少于1万字，45分钟能完成不少于500字的习作。[①]

2.三个维度在总目标和阶段目标中的体现

三个维度作为一条隐性线索，始终贯穿于课程标准的总目标和阶段目标之中。三者之间本应不分主次，地位同等重要，但考虑到以往大纲的偏失和

---

① 中华人民共和国教育部. 义务教育语文课程标准（2011年版）[M]. 北京：北京师范大学出版社，2012：7-17.

目前的实际需要，在设置目标时，加强了情感态度与价值观维度，并将过程与方法维度置于重要位置。

课程总目标共有十条，这十条不是随意排列的。大致而言，前5条从宏观着眼，在"情感态度与价值观"与"过程与方法"两个维度上有所侧重：第1条是关于道德情操、审美情趣等方面的要求，第2条是对待古今中外不同文化和文化品位的要求，第3条是关于语文学习态度、习惯和方法的要求，第4条是关于思维品质和科学精神方面的要求，第5条是对语文学习方式方面的要求，即重在探究，重在实践。后5条目标从微观着眼，侧重知识与能力这个维度：第6条说的是汉语拼音、识字写字的能力，第7条是阅读能力，第8条是写作能力，第9条是口语交际能力，第10条是使用工具书和搜集信息能力。

总目标之下设学段目标，即把义务教育的九年划为四个学段，然后按照四个学段分别提出要求。表面上看来，是从写字、阅读、写作、口语交际、综合性学习五个方面进行规定，实质上，三个维度这条隐性线索，贯穿始终。就第四学段而言，情感态度与价值观维度有"体会书法的审美价值"，"欣赏文学作品，有自己的情感体验"，"能说出自己的体验"，"耐心专注地倾听"，"自信、负责地表达自己的观点"等要求；过程与方法维度有"默读""略读""浏览""体味""推敲""合作"等方式方法要求，有"扩大阅读范围""共同探讨""通过自己思考""观察生活""注重写作过程中收集资料"等过程方面的规定；知识与能力维度，主要体现"学习知识是为了运用"的指导思想。如目标中明确规定"随文学习基本的词汇、语法知识，用来帮助理解课文中的语言难点；了解常用的修辞方法，体会它们在课文中的表达效果"，无不是将有关知识与阅读能力的培养紧紧联系在一起。

三个维度的目标存在彼此交融、相互渗透的关系。如总目标的第1条强调"在语文学习过程中"，就涉及过程与方法；第2条既是对各种文化的态度，也可以理解为学习内容和能力的要求；第3条侧重语文学习习惯和方法，但"热爱祖国语言文字的情感"和"语文学习的自信心"又属于情感维度；第4条既讲能力，又讲态度，也讲方法；等等。后面5条虽然侧重知识与能力，但其中"注重情感体验""学会运用多种阅读方法"又属于情感态度、过程方法维度。

3.把握三个维度目标的精髓

（1）过程与结果的统一

对语文学科而言，过程表征语文学科的探究过程和探究方法，结论表征语文学科的探究结果。两者相互作用、相互依存、相互转化，什么样的探究过程和方法论必然产生什么样的探究结论和结果。

一方面，语文学科知识体系的获得依赖于特定的探究过程与方法。任何知识体系，不论暂时看起来多么完备，总是一种需要进一步检验的假设体系，总是需要进一步发展为更完善、合理的知识框架。

另一方面，探究过程与方法又内在于知识体系之中，并随着知识体系的发展而不断变化。探究过程和方法具有重要的教育价值，语文知识体系只有跟相应的探究过程和方法结合起来，才能使学生的理智过程和精神世界获得实质性的发展与提升，如果学生接触的只是一些看似确定无疑、不存在任何对立和冲突的客观真理，学生在经历了教育过程后，只是熟悉了现成结论并对这些结论确信无疑，未必是好事。

从教学的角度讲，重结论、轻过程的教学只是一种形式上走捷径的教学，把形成结论的生动过程变成了单调刻板的条文背诵，从源头上剥离了知识与智力的内在联系。重结论、轻过程的教学排斥了学生的思考和个性，把教学过程庸俗化到无须智慧努力，只需听讲和记忆就能掌握知识的程度，便有了掌握知识却不思考知识、诘问知识、评判知识、创新知识的学生，实际上这是对学生智慧的扼杀和个性的摧残。正因为如此，我们才强调过程，强调学生探索新知的经历和获得新知的体验。强调探索过程，也意味着学生要面临问题和困惑、挫折和失败，也意味着学生可能花了很多的时间和精力却一无所获，但这是一个人的学习、生存、生长、发展、创造所必须经历的过程，也是一个人的能力、智慧发展的内在要求。

（2）认知与情意的统一

学习过程是以人的整体心理活动为基础的认知活动和情意活动相统一的过程。认知因素和情意因素在学习过程中是同时发生、交互作用的，它们共同组成学生学习心理的不同方面，从不同角度对学习活动施以重大影响。所以，学习的心理过程一方面是"感觉—思维—知识、智慧（包括运用）"的认知活动过程，另一方面是"感受—情感—意志、性格（包括行为）"的情意过程。作为完整的心理过程的学习活动，它总是在认知因素与情意因素相互交织、共同作用下进行的。

我们要特别强调学习过程中的情意因素，没有情意因素的参加，学习活动也不能发生和维持。所谓"兴趣是智力之母""情急智生""通情达理""志不强者智不达"等，都朴素地阐明了情意因素对认知发展的作用。至于"勤能补拙""笨鸟先飞""锲而不舍，金石可镂"等说法，更直截了当地道出了情意因素弥补和促进认知的作用。在新的课程理念背景下，重视教学中的情意因素和过程被提高到新的高度。新课程强调情感、态度和价值观三个要素，情感不仅指学习热情，还指内心体验和心灵世界的丰富感受。态度不仅指学习态度、学习责任，还指乐观的生活态度、求实的科学态度、宽容的人生态度。价值观，不仅强调个人的价值观，更强调个人价值与社会价值的统一；不仅强调科学价值，更强调科学价值与人文价值的统一，人类价值与自然价值的统一，从而使学生从内心确立起对真善美的价值的追求以及人与自然和谐相处的理念。从横向看，这三个要素具有相对独立性，构成了人的感性世界或理性世界的相对完整的画面；从纵向看，这三个要素构成了由低级到高级的心灵连续体。

（3）接受性与体验性的统一

教育活动中，学生主体参与在两个层面展开：接受性参与和体验性参与。前者是接受主体的求真活动指向逻辑认知层面，旨在生成人的知识性、技术性、实用性；后者是体验主体的趋善活动，指向情感态度和价值观层面，以形成人的道德人格为价值归宿。对二者任何一个层面的片面强化都意味对学生主体性的遮蔽和异化。教育的功利主义、技术主义的泛滥，正是长期以来对学生主体接受性单向度强调的结果。新课程纠正了这一偏失，课程标准多处提到了体验性目标。当然强调学生主体体验性，并不排斥和拒绝学生主体接受性。接受是基础，体验是升华。有意义、合规律的接受性与合目的的体验性，在全面提高语文素养这一目标上，统合为一个螺旋上升运动的整体。

（四）语文课的课型

所谓课型，一般指根据教学任务而划分出来的课堂教学的类型。对语文课来说，划分标准多样，课型也是多种多样的。如以教学内容作为划分标准，有写作课、阅读课、听说课、综合性学习课型，有单元课、单篇课，等等。从阅读教学来讲，可细分为教读课、自读课、学法指导课、审美鉴赏课、精读课、略读课、讲析课、讨论课、活动课，文学作品课、文言文课，等等；从语言教学来讲，有语言积累课、语言运用课、语言品析课等。从语言积累课型来看，可分吟读美文课、背诵经典课、语言模式课等。以教学任务作为课的分类基点，可划分为新授课、练习课、复习课、讲评课、实验课等。以课的教学组织形式和教学方法作为分类基点，可划分为讲授课、讨论课、自学辅导课、练习课、实践或实习课、参观或见习课、赛读课等。

　　凡成功的教学改革试验，一定会有相应的科学的系列课型产生。一些学校和教师对传统课型改进，以适应语文教学改革的步伐。如讲读课的"主动—发展"模式，自读课的"理解—练习—拓展"模式，作文课的"激趣—发现—创造"模式，活动课的"情境—竞赛模式"，复习课的"互动"模式，等等。还有些学校和教师，根据新的教学形势，设计、实践了一些新的课型模式，如佳作吟诵课、信息交流课、习作整理课、听读记录课、素材积累课、构思训练课等。

　　这些课型的内容，我们将在后面涉及。

第三讲　语文教材

　　语文教科书就是课堂教学使用的课本。教师完成任务、实现教学目标，需要凭借教科书；学生完成学习任务、掌握知识技能，也要凭借教科书。一套理想的教科书，不但科学地规划了教学的内容和步骤，而且合理规范着教与学的方法。因此，一个教师要赢得良好的教学效果，不但需要充分理解、切实把握教科书中反映的全部内容，而且要准确领会教科书的编辑意图和体例特点，使自己的教学活动能符合教科书的规范化要求。语文教科书，作为传递和接受人类精神财富的一种特殊凭借物，它的结构与其他学科的教科书相比，有明显的不同。其他学科的教科书，一般都以本学科的知识体系为线索，或由浅入深（如数理化），或由远及近（如历史），或由此及彼（如地理），按一定的逻辑顺序来编排内容。相对而言，语文教科书结构要复杂得多，并有它特殊的构造。

一、中学语文教材的内部结构

　　中学语文教科书的内部结构，一般包括两条线索和四个系统。

　　两条线索是指知识线索和能力训练线索。语文学科固然不是以系统讲授语文知识为主，但它毕竟还是有自己必须讲授的知识，其中包括语言文字的基础知识、听说读写的规律性知识以及各种文体知识、文学知识等。语文学科的根本宗旨，在于培养学生学习语文、运用语文的能力，讲授必要的知识，其主要目的在于更有效地培育、提高学生的语文素养，其中包括一些基本的语文能力。能力的培养，应该遵循一定的程序，有一定的过程。这就构成了另一条线索，即能力训练的线索。

　　中学语文教科书内部的这两条线索，要借助四个相互联系的系统，组织起全部的教学内容，这四个系统就是范文系统、知识系统、作业系统、导学系统。这四个系统的合理编组，便形成一套教科书的基本结构。

（一）范文系统

范文是中学语文教材特别是阅读课本的主体部分。在阅读课本中，范文也就是课文，在作文课本或语文基础知识课本中，范文有时叫作例文，用来揭示写作规律或印证某种知识的范例。把范文作为教科书的主体内容，并使之形成一个独立的系统，是语文教科书区别于其他学科教科书的一个鲜明特点。

1.中学语文教科书中范文的作用

（1）对学生的示例作用。语文教学的重要任务之一是要让学生熟悉并掌握读书、作文、听话、说话的规律。这些规律，可以通过文字作直接的概括的说明，如一般阅读学、写作学著作那样，但这种文字说明，不管怎么生动形象，总是概括的、诉诸理性的，不可能给人以具体的深刻的印象。要想让学生在具体感受、直接领悟的基础上深入理解并牢固掌握这些规律，就必须引导他们去读文章，去读大量的言语作品。一篇优秀的范文，是用字造句、构段谋篇的典范的体现者，是语法、修辞、逻辑以及各种表达方式的完美的整体。一篇范文，从某种意义上说，就是一位不出声的语文老师，它随处都在告诉你这个字该怎么写，这个词该怎么用，这个句子的表现力为什么强，这个段落有什么作用，这种表达方式在这里、为什么在这里适用等。另外，范文深刻的思想内涵、优美的情感，通过学生的阅读，以"润物细无声"的方式浸润到学生心中，影响着他们的日常行为、思想、感情，引导他们积极向上，传递着正面信息，塑造着学生的精神世界。

（2）教师的凭借作用。语文教学的一个重要任务是要让学生掌握读书、作文、听话、说话的基本规律并用于实践，全面提高语文素养，形成相应的语文能力，养成良好的语文行为习惯。这种能力和习惯，不能凭空得来，是在扎扎实实的训练中养成的。教科书中的范文，是教师训练学生能力、培养习惯的重要凭借物。例如朗读，是一种读文的方式，教师根据范文，引导学生在充分理解其思想内容的基础上，将朗读的基本要求、达到的效果等告诉学生，学生按教师的要求学习朗读。在这一过程中，要经历教师的示范、学生的模仿、教师的纠错，学生的技巧逐步提升，范文是这一训练过程的共同凭借。又如查工具书，是阅读的重要辅助手段，熟练、准确地翻查工具书，也是一种语文能力。在研读范文的时候，指导学生翻查字典、词典，独立解决范文中的生字、生词，久而久之，学生不但懂得各种工具书怎么查、怎么用，而且逐渐养成了遇到字词障碍主动查工具书的习惯，范文就成了训练学生查找工具书能力的凭借物。同理，语文教学过程中的思想教育、审美教育，也是以范文作为凭借。在新编中学语文教材（人教版）中，突破了以往按文体选文的范例，以语文与生活的联系为编排线索，按人与自然、人与社会、人与自我三大主题板块组成单元，在此基础上，进一步细化单元专题。如七年级上册共有五个专题：人生（第一、二单元）、四季（第三单元）、科学（第四单元）、亲情（第五单元）、想象（第六单元）。尤其是加入了人与自我的板块，使教材的内涵更丰富，更符合现代思想潮流，语文课本的凭借范围得到了进一步扩大。

（3）信息传递功能。学生语文能力的发展，是与学生的知识积累同步的。不断地充实库存，不断地扩大知识视野，是不断提高语文能力的不可缺少的条件。中学生在校学习，受特定空间和时间的限制，不可能广泛接触社会、自然，他们的信息源主要还是来自各科教科书。语文教科书的范文，综合起来看，对中学生来说，无疑是小小的百科全书大全，是他们获取社会知识、自然知识的重要源泉。范文内容涵盖了古今中外的风土人情、历史人文、建筑艺术、物候天象、自然生态、现代科技、思维科学等方面的知识，也展示杰出人物美好心灵世界。从大量的议论文中，学生可以明白怎样做人，怎样处世，怎样治学，怎样正确理解事物发展的规律等。这些知识与中学其他学科知识有交叉性，但作为语文课文，它们是用优美的语言、生动的形象、严密的逻辑传达出来的，因此更容易被学生接受，并深刻地印在脑中。语文教科书中的范文这种信息传播作用，是其他学科无法取代的。

2. 中学语文教科书的范文范围

作为一个系统，范文必须根据中学阶段语文教学的要求确定自己的范围。这个范围不能过宽，也不能过窄。虽然文海浩瀚，佳作杰构不计其数，但教科书选编范文，要根据不同学段学生的实际情况和课程标准的要求划定一些范围。

（1）体裁范围。范文体裁包括实用文、普通文两大类。实用文指一些有固定格式的应用文，包括书信、新闻作品、介绍说明性文章等，介绍、论证一定的思想、理论的论说文也可归入此类。就当前我们的语文教材而言，实用文的范围比较狭窄，与生活实际需要有很大的差距。相对而言，国外教材这方面的选编要"接地气"得多，现代日常生活需要、不同学段学生容易接受的应用文文体，如网络信件、新闻报道、统计图表、药品说明、广告策划、人事单位的数据信息等大都入选，这是需要我们认真总结的。普通文以文艺文为主，包括散文、小说、诗歌、戏剧以及童话、寓言、民间故事等，通常以散文、小说为主，诗歌次之，戏剧更次之。

（2）题材范围。新的课程标准对教科书编写也提出了具体意见，就题材而言，要求教科书应符合学生的身心发展特点，适应学生的认知水平，密切联系学生的经验世界和想象世界，有助于激发学生的学习兴趣和创新精神。在总的倾向上应体现时代特点和现代意识，关注现实，关注人类，关注自然，理解和尊重多样文化，有助于学生树立正确的世界观、人生观、价值观。注重继承与弘扬中华民族优秀文化和革命传统，有助于增强学生的民族自尊心和爱国主义感情。因此，教科书编写要满足三个"有利于"：有利于美化和净化学生的心灵，促进学生身心的健康发展；有利于学生形成正确的世界观、审美观和人生观；有利于培养和提高学生对社会生活、自然现象、科技发展、文化传统等等的认识能力。在这三个"有利于"的前提下，范文的题材要力求广泛，力求新颖，以满足中学生的求知欲望。

（3）语体范围。中学生应当了解汉语语体的多样性。首先是文言语体和白话语体。从现代生活的实际需要看，范文当以白话语体为主；但是为了让中学生能初步接触祖国文化遗产，能初步了解古今语言文字的联系与演变，也应适当选学一些文言语体的作品。在白话语体中，还有古代白话语体和现代白话语体之分，范文当然应以现代白话语体为主。其次，语体作为一种语言功能变体，在实际运用中还呈现出多种多样的风格，择要说来，有口语体和书面语体之分，在书面语体中有文艺语体、科学语体、政论语体和事务语之分。以往中学语文教科书，范文系统中书卷语体范文较多，而谈话语体较少。在书卷语体中，又往往重视文艺语体和政论语体而忽视科学语体和事务语体。

（4）作法范围。文章作法，变化万端，但从"示范"和"授以规矩"的角度看，在变化万端的文章作法中也还有些基本法则，是中学生必须了解并掌握的。从文章的结构方式，到具体的写作方法，都属于作法内容。中学生写作处在起步阶段，文章写作淡化文体不是淡化写法，范文选择上应当有这方面的意识。例如文篇的组织，按夏丏尊早年的研究，主要有五种形式，即直进式、散列式、首括式、尾括式和双括式。学生熟悉了这些组织形式，根据需要灵活运用，文章的谋篇布局上就有了法度。再有各种基本的记叙、描写、抒情、说明、议论的方法，这些方法在不同的语境中的具体应用，都需要在范文中提供基本的示范。范文系统，有为学生提供各种最基本的文章作法的任务。

（5）作者范围。中学语文教科书往往要精选现成的优秀文章或作品作为范文，其中有相当数量是名家名篇。一个中学毕业生，尽管没有系统地学过中国文学史和外国文学史，但他或她通过语文课的学习，至少应该知道中外文学史上那些最有代表性的杰出人物的姓名、生平简历、代表作及其基本风格。这是一种起码的文化素养。因此，中学语文教科书的范文系统，应当注意到作者的范围。

（6）国别范围。中学生学习范文，当然应该以学习本国优秀作品为主，但教科书编者也应具有"世界眼光"和"开放意识"。回顾语文发展史，不难明白，无论是在题材内容、语汇句式、表达方式方面，还是在文体演变、描写技巧、语体风格方面，我们的写作都曾经程度不同地受到过别国的影响。一个国家和民族思想文化的发展，离不开对世界各国思想文化精华的吸收、消化和抉择。让中学生在学习本国的优秀作品的同时，多了解、学习一些外国作品，特别是一些世界文学大师的优秀作品，无疑是十分有益、十分必要的。以往我们的教科书，在作者国别选择上受政治影响太大，比如新中国成立初期教科书中苏联作家的作品偏多，之后很长时间，都着重选欧洲批判现实主义作家的作品，其他地方作家作品则较少关注。2003年新课程实验以来，教科书编写有了较大的突破，作品国别范围增加就是明证。

3. 中学语文教材范文的选材标准

新课标在选文标准上规定得很明确："教材选文要文质兼美，具有典范性，富有文化内涵和时代气息，题材、体裁、风格丰富多样，各种类型配备适当，难易适度，适合学生学习。要重视开发高质量的新课文。"具体而言，范文选编在内容和形式上有"四性"要求：思想性、时代性、典范性和可接受性。

（1）思想性。作为教科书的范文，首先是"质"要好，即思想内容要好。古人说，"文以载道"，"道"就是思想内容。不同时代的语文教科书，都重视"载道"的问题，只不过每个时期"道"的内涵不同。范文中的"道"，应当包括政治思想、伦理道德、人生哲理、科学思维、审美情感、治学精神、人际关系、人和自然的和谐共处等内容。新中国成立后的语文教科书对于"道"的理解，多数时期过于偏重政治思想方面，对学生基本道德、思想、审美等修养的养成重视不够。因此，就范文的思想内容而言，其取材标准应当是多项的，而不是单项的。例如某些科技说明文，尽管没有多少政治思想方面的内容，但它们体现了某种科学的研究方法、思维方法，体现了科学工作者求实创新的精神，应当认为它们的思想内容是好的。一首历代传诵的写景抒怀的古诗，不一定有政治思想方面的积极内容，但确实创造出了一种美的意境，有利于陶冶人们健康高尚的审美情操，也应当承认它的思想内容是健康的、有益的。

（2）时代性。教科书的范文必须有鲜明的时代性。所谓时代性范文，是反映了时代生活，又对后世产生了积极思想影响的文章，它应当是我们思想传统链条上的一环；它又往往运用最新鲜的、活在人们口头上的语言，可以使学生受到生动活泼的、切实有用的语言教育。由于我们在一个时期对范文时代性的褊狭理解，导致将时代性理解成时间性，教科书编写出现了一些奇怪现象。例如，1979年版的初中语文教科书，到1980年再版时就更换了30多篇课文，到1982年修订时又更换了30多篇。至于1958年和1960年编的中学语文教科书，被认为是报纸杂志的集锦，多选"时文"，多选结合时事政治、生产任务和中心工作的文章，结果往往是教科书还没有出版，中心工作已经过去，到第二年课文又得更换。这方面的教训深刻。

强调范文的时代性，并不意味着排斥时代性不那么强的名篇，鲁迅的《从百草园到三味书屋》与今天学生的生活离得很远，但文章表现的儿童对于自由生活的向往和今天的儿童是共通的。这篇文章还生动再现了一个时期学校生活的实际，对今天的学生具有一定的历史意义。语言的发展是极其缓慢的，鲁迅、朱自清、老舍等的作品，在今天依然是学生学习语言的范本，并不因为它们是过去年代的作品而失去学习的意义。

把时代性强的文章选为课文，也得坚持文质兼美的标准。一般说来，与经过几十年以至千百年筛选下来，素有定评、脍炙人口的名篇相比，刚刚冒出来的时文在质量上多数处于劣势。朱自清先生曾主张教科书范文以名篇为主，作文例文以报纸杂志上的时文为主。时文不如名篇质量高，却便于学生模仿。有些教科书的编者，把报纸杂志上的时文大量编入学生课外阅读课本，经过实践的检验后，再把大家认为好的时文转入教科书，这也不失为一种较为稳妥的明智的处理方法。

（3）典范性。范文的典范性表现在文章的用词造句、布局谋篇，以及文体语体、修辞逻辑，都应当"堪为模式"。典范的文章一定是经过时间淘洗的，范文的典范性和时代性有时会出现矛盾，两者的关系应当谨慎处理。1962年，叶圣陶先生在给人民教育出版社中学语文编辑室的书面指示中曾谈到了这个问题。当时有同志提出把《谈学逻辑》（作者潘梓年）、《在莱比锡审讯的最后发言》（节选自《季米特洛夫选集》）、《在法庭上》（节选自高尔基的《母亲》）、《工厂技术革命的新气象》、《火光》、《在狱中》（节选自《青春之歌》）、《怎样评价〈青春之歌〉》等七篇文章选进教科书，叶老为此提出不同意见，认为这七篇文章不具备语文教材的资格，不宜抱"唯名主义"，也不宜盲从市场，以为《季米特洛夫选集》《母亲》《青春之歌》行销至广，读者至众，就要采录其一章一节为教材。首须措意的，所选为语文教材，务求文质兼美，堪为模式，于学生阅读能力、写作能力的增长确有助益。以上七篇，若论其质皆属精英，若论其文，则至为芜杂。意不明确的地方，语违典则的地方，往往而有，流行的赘言，碍口的累句，时出其间。以这样的文章进行教学，恐怕会将学生引入"言之无文"的境地。叶圣陶是文学家，衡文的眼力极高，他坚持"文质兼美"的选材标准，坚持为学生负责而不为作者的名声和市场的行情左右的选文原则，值得一切教科书编写者学习。不能因为时代性而牺牲范文的典范性，也不能因为应用性而牺牲范文的典范性。因为只有典范性的范文，才能对学生阅读能力、写作能力的增长有所助益。典范性、时代性、应用性三性最好统一，不能统一时，典范性应放在第一位。

（4）可接受性。范文必定文质兼美，然而文质兼美的文章未必都能成为范文。因为选择范文还要考虑可接受性，考虑学生的阅读兴趣和接受心理，即适合教学。可从以下几个方面考虑：

第一，课文难易要适度。太难，经过努力，学生还是学不到手，会挫伤学生学习积极性；太易，学生感到没味道，学不到东西。因此，在选文前，应当对学生的阅读情况做充分的调查，多听取一线教师的意见，也要充分重视教育学、心理学、阅读学研究工作者的研究成果。我们的意见是在课文总体难易适中的大前提下，不妨每册教科书插入一两篇程度稍深的课文，不要求学生人人都能学到手，允许他们留下一些不懂的问题。只要揣摩出阅读艰深课文的一些方法，去对付课外阅读时较为艰深的文章，就算达到目的了。

第二，课文要短小精悍。人民教育出版社中学语文编辑室曾就中学语文教科书的篇幅长短问题，统计了新中国成立前后出版的有代表性的12种教科书每册课文的平均字数，多数教科书语体文平均每课3000字，高中平均每课5000字。因此，教科书的课文一定要短小精悍，大体上现代文初一每篇课文不超过2000字，初二、初三每篇课文不超过3000字，高中每篇课文不超过4000字。但是，允许有例外，每册教科书有极少量的课文，如一两篇可以比较长，以供训练学生的速读能力之用。

第三，课文要有情趣。有了情趣，就可以增强课文的吸引力，从而激发学生学习兴趣与热情。一般说来，有真情、有新意的课文，能启发思维的课文，适合学生年龄特征与实际水平的课文，大都是富有情趣的，容易受到师生的欢迎。

过去，教科书的编者对课文要适合学生的年龄特征与实际水平这一点往往注意不够。作家创作大都以成人为对象，很少考虑学生的需要，把他们的作品照搬到教科书中，自然显得成人化，与学生的生活、水平和兴趣都相距很远。叶圣陶先生有感于这一点，主张教科书编者自己动手编写课文，这样可以密切结合学生实际，有的放矢，方便教学。他认为，至少小学和初中教科书，这样做是绝对必要的。叶老从1931年起到第二年夏，一个人撰写了一部《开明国语课本》，初小8册，高小4册，一共12册，400来篇课文，其中一半是创作，另一半是有所依据的再创作，总之没有一篇是现成的。这套教科书出版以后，深受师生欢迎，十余年内竟然印了40多次。从这个例子不难看出，课文结合学生实际，增强情趣极其重要。

（二）知识系统

中国早年的语文教科书，包括过去私塾中使用的读本，只有一个系统，即范文系统，一切需要讲授的语言文字知识，都"隐含"在这些范文当中，由教师自己确定，相机处理。自20世纪30年代起，开始将原来独立的、自成体系的语文知识编进中学语文教科书，知识系统就成为中学语文教科书基本结构中一个重要的组成部分。中学语文教学中，学习语文基础知识的根本目的不在"知"而在"行"，不在了解知识的本身而在掌握这些知识并指导实践，有效地提高听说读写能力，形成基本的语文素养。因此，中学语文教科书中的知识系统，不管是独立编排也好，是结合范文系统编排也好，都必须同语文实践密切结合，应避免把知识讲"死"。中学语文教科书中的知识系统，从中学阶段语文教学的要求出发，应有自己确定的范围。

第一，读写听说方法的知识。读写听说，作为四项语文实践活动，各有自己的方法。读，从过程说，有翻查工具书、看注释、作标记（圈点勾画）、加批注、理层次、明大意、取精髓、写札记等等各项工作，这些都须讲究方法。从方式说，有朗读、默读，精读、略读，吟读、速读等，它们也都有特定的要求和方法。从目的说，有自娱性阅读、搜求性阅读、欣赏性阅读、评介性阅读、校勘性阅读等等，不同的阅读目的对应不同的读法。写，包括写字和写文章，也各有各的方法。写文章的一般方法，包括审题、立意、选材、谋篇布局、遣词造句、推敲修改等等；写文章的特殊方法，与各种特殊的文体相联系，不同文体在写法上又有特殊的要求。听话说话，同样也有自己的方法。这些读写听说的方法，是人们长期实践的经验总结，对于指导人们的实践具有重要意义。现在的语文教材，这方面较为重视，如人教版教材中，每一单元专门列有写作、口语交际、综合性学习，每次设定一个专题，如"献给母亲的歌""感受自然""探索月球的奥秘"等，从搜集资料到口头表达再到书面写作，完成一次有内容、有方法、有训练的、综合性的学习。

第二，文体的知识。长期以来，我们的中学语文教学是以文章学作为自己的理论基础的，文体知识就成为教学的重要内容之一。文体知识，包括文体类别、各种文体的语体特征、各种文体的结构特征、各种文体的写作要领、各种文体特征的相互渗透等，包括古文体和新文体以及实用文体和文艺文体。中学阶段，已经有了包括文学文体在内的其他文体的学习必要，在介绍文体知识时，应当对不同的文学文体依据其具体特点加以介绍。如人教版语文课本，《怎样读诗》《谈谈小说》《谈谈散文》《谈谈戏剧文学》等，对文学文体的介绍，较大纲时代有了大幅度改进。

第三，语言的知识。语言知识包括文字、词汇、语法、修辞等方面的知识。初中阶段，文字部分着重讲构字法，尤其是形声字；词汇部分着重讲构词法，尤其是成语；至于词汇的表意功能、表情功能和结构功能，多半属于消极修辞范畴，也是教学的重点。在中学阶段，语法和修辞知识占有重要地位。叶圣陶说过："文法告诉我们语言的习惯，使我们知道如何是合理，如何便不合理。修辞学告诉我们运用语言的方式，使我们知道如何是有效，如何便没有效。"[①]说话合式，合乎人们的习惯，是最基本的要求；达到了这个要求，才谈得上有效与无效的问题。语法求"通"，修辞求"好"，当然求"通"是基础。语言知识在教材中的编写有一个变化过程，新中国成立后至80年代，语言知识在中学课本中占据重要地位，每一单元后都有语言基本知识。21世纪开始以来，语言知识从单元后被挪到了课本后，作为附录内容，实际上是一种淡化语言知识系统的做法，但带来的后遗症也很明显，现在中学毕业的学生以及相当多的大学生，文章语言不规范，分不清口语、书面语的现象比比皆是，书面表达能力严重下降是一个不争的事实。这需要我们重新审视语言知识教学问题，对教材中的语言知识编排方式做出调整。

第四，逻辑的知识。逻辑知识包括形式逻辑和辩证逻辑两个方面的知识。逻辑研究的是思想方法问题、思路问题，它的重要性是不言而喻的。但在中学的语文教学中，思想方法和思路多半要结合读文章、写文章、听话和说话的具体实践来分析讲解，方能取得切实的效果，抽象地、脱离语言运用的实际、孤立地来讲逻辑知识，不但会增加学生学习的负担，而且往往不能

---

① 中央教育科学研究所. 叶圣陶语文教育论集[M]. 北京：教育科学出版社，1980：605.

收到预期的成效。因此，逻辑知识在中学语文教科书中可以精要地讲一些，但更多地体现在"渗透"和"自然结合"上。

第五，文学的知识。文学方面的知识，除了在文体知识中的文学体裁知识外，还包括古今中外一些重要作家及其代表作品的知识、文学鉴赏的知识。在中学阶段，虽然不要求系统地讲授中外文学史知识，但作为一种基本的文化素养，中学生应当了解中外各个历史时期对世界文学产生过重大影响的作家的基本情况。作为一种高尚的精神生活，中学生应当学会欣赏文学作品，培养健康高尚的审美情趣。

(三)作业系统

语文教学要培养学生正确理解和运用祖国语言文字的能力。这种能力要靠学生切切实实地动口、动手、动脑去"练"。"练"，要有目标，有计划，也要有指导。按照一定目标有计划地设计出一套"练"的方案或题目，便构成教科书中的作业系统。　，

作业系统，有助于教师检测教学效果，学生自测学习效果，有利于学生消化基础知识，实现知能转化，形成语文能力。因此，根据作用来分类，作业可以分为理解性作业、记忆性作业和应用性作业三大类。所谓理解性的作业，指检测学生对于基础知识、对于文章（或话语）内容和形式的理解程度与理解能力的作业。所谓记忆性的作业，指检测学生对于基础知识、对于文章（或话语）的主要内容或精彩片段的记忆程度、记忆能力的作业。所谓应用性的作业，指检测学生正确应用所学知识与实践能力的作业。

作业系统在教科书中的配置要注意"三性"：

第一，题型的多样性。作业题的题型应当力求新颖、多样，并尽可能贴近生活中语言运用的实际。题型单一、陈旧，缺少变化，容易造成学生的思维定势，不利于学生创造性思维的形成和发展。加强题型的多样性，才能促进学生思维活跃、思路开阔，才能激发学生练耳、练手、练口、练脑的兴趣。

在中学语文教科书的作业系统中，常见的题型有注解、答问、论述、列举、概括、归类、作文等等，多属主观性的题型；有选择、改错、判断、填空、填图、列表等，多属客观性的题型。上述种种题型，可以衍化出种种不同的出题方式，可以通过眼视、耳听、口说、笔述等不同途径来完成，以利于对学生进行读写听说的全面训练。

第二，要求的递进性。无论是消化基础知识，还是培养技能技巧，总得由简到繁，由易到难，由单纯到复杂，循序渐进。作业系统的安排，一是要

考虑学段和年级的递进，高中与初中，高年级与低年级，内容和要求的深浅难易应当不同；二是要考虑知识和能力本身的递进，前引的旧知和后续的新知，要安排恰当，初步的能力和综合的、高要求的能力，一般技能和熟练技巧，也都要衔接合理。

中学语文教科书中的作业系统，还应当重视与学生所学的其他学科的内容相联系。在作业内容和作业要求的递进性上，必须注意有关学科的教学进度，并与之相适应，任何脱节或超前，都应当避免。

第三，配置的灵活性。教科书中安排的作业，一般总是普遍要求学生完成的，因此质和量要与大多数学生的实际水平相适应。但有时为了满足部分生源水平较高的学校或学业成绩较好的学生的需要，也可以在作业中安排少量难度较大的题目，供其选用。有时，考虑到课内完成受时间限制，有些题目有意识地安排在课外去完成，有些题目则让不同水平的学生各选做其中一部分。作业的配置，既要强调统一性，又要注意灵活性。

(四)导学系统

导学系统又叫助读系统、提示系统，其实质性内容就是对学习的要求、重点和方法提示，对某些疑难问题诠释，对相关资料引述等。这种提示、诠释和引述，多半采用文字形式，也可以配置一些图表。语文教科书既是"教本"，又是"学本"，所以在编制内容上既要考虑"利教"，又要考虑"便学"。在中国古代的一些诗文选本中，曾经采用过加注加评或夹注夹评的方法，目的在于帮助学生更好地读懂诗文，更准确地理解诗文的内容和形式。从这个意义说，这类注释和评语也属于导学的性质。到了现代，培养学生的自学能力，提高学生独立阅读、独立思考能力，已成为教育教学的重要目标，因此在语文教科书中适当增加助读和导学的材料，并使之形成一个系统，就是势所必然的了。

导学系统在语文教科书中的作用主要有：

第一，直接揭示编者的编辑思想和编辑意图。在导学系统中，有一些内容是编者直接向读者（使用教科书的师生，尤其是学生）说明本教科书编辑的指导思想和意图的，学生从这些说明材料中，可以明白自己在教科书中将要学些什么，为什么要学这些，根据编者的意图又该循着怎样的次序来学等。

第二，确定教和学的共同目标。一套教科书，除了有自己的总目标外，分册应有分册目标，单元应有单元目标，单篇课文或单项训练也应有自己的分解目标。以往这些阐述教学目标的文字，都是写在《教学参考书》《教学指导书》中的，旨在让教师掌握，便于他们按编者意图组织课堂教学。随着教育思想的转变，人们日益清醒地意识到，教学目标不但教师要明确，学生同样要明确，只有师生双方在教学目标上达成共识，在教学活动的每个环节上师生的注意力都共同指向目标，教学的效率才能提高，学生的自控自测能力才能得以发展。教科书前的"写在前面"，单元前的"导语"，每篇课文前的"阅读提示"，构成了一个完备、细致并有利于教师教学、学生学习的导学体系。

第三，在施教范围内体现出统一的标准。语文教科书是特殊凭借物，内容丰富，结构复杂，不同的教师对教科书规定的教学内容见仁见智，理解不一，处理方法会产生很大的差异。这就需要用导学材料加以宏观的控制，让它发挥统一的、有效的导向作用，教师按照导学材料中的提示、诠释和资料引述组织学生学习。体现统一标准的导学材料常见的有"编辑说明""单元学习要求""单元教学内容支配表""课文预习提示""课文自读提示""作前指导""注释""题解""作者简介""参考资料""复习提要表"以及某些附录材料等等。这些材料中，当然会包含一些知识内容，但它们的作用主要不在"授知"而在"助读"和"导学"，在引导学生更好地学新知、练能力。

二、中学语文教材的结构类型

中学语文教科书中的范文系统、知识系统、作业系统和导学系统可以有各种不同的组织编排方法，从而形成教科书在结构上的不同类型。综观几十年来中国中学语文教科书的编制，其基本结构大致可以分为两类：一类是分编型，一类是合编型。

（一）分编型

所谓分编型，就是把范文系统、知识系统和作业系统包含的内容，分别编制成几种教科书。这在实践上曾经作过不同的尝试。

1.两分法

就是把教学内容分别编制成两套教科书。

文言、白话分编。在范文系统中，原有文言、白话两种不同的语体。这两种不同语体的文章，可以混合在一起编入教科书，也可以分开来互不相扰地分别编入教科书。采用后一种编法的，就成了文、白分编型的教科书。采用文、白分编法，便于教师用不同的教法来教不同语体的文章，也便于学生以不同的学法来学不同语体的文章。这种文、白分编本，编配了相应的导学材料，有关的知识和作业，使知识系统和作业系统都从属于文言范文系统或白话范文系统。

文学、汉语分编。有人认为，范文系统中文学作品占相当大的比重，知识系统中汉语知识又是主体。文学属于艺术范畴，汉语属于科学范畴，二者的学习要求和学习规律不同，所以这二者不能"混合教学"，应当按不同的体系、不同的方法进行教学，于是1956年尝试编制文学和汉语两套教科书。文学教科书，在初中阶段按文学体裁编选范文，高中阶段按文学史顺序编选范文。除了范文外，还编入相关文学体裁和文学史知识，配以相应的作业。汉语教科书，按语音、文字、词汇、语法、修辞的体系编写教学内容，不再编配范文。

阅读、作文分编。读和写尽管联系密切，但前者重在理解和吸收，后者重在表达和倾吐，有各不相同的培养途径和学习方法。阅读教科书，以范文系统为主体，配以知识系统、作业系统和导学系统；写作教科书，以知识系统为主体，配以范文系统、作业系统和导学系统。这类阅读、写作分编教科书，对于听说能力训练和语言基础知识讲授，有各不相同的处理方法。

分编型的两分法当然不止上述三种类型，此外还有读本、练本分编，即在一般课堂使用的读本以外，再把作业系统独立出来编成一本练习册，二者配合使用；还有课内、课外分编，即在一般课内使用的读本以外，再编一本课外阅读材料；还有把阅读和写作合编一本，再另编语文基础知识读本，等等。

2.多分法

就是把教学内容分别编制成三种或三种以上的教科书。

繁化多分法。中学语文教科书中的范文系统和知识系统，包含的内容是多方面的。如果把其中一些内容独立出来，分别编成教科书，那就可以编制出多套教科书来。例如，人民教育出版社编辑出版的重点高中选用的分编型教科书，除了《写作》课本以外，阅读课本按课内和课外分别编了六种教科书，即高一用的《文言课本》和《现代文选读》，高二用的《文学读本》和《文学作品选读》，高三用的《文化读本》和《科技作品选读》。

简化多分法。如果将头绪稍加简化，那就可以把语文教学内容归纳为阅读、写作、听说和语文基础知识四项，按这四项分别编制阅读教科书、写作教科书、听说教科书、语文基础知识教科书，由繁变简，便是简化多分法。

分编型教科书的优点首先是知识讲授的系统性较强。就范文系统看，学文言文就按文言文的学习规律系统地学，学文学作品就按体裁或时代系统地学。就知识系统看，学语法就系统地讲语法，学修辞就系统地讲修辞。因为知识本身是各有系统的，分编就能强化这种系统性。其次是能力训练的目标明确集中，在使用某种教科书的过程中，能力训练也相应配套，容易收到好的效果。分编型教科书的缺点，首先是范文系统、知识系统和作业系统之间，以及范文系统内部、知识系统内部各方面的知识和能力之间，难以处理好相互的联系和沟通。其次，一个任课教师同时使用多种教科书，要求高，负担重，教师要有足够的时间、精力和水平，否则难以驾驭。

（二）合编型

合编型，就是把语文教学内容混合编制成一种教科书。合编型也有不同的"合"法。

1.范文选编法

这是中国传统的教科书编制法。用这种方法编制的教科书，全书都以精选的范文为主体。如《古文观止》。

2.主次配合法

从20世纪30年代开始，中学语文教科书便有计划地编进语文基础知识内容，使范文系统、知识系统和作业系统相互交织，形成了典型的合编型教科书。此后的几十年，这种合编型教科书，在各项教学内容主次配合上做了多方面的尝试，呈现出各种不同的体例。

第一，以培养阅读能力为主，穿插配合其他。这种体例的合编型教科书，以范文系统为主体，以此培养学生的理解能力和分析鉴赏能力。在编排时，或按文体、或按内容、或按时代把范文组成单元，以利于教学。在范文系统的各单元之间，穿插编入一篇听说读写基础知识的短文，短文前后保持联系，形成一个知识系统。这种合编本，其知识系统所包含的内容，涉及读写知识、语言知识、文学史知识等多方面内容，视编者的意图而有所不同。

第二，以培养写作能力为主，有机配合其他。这种合编教科书，也以范文系统为主体，但范文的选择和编排主要服从于培养学生写作能力的目的。例如，以对一座建筑物、一处环境的介绍，对一件事的记叙，对一个景物的描写，对一种思想的评述等表达训练为主线选编范文，配以"单元提示"，简述知识和能力训练要点。这类合编本的基本特点是以读范文、学写作为主，知识系统则为辅助性内容。

第三，以传授语文基础知识为主，相应配合其他。这种体例的合编书，把语文基础知识分解成若干项目，选编相应的范文。例如近人所尝试的，初中第一册就学文字，学汉字造字法（六书），同时学习各种常用字典。选读范文也侧重在汉字变形，学会独立查字典以解决难字难词等等，以后顺次学语音、词汇、语法、修辞及各种文章作法等等。进行这种合编方法实验的人较少，效果有待进一步检验。

3.综合组元法

就是在一个单元中包容了范文阅读、写作和听说训练以及各种相关知识的讲授等多方面的内容，这些内容在特定的教学目标制约下，彼此沟通，彼此联系，形成一个相对独立的、听说读写综合训练的整体。以当前流行的人教版《语文》教材为例，九年级下册第二单元分两部分：第一部分是选文四篇，分别是鲁迅的《孔乙己》、刘绍棠的《蒲柳人家》（节选）、契诃夫的《变色龙》、杰克·伦敦的《热爱生命》（节选），这些文章都是小说。第二部分是《写作·口语交际·综合性学习》，编入一篇知识短文《走进小说天地》，这篇短文，既是对小说的知识的介绍，也着眼于学生小说欣赏能力的训练，由此可见综合组元法编写的特点。这种综合组元法，编制难度尽管比较大，但因为体现了语文教学的综合性和整体性特点，所以成为当前合编型教材的发展趋势，并呈现出多姿多彩的局面。它标志着合编型教材在编制上逐步成熟。

第四讲　语文教师

一、新课标下语文教师角色的转换

角色，可理解为一个人在社会群体中的身份以及与其身份相适应的行为规范。随着时代的前进，人们对教师角色的要求自然而然地起着变化，而且这种变化要求是全球性的。有相关机构提及教师角色的发展，总结了一般的趋势：在教学过程中更多地履行多样化的职能，更多地承担组织教学的责任；从一味强调知识的传授转向着重组织学生的学习，并最大限度地开发社区内部新的知识资源；注重学习的个性化，改进师生关系；实现教师之间更为广泛的合作，更经常地参与社区生活；更广泛地参加校内服务与课外活动。综合世界的发展趋势以及我国新课程的发展要求，今天语文教师的角色应产生较大的转换，应着重于以下几个方面：

首先，从知识的灌输者转换为学习的引导者。作为语文教师，向学生传授一定的语文知识，是必须完成的基本任务，这种角色本身是不能淘汰的，需要改变的是语文教师传授知识的方式，不是以灌输为主，而是引导学生在发现与探究中学习知识，建构知识。

教师的讲授要与学生的自主学习联系在一起，要做到以下几点：

（1）应当坚持在对课文有研究、有感悟、有发现的基础上讲授。

（2）教师的讲授须有高于学生之处，使学生感兴趣，记得住，开眼界。

（3）在不忽视陈述性知识的基础上，重在传授程序性的知识。所谓"程序性知识"传授，就是教会学生如何做，如何运用，就是教学生以规律、方法，授之以"渔"。所谓"陈述性知识"传授，就是教会学生"是什么"，换言之，就是授之以"鱼"。陈述性知识的获得常常是学习程序性知识的基础，程序性知识的获得又为获取新的陈述性知识提供了可靠保证。如语法、修辞知识，对中学生来说，本身是陈述性知识，但通过大量、反复的练习，对语言规范性的理解达到一定程度的时候，学生对书面语和口语就会有意识地加以区别，更好地欣赏、运用这两种语言形式，陈述性知识也因此转化为程序性知识了。

（4）教师必须传授主题性的知识，而不是支离破碎的知识，让学生在有限的课堂教学时间内，获得较高的学习效益。

（5）传授逻辑上有必然联系的知识，在讲授的同时注意引导学生唤醒已有知识的记忆，不断建构知识网络。

在学生自主学习活动过程中，教师应以"积极的旁观者"身份促进学生的学习。积极地旁观，指的是学生在自主活动时，教师虽然并不直接参与或干预，但要积极地听和看，随时掌握课堂中的各种情况，考虑如何指导每一位学生的学习。要尽量创造良好的学习氛围，给学生以心理上的安全感和精神上的愉悦感，使学生的学习更加投入，思维更加活跃，探索热情更加高涨。对个别自律能力较差的学生，教师要特别给予一定的关心与鼓励。可以静静地站在他或她的座位边，用微笑鼓舞他或她，用眼神督促他或她，发现他或她在学习中遇到难以逾越的受阻点，给予具体的指导。

其次，从课堂的主宰者转换为平等的交流者。应当改变过去单向的"师讲生受"的课堂交流模式，以学生学习效率提高为宗旨，综合考虑不同的课堂交流方式。注意把学生个体的自我思考、学生群体间的信息交流、师生间的信息交流和反馈结合起来，形成多层次、多通道、多方位的信息交流网络。教师一改传统的"居高临下""先知先觉"的"权威者"的角色，转而以与学生平等融洽的交流者角色参与课堂讨论。学生还可以通过校园网或从学校外部资源中获得信息和知识，教师可以和学生成为"合作伙伴"，帮助学生确定适当的学习目标，确认和协调达到目标的最佳途径；指导学生形成良好的学习习惯，掌握学习策略，发展元认知能力；提供各种便利，为学生的学习服务。需要指出的是，课堂交流模式没有优劣之分，只有合理运用、搭配的问题。应当认识到，所有这些改变，是为了提高学生的学习效率。课堂热热闹闹，下课无所收获，只是舍本逐末而已。

再次，从单向的传授者转换为互动的合作者。过去课堂的基本模式是"师讲生受"，教师是知识的单项传授者，现在在"教师主导，学生主体"方针指导下，多种课堂模式并存，在互动中学习、成长，已经为越来越多的教师接受。因此，教师要学会多种合作方式：

（1）与学生合作。使学生敢于表达，愿意表达，不担心会被别的同学贬低；信任学生，允许学生就学习活动提出建议，组织本小组活动，教师及时给出意见；努力使课堂成为知识汇集、思维碰撞、情感交融之地。

（2）与其他教师合作。不同学科教师之间的合作可以实现课程的综合化。

（3）与家长合作。课堂教学虽然在师生之间进行，但它从来不只是师生之间的事情。新旧教育观念的矛盾，信息缺乏，都可能造成家长对新课程教学理念的不理解。教师有责任向家长解释新的教育教学观念以及自己的意图，以便学生在不同于过去的氛围中学习时，家长不至于感到困惑和生疏，减少新的教学方式实施的阻力。

最后，从呆板的经验者转为教学的创新者。与过去的语文课程相比，新课程给了教师发挥的极大空间。教材、教参为教师留下更多自己处理的余地，教师可自主灵活地使用多种教学方法与手段，允许学生在知识与能力、情感态度与价值观等方面有多元表现，针对学生的特点进行个别化教学，为教师的创新精神发挥提供了有利的条件，也为教师的成长提出了更高的标准。语文教师的创新体现于个性化的教学风格。"用教材教，而不是教教材"，决定了教师个性化教学风格形成的基础。教师在教学中不仅要遵循一般的教学规律，还要结合自身的实际和学生的具体情况进行突破和创新。如何激活学生，需要教师在吃透教材的基础上，针对学生的心理特点和已有知识，在教法上进行创造性的编排、设计和加工，这也决定了教师个性化的教学风格的具体内涵。

二、语文教师的人格境界

语文教师首先是一位人文知识分子，具有现代人文精神的品质。在"教师成为研究者"理论中，教师作为研究者有两种功能：教学的设计者、思考者、改进者；课堂上的主持者，对学生的观点保持中立，充分尊重学生，维护学生思考的权利。这种界定是在西方人文传统基础上进行的，教师的人文精神不需要特别强调。对我们的语文教师来说，现代人文精神底蕴的缺失，很容易导致对"课标"理解上的偏差，使一场教学改革流于形式，在学生成长的重要阶段，语文作为主要的人文学科对他或她丰富、健康的精神世界的塑造能力依然有限。"课标"虽然强调语文的工具性与人文性的统一，但教师现代人文精神品质缺失会使这种统一的实现变得遥不可及，走回工具性的老路不是危言耸听。强调教师的现代人文精神品质是"课标"实施的思想保证，决定了教师对知识、学生和教学问题的理解倾向和操作倾向。

人文精神是指在有关人与自然、人与社会思考中对人的主体地位、人的存在价值与世俗欲求的理解与探求精神。中西各有自己的人文精神，文化传统不同，内涵也不同。概括地讲，以儒家学说为底蕴的中国传统人文精神将个人的价值、尊严放在群体利益的框架中考量，注重人的主体意志培养，强调个人对群体生存、发展的责任，是一种"群体本位"的人文精神；西方人文精神以个人意志、欲望和利益作为观察、思考与评判万事万物的价值尺度，重视个人自由、平等与现世追求，是一种"个人本位"的人文主义。对中国知识分子而言，所谓现代人文精神，是两种人文精神的融合，将道德修养与个性追求有机结合，将对人的自由、平等、尊严的追求与集体的价值认同统一，不同的历史语境，表现往往有所侧重。

中学语文教师作为知识分子，其人文精神还有自己的特点。首先，将人的发展放在第一位，对涉及人的各方面问题都有浓厚的兴趣。他可以在哲学世界里探讨人，也可以在现实世界中关注人，保持着一个知识分子应有的独立姿态，对大家习以为常的事物都要问一个为什么，没有自己的思考不会轻易地认同别人，拥有宽容、理解，和而不同，需要激情但不激愤的文化品格。作为教师，他尤其关注个人成长当中的思想、情感态度的变化及其对自身的影响，对学生，教师最先要做到的是倾听，将学生看成是有独立思想的人，也有意识地将学生培养成这样的人，不断充实学生的思想，引导每一个学生不断发现自己，丰富自己。在教材文本中，人性的深度永远是解读的重要视角，教师看到更多的是人的生命需求、情感欲望和心理诉求，这构成他与学生对话的重要内容。其次，就知识而言，教师逐渐完成由单一型向复合型的转变。读书是教师日常生活的基本内容，广泛的文、史、哲知识都被纳入专业阅读当中，不再局限于教材的阅读范围。专业知识，不再是简单的中文专业学科知识，教师的知识结构建立在文、史、哲综合层面上，这构成了与当前大部分教师的重要区别。教师有的不只是"知"，他也重视自己的"识"，将自己的阅读对象当作平等对话的人，在交流中不断充实自己，完善自己，发现自己。他探究每一种知识的前因后果，知其然又要知其所以然，绝不允许不经思考就轻易地同意别人的结论，尤其对教材的内容、编写者的想法，要在做出自己的判断之后才进行教学上的安排。他以思想者的姿态教书，以学者的渊博影响学生对知识的态度。再次，重视自己精神生活的积极建构。它包含对学校之外的广泛关注，所谓"风声雨声读书声，声声入耳；家事国事天下事，事事关心"，也包含道德上的自律，身为人师，以完美的人格要求自己。教师有自己丰富的业余爱好，始终以积极的心态面对生活。花鸟虫鱼，琴棋书画，固然高雅，父母儿女，吃喝拉撒，也有一份生活的乐趣。

三、语文教师的素养

(一)专业知识素养

语文教师大多是大学中文专业出身，可以说，这一专业所有的内容无一不是语文教师专业知识素养的重要部分。语文教师的专业知识素养主要包括语文知识素养、普通文化知识素养和教育学科知识素养。

1.语文知识素养

主要体现在语言学、文字学、文章学、文艺学及相关文学史等方面。

(1) 语言学知识主要包括语言学理论、现代汉语、古代汉语方面的知识。学习语言学理论，主要为了了解语言的本质、结构及其发展规律，了解语言与社会以及其他学科的关系，了解语言学的研究方法及其最新成果，了解语言学的发展趋势。学习现代汉语，主要为了掌握现代汉语的系统知识。懂得普通语音学，熟悉汉语的声、韵、调，掌握汉语拼音方案和普通话语音系统；了解语义学和词汇学的基本原理，通悉语义和语境的关系，掌握词的构成和组合规则，明确词的基本意义与引申意义、比喻意义之间的关系，熟知辨析词义的方法，把握词语的感情色彩，熟悉词汇的发展变化；学习汉语语法学，了解常见的语法体系，掌握语言结构的规律，掌握短语、句子、句群组成的规律；学习汉语修辞学，熟悉各种修辞格，掌握常用的修辞方法，明辨用词造句组段谋篇中的表达技巧。学习古代汉语，是为了具有较为系统的古汉语基础知识。掌握常用的文言实词和虚词，熟悉古今词义的变化，了解古汉语的句型结构，熟知古代重要辞书的查检方法。

(2) 学习文字学，为了把握文字的性质和作用，熟知文字的起源和发展规律，了解一般文字的基本原理。学好汉字学，主要是为了了解汉字的起源和发展；掌握汉字音、形、义的构成，熟悉汉字的笔画、笔顺与各种结构；掌握规范汉字；掌握查检汉字的各种方法；掌握识字法、正字法和写字法；熟悉标点符号使用规则，正确使用标点符号。

(3) 学习文章学，主要是为了了解文章学的基本理论，掌握文章的构成规律，熟悉文章的主旨、结构、表达方式等要素，了解它的内部联系；熟悉文章基本的阅读、欣赏方式，明确各种阅读方式的目的和要求，掌握各种实用文章的阅读方法，研究阅读的反应过程和训练方式，懂得阅读与写作的关系；掌握写作的基本理论及常用文体知识，对内容与形式、素材与题材、思想与思路、语言与文风等有深刻的理解，能对中学生的写作起到切实而有效的指导。

（4）学习文艺学，主要是为了了解文艺学的基本理论，掌握文学作品的结构规律，懂得结合教材的特点进行审美的教育，提高对文学作品、艺术作品（包括电影、电视、戏剧、曲艺、音乐、美术等）的分析与鉴赏能力；学习中外文学史，主要是为了了解中国古代文学、现代文学和当代文学的基本内容，熟悉各个时期主要作家、作品，涉猎世界文学宝库，对古今不同地域、驰名世界的作家、作品特色有所了解；要懂得儿童文学和民间文学的基本知识，熟悉相关作品。

2.普通文化知识素养

语文教师需要了解的普通文化知识包括思维科学知识、社会科学知识和自然科学知识。

（1）语文学习与思维训练关系密切。语文教师要获得较强的思维能力并能科学地指导学生的思维训练，就必须学习一些思维科学知识。首先，要通晓它的基础理论——思维学，包括思维概念、思维主体、思维对象、思维结构、思维类型等等；其次，要懂得它的技术理论——科学方法论，包括信息论、控制论、系统论、协同论、耗散论、突变论等等；再次，要熟悉它的应用理论——思维培育学，包括抽象思维的培育、表象思维的培育、直观动作思维的培育以及创造性思维的培育等等。

（2）语文课程有着广泛的社会内容，语文教师除要具有很强的理解语言的能力外，还必须有丰富的社会科学知识，才能准确地把握思想内容。中国历史、中国文化、外国文化、哲学、政治学、伦理学、地理学、环境学、人才学、军事学，等等，都应当有所涉猎。博览群书，了解社会，体味人生。

（3）现代社会要求公民具备良好的科学素养，具备创新精神，具备运用现代技术搜集和处理信息的能力。语文教师当然要关心、了解迅猛发展的现代科学技术，虽不直接向学生教授系统的自然科学知识，但无论如何不能是"科盲"。语文教材也是一本小小的百科全书，除了文学作品，也会涉及宇宙学、气象学、物候学、生物学、物理学等方面的知识。我们的学生生活在21世纪，要成为有竞争力的建设者，从小就应具有很强的科学意识，对科学技术有浓厚的兴趣，有积极参与的愿望和行动，鉴于此，如果语文教师对课文涉及的数学、物理、化学、地学等方面的知识知之甚少甚至一窍不通，就势必会在教学中出现科学性、常识性的错误。

3.教育学科知识素养

教育学科知识，主要包括以下三个方面：

（1）教育学。语文教师首先应当学习教育的基本理论，比较系统地了解教育的本质，教育的方针，教育的目的、过程、内容和方式方法；学习比较教育学，了解中外名家教育思想，从中获得借鉴；学习课程与教学论，了解课程的基本理论，懂得教学方法论的理论基础；了解学习理论，开阔视野，从中吸取有益的养料。在此基础上，还应关注教育科学的发展，不断更新教育观念，树立科学的教育发展观。

（2）心理学。了解学生的心理特点是从事教育工作的前提，语文教师要搞好语文教学就必须学习心理学和教育心理学的基本理论，了解在教育过程中学生的心理特点和个性差异，了解学生心理品质的形成及发展的规律，了解培养学生良好心理品质的途径，努力用心理科学的规律指导语文教学，提高语文教学质量，培养学生优良的心理品质。

（3）学科教育学。学习语文教育学，懂得语文学科的性质，掌握语文教学的目的、要求、过程、原则、方法；熟悉语文教育的对象，研究他们的共性与个性，掌握在教学全过程中根据语文训练特点实施德育和美育的规律。学习语文教育史，了解传统语文教育的经验与教训，熟悉现代语文教育的演变与发展，把握语文教育论争的脉络与实质。

（二）文本解读能力

语文教师应当重视对教材文本的探求，将对文本独特而深刻的理解作为教学的基础。

大纲时代都是从文章文体视角处理教材文本的，也就是说，无论入选作品原来是小说还是散文，一旦被选作教材，都是文章文体，即使到了高一点的学段，有了诸如小说、散文等的文体教学安排，文本解读依然是从文章而不是从文本本来的文体视角切入。所谓文章文体，就是从写作方式角度命名的文体，如记叙文、议论文、说明文等。文章文体教学的目的是让学生学习基本的写作方法，借此学会作文。但事实是，学生即便掌握了这些方法也不一定会写作文，写作的基本目的是表达思想、情感，当学生缺乏自己的思想而只能按要求表达的时候，他或她学会的只是一些文章形式，并没有真正理解文章的要义。这种文本解读取向的另一个后果是对教材文本原有的人文倾向的遮蔽。文本，尤其是经典文本，原有的思想情感的丰富性被有意忽略，教师只能按照教学参考书的规定解读。在科学主义的语文教学观下，教学参考书具有权威的作用，建立了一套强大而顽固的解释体系，规定了文本的解读角度、方法、结论，教师的职责是将这些内容原原本本地传达给学生，以标准化考试的方式使学生记忆、掌握，更有甚者，大纲时代的教材以及教学参考书，对文本按照一定意识形态的要求删改，造成许多有意误读。这样的文本解读丧失了对学生丰富、健康的精神世界的塑造功能，弱化了学生对独立思考的追求，最大限度地限制了教师的个性化解读。在这样一种环境下，教师逐渐丧失了文本个性化解读的冲动和能力，其影响也波及大学学科教学法的教学，使这种解读的意识和能力从教师的摇篮当中就未能培养起来，恶性循环，造成今日教师阅读鉴赏能力、写作能力等核心素质的缺失。

新课标下的语文教材，在编写方式上以主题为线设计单元，淡化了文章文体。以2013年版人教版教材为例，在文本选择上，倾向于人文精神内涵更为丰富的文学作品，6—9年级语文课本169篇课文中，文学作品占到了120篇左右，超过71%。新课标下教师将自己与文本作者的关系，与教科书编辑的关系，确定为一种平等对话关系，教学参考书也恢复了它应有的参考性，这就为教师文本解读的独特性、深刻性追求打下了基础。

当教师面对文本的时候，实际上是在用自己的心灵与文本对话，与文本的作者对话，教师摒弃了传统教材解读惯常使用的视角、理论话语，从文本出发，以自己的阅历和学养基础，就文本所要传达的思想、情感找到与作者的共鸣之处，同时生发出与作者对生活的见解相左或不尽相同的认识，会将自己放在写作者的地位上，寻求对作品表现上的理解。当然，在尊重自己结论的前提下，教师也会以学者的眼光，紧追学术前沿，尽可能多地查阅专门研究者和其他解读者的解读著作，尤其看重他们的解读视角，随时修正自己的解读，使自己的解读更合逻辑，从而形成对作品的理性认识。教师拥有广博的知识和较为深厚的理论修养，甚至可以在不同的理论语境中重新发现作品，对文本拥有自己的独创性理解。可以说，教师是用鉴赏方法和学术方法进行文本解读。这种文本解读方式，我们可以参照北京大学钱理群教授专门为中学教师写的《名作重读》一书。

面对教材，要寻求与教材编者的对话。当前我们的教材还有很多大纲时代遗留下来的问题，虽然美其名曰"新课标教材"，但看一下其中的精读课文，与原来没有太大的变化。一些明显过时的文本依然被选入教材，这应当是编辑的守成心理在作怪。再则就是文本的删改。文本进入教材，必要的删改是允许的，甚至是必需的，但应当有一个前提，即不能改变作品的主题思想、作品的风格。现在文本删改较大的问题集中在，删改的量大，几乎每篇课文都经过删改，小学教材尤甚。《我的叔叔于勒》删掉的字数超过了三分之一，主题也因此被改变①。《羚羊木雕》的主人公改变了性别、姓名，但相应的对话、性格未做改变，这就不能不说是编者的问题了。因此，教师不会将自己置身于教材编写之外，可能参与教材的编写，也会根据情况随时修正教材编写中的问题。教师需要研究删改对原作表达上正面或负面的影响，对学生理解上的相关影响，对学生精神世界塑造上的相关影响，甚至让学生将这种删改文本与原作对比，看表达上和思想上的差异，以此作为培养学生理性精神的一种工具。在教师看来，既然他和编者的关系是平等的，在理解编辑初衷的基础上，对教材的这种处理方式，也体现了教师对教材的理解，对教材与学生关系的理解。

教材文本的教学解读。新课标摒弃了文章视角文本解读的模式，确立了对文本人文精神的发掘、开拓，以此影响学生精神成长的解读方式，这就需要教师在完成与文本作者、教材编者的对话之后认真思考通过文本媒介与学生的对话问题，以此达到两个目的。一是如何在对话过程中实现学生精神世界的塑造。教师对教材文本的研究与专门研究者最重要的区别就是，无论对文本研究达到怎样的学术高度，最终他都要研究文本教学的切入角度问题，教师必须结合学生的认知水平、心理特点找到文本解读的角度，使学生语文素养的提高和精神世界的开拓紧密结合起来。也只有在这一层次上，教师才可能实现与学生的平等对话。二是教师应当以培养学生的问题意识为核心，建构学生的程序性知识。中学生的问题意识是指学生在语文学习过程中，基于与文本的平等关系，以自己的阅历为起点，用一种探究的方式对文本追问的意识。这些追问有些可以通过查阅资料及工具书得到解决，有些则需要通过合作学习的方式得到进一步解答。这种合作，可以是师生合作，也可以是生生合作，还可以是课内、课外其他形式的合作方式。这些追问可以没有终点，在一个问题的解决后随即产生另一个问题，从而进入新一轮的阅读。在这样的追问中，学生并不一定得到具体的答案，但追问使学生产生探究的兴趣，探究的过程即学生不断吸收知识的过程，掌握方法的过程，调整对世界认识的过程，在不断追问当中，学生不断充实自己的语文知识，丰富了自己的语文素养，可以说，追问既是目的又是手段。魏智渊老师认为，教师与学生各有自己的认知结构，对话过程中，教师设置冲突，让学生感觉到用原来的认知结构无法解决新的问题。当原来的认知结构被打破时，学生要做的是"必须重新在更高层次上建构自己的认知结构"，"教师的解读不能强行灌输给

---

① 张占杰，辛志英. 有意误读的缺憾——谈中学语文教材《我的叔叔于勒》的删节问题[M]. 石家庄学院学报，2010（2）：109-112.

学生（这正是一大批有思想的老师容易犯的错误），而应该通过有效地干扰学生的认知结构达到提高学生学习水平的目的"[①]，它要唤起的是学生真正的独立思考和表达的意识以及精神深处对学习动力的自我追求。

(三)教学研究能力

教育研究能力主要是指研究学生及教育实践的能力，是高质量教育和教师自身专业能力不断发展的必要条件。教师的研究能力，首先表现为对自己的教育实践和周围教育现象的反思能力，不断改进自己的工作，形成理性的认识。其次是对新的教育问题、思想、方法等多方面的探索和创造能力，运用多方面的经验和知识，综合地、创造性地形成解决新问题的方案。身处教学第一线，教师对教学中发生的具体问题感受更为切实，研究也就显得更为迫切。但当前一线教师这方面的论文，多是教学经验总结，难以深入探讨，凸显了教师理论水平的不足。因此，语文教师除了文本研究之外，还要从理论上关注教学当中的实际问题，不就事论事，对教学当中的每个环节，都应有强烈的科研意识，使语文教学变得更为理性。

教师要研究的问题很多。就理论研究而言，从思辨性的语文课程与教育哲学、教育社会学、教学心理学的关系，到语文教学的基本理论问题，再到实践方面语文课程与教学政策、教学评价、教学设计的关系等等，都需要认真思考。教师是实践者，也是思考者，这是当前的语文教师与大纲时代语文教师角色定位的显著区别。就具体的语文教育实践而言，也有许多亟待解决的问题，如阅读教学问题、写作教学问题、口语教学问题，综合实践活动研究、考试评价研究、现代信息技术在新课标下的有效利用研究等，都是需要较为成熟的理论支撑，它们又是一线语文教师之外的研究者难以感同身受的，如果一线教师在这些领域有较强的理论认知，对语文教学的影响会更大。

语文教师的教育研究，可以从教学实践入手，以"案例"分析的形式为主。"案例分析"也可以理解为"教师的行动研究"，它是一种以解决问题为中心的研究方式：

(1) 它以自己教学实践中的突出问题为起点，形成研究的开端。

(2) 搜集资料。这些资料包括学生的随笔、书面作业、作文，教师的教学计划、课程设计、教案，学生作业修改和评语，学生进步记录等，班级名册、家长来函、通知单、新闻简讯、考勤记录、校规、通告、参考书等，以

---

① 魏智渊. 听李镇西老师讲课有感[M]//李镇西. 听李镇西老师讲课. 上海：华东师范大学出版社，2005：284.

达到对情境的深入透视和理解。在观察前要确定好观察对象，尽量控制与预防观察中的偏见，提高"捕捉"事件的技巧与能力等；观察的过程中，对当时的情况要详细记录，以备事后使用。

（3）分析资料。仔细阅读资料，区分重要与不重要的资料，聚集相似的资料，将复杂的资料排序、简化，寻找资料中不同主题之间的关系，建构可以应用的实践性理论（或模式）。在研究中，必须对材料用批判、怀疑的眼光进行分析，对现有的理论或自己的发现进行质疑，刺激自己做进一步的分析。

（4）形成行动策略。要注意不要只满足于某一个构想，多种构想中做出的选择，才有可能找出最适当的解决办法。在形成行动策略时，不要只考虑可能遇到的困难，更重要的是能够想到该行动策略有可能提供潜在的解决问题的机会，因此不要因为有可能遇到困难而过早排除或拒绝某一个行动策略。另外，也要将现有的力量一起考虑进去，要认真思考我的（我们的或学生的）动力是什么?我如何创造条件来运用这些动力?在教学操作的程序中，哪些动力已具有改善现状的倾向，我如何强化这些过程? 要有效地利用求助群体讨论形成行动策略，它可以促使教师团体对类似教学情境具有更加丰富的洞察力和解决问题的能力。

（5）实施与检验行动策略。行动策略的实施需要想象情境，在心中预先演练，然后在家或在学校尝试实施，同时要参观已采取新行动策略的同事班级，和同事讨论，这样可以帮助教师对该策略的可能性和限制有更清楚的了解。按照行动策略标准检验实施中出现的问题。如果执行行动策略以后并未带来我们预期的结果，原因可能包括执行的方法上的问题，如教师可能不习惯新的行动策略，或者在实践时采取了与原先计划不同的态度或不同的方法；行动策略的构想上出的问题，如没有给予想要造成影响的行动策略足够的时间，在使用新教学法前教师对学生的状况产生判断错误；教学情境分析上的问题，如教师相信自己的成见更胜于真实的资料，无法听进另一种解释，或是下结论太快导致结论不成熟；收集资料过程中的问题，如遗漏了某些重要的资料或是问题的界定上出了问题。在对问题精细分析的基础上，教师可以重新考察自己研究的起点与路径，搜集资料，分析问题，改进原有的行动策略或建立新的行动策略，在实践中施行，并重新加以检验。

教师应当具有较强的课程建构意识。教师是教学的设计者、思考者、改进者以及课堂上的主持者。作为教学的设计者、思考者，教师的教学是一个反思的过程，作为一种艺术，它始终处于"形成"（becoming）的路途中，因此，在课程编制问题上"教师成为研究者"（teacher as researchers），"研究成为教学的基础"（research as a basis for teaching），课程的开发就成为教师的分内之事。

校本课程的开发方式有许多种，包括课程的引入、课程的选择、课程的改编、课程的整合、课程的创新等，以及开发方式的选择，都需要教师对语文教学理论和学校具体情况，尤其是学生具体情况，有相当深入的研究之后才能进行。课程的开发应当和课程资源的利用结合在一起。如山东曲阜可围绕"三孔"与孔子，西安可围绕秦始皇与兵马俑，丽江可围绕东巴文化，延安可围绕革命圣地的文物、景观，西湖可围绕自然风光、人文历史、民间故事等创设地方课程。课程开发过程中应多采用充分体现学生自主学习、自主实践的教学形式，如自由读写、课外识字、交流与展示、语文知识与能力竞赛、谈天说地、新闻发布会、故事会、朗诵会、讨论会、演课本剧、办手抄报、编习作集等，还要充分利用当地的自然、人文景观，如风景名胜、博物馆、纪念馆，引导学生在自然、社会的大课堂中观察、调查、获取信息，改变把学生禁锢在小小课堂里的状况。

无论哪一种课程开发方式，都是与教师本人专业个性息息相关的。教师课程的个性"是一种独创，是教师'自我'在教学中的一种显示，具有个体性。其一，是教材的个性，根源于教师对教学内容深层次的领悟；其二，是教师的个性，根源于教师的立场、观点、方法，以及他的情趣、气质、性格。两者融为一体并不断升华，即构成教师的价值观念、认知结构、思维方式，形成课的个性"①。课程建构的意义就在于，它使教师摆脱了课程建设上的被动状态，可以结合学情以及课标要求发挥独创精神，积极建构适合学生发展的课程，真正实现语文教学由教本主义向学本主义的转变，同时对教师的专业素质提出了挑战。

语文教师应当善于书面表达。可以是严格的学术论文，也可以是教学随笔、教学叙事。大纲时代，只有少数教师勤于动笔，所写大都限于一些文学作品，个别教师写的所谓论文，也只是一些随感，缺乏应有的理论深度，这其中有教师缺乏严格的学术训练的原因，也有应试教育下教师科研动力不足的原因。新课标下的语文教师处于信息化时代，不能再像过去那样很长时间在一个封闭的教室当中完成语文教学，而需要运用各种手段同学生交流，其中不可缺少的就是文字交流，可能是富有激情和想象的文学文字，也可能是缜密的理论性文字。教师的实践和反思必须通过一定的文字交流平台实现，

---

① 吕渭源. 教学模式·教学个性·教学艺术[J]. 中国教育学刊，2000（1）：30.

同行的交流对理论的表述要求更为严格一些、紧迫一些，有深度的文字交流，才能促进思考。在教学实践和理论探讨中穿梭，才是当今语文教师必备的素质。

四、语文教师的教学能力

（一）教材处理与教学设计能力

教师要在深入钻研课程标准和熟读教材基础上，把握教材要点，根据教学的不同阶段和学生实际，确定教学目标和教学的重点、难点，创造性地设计教学。

教师在处理教材时要考虑到方方面面。从语文知识落实角度来讲，要考虑在教学过程中如何处理语文知识，怎样运用具体环境促使学生掌握语言规范，较好地运用语言。从阅读角度来讲，要考虑让学生重点读什么，解决哪些问题，扩展哪些内容，如何引发学生到更广泛的天地里进一步接受文化的熏陶，增加文化底蕴。从写作角度来讲，主要是引导学生关心生活、热爱生活，提高思想认识水平，对生活中遇到的问题进行探讨或论辩。教师在处理教材时还要考虑教学资源的开发问题，比如，通过网络下载教学参考资料，通过社区的教育资源拓展与延伸教材内容，等等。

在处理教材与设计教学的过程时，要注重以下方面的能力提升：

（1）确定具体教学目标的能力。教学目标的要求归纳为八个字：明确、集中、恰当、公开，必须以学生的需要为基础，应注意促进学生的整体发展。也就是说，要注意是否有利于学生今后的发展，是否注意了教学目标、教学要求的针对性、有效性，是否在教学过程中关注学生客观存在的差异性，是否能最大限度地发掘学生的学习潜能，促使学生自觉地达成目标。

（2）确定教学结构的能力。教学结构是一个纵横交错的结构。所谓横向结构指的是教学目标、教学原则、教学过程、教学策略、教学评价等内容的相互联系。所谓纵向结构就是教学环节的相互联系，也就是人们通常所说的教学流程。一个完整的教学结构，自然应包括学生的预习、导入、讲解或讨论、作业布置、小结等各个环节。教学环节的设计和推进，教学节奏的把握，要认真考虑学生的综合能力。

（3）选择教学策略的能力。在处理教材的过程中，必须考虑怎样运用课堂教学的方法、手段，通过正确的途径来促使学生主动地、生动活泼地学习。要注意解决四个方面的问题：一是引发学生的新鲜感，激发学生的期待感，满足学生的好奇心理，有效地激发学生的学习兴趣，促使学生不断地调整学习动机。二是有效地指导学生由课内向课外发展。只有将学生从课内引向课外，才是成功的语文课，才能使学生的语文学习形成良性循环。具体而言，要做到，引导学生阅读与课文内容有关的资料，引导学生阅读与兴趣有关的资料，促使学生逐渐形成课题意识。三是确定恰当的教学容量。教学容量主要是指有效信息的量和学生思维的容量，需要教师根据学情，在课程标准范围内，因地制宜，否则就会大大降低教学效率。四是培养和提高学生的创新意识。在课堂教学过程中，教师应注意培养学生的问题意识，鼓励学生有自己的独到见解以及挑战权威的意识。

提高语文教学效率是每个教师都应当切实注意的问题。每堂语文课不是各自孤立的，它应是整个语文教育中的一环，是整个语文教育阶梯中的一级。教师的职责是带动学生一起结环造梯，既完成教学过程，又实现教学目标，使学生既知学习之然，又知学习之所以然，逐步形成科学的思维方法和世界观，终身受用。教学艺术从来不是单纯的教法问题，也不是具有表演性质的行为艺术，它是教师站在较为广泛的人文视野上，通过各种方式建构学生的知识、健康而独特的价值观的艺术，是激励学生追求独立思考，从而打下"精神的底子"的艺术。

（二）课堂教学组织能力

在教学过程中，语文教师的语言表达应规范、正确、得体；资料的运用应恰当、有效；提问要有启发性和思考性；教师应捕捉学生在学习过程中的独到发现和存在的问题，及时引发学生思考，并与学生进行平等交流；要根据教学的实际，调整自己的教学思路，使学生在学习过程中激发兴趣，品尝成功，树立信心。

教学语言能力。作为一名从事母语教学的教师，应当是学生学习语言的楷模，因此，语文教师的语言表达应规范、正确、得体。尤其是刚刚从事语文教育的老师，应当有意识地打磨自己的教学语言，教师口语要经过书面语的润色再转化为口语，导入语、衔接语、小结语、总结语等等可以提前做好打磨。久而久之，不仅"有备而来"的教学语言得到提升，教学的即兴语言也会随之而得到提高。

课堂组织能力。当前的语文教学一般采用两种课堂组织形式：班级教学和小组学习。将整个班级作为一个整体进行教学是语文教学的一种最传统的组织形式。班级教学的形式往往适应于教师的讲授，出示与理解教材有关的资料，提出大家感兴趣的讨论问题，等等。班级授课的组织形式的优点是经济、有效，不足是很难照顾到每一个学生。因此，教师在班级授课时应当尽量弥补这一缺陷，尽可能地关注到每一位学生。例如，要求学生自己阅读课文时，教师要顾及读得慢的同学，在可能的范围内给予学生充分的阅读时间。作为班级教学的辅助形式，小组学习确实具有一定的作用，它能让更多的学生参与课堂教学，打破课堂的沉闷气氛，振作精神。小组学习追求的目标是合作学习，就是通过共同努力，取长补短，分工合作，达到共同的目标，组员共同受益。

一般来说，课堂教学以班级教学与小组学习两种课堂组织形式为主，但也可以不断创新。在教学过程中，学生语文知识的获得，文化素养的提高，健全人格的养成，不能只靠一两种教学形式。我们应博采众长，发挥各种组织形式的特点，扬长补短，相辅相成地加以综合运用。在实践中探索，在实践中创新，在实践中提升语文教师教学的组织能力。

（三）评价学生学习的能力

语文教师的评价能力应由以下几个方面组成：

（1）设计练习的能力。语文教师要有较强的设计题目的能力，能根据教学要求和学生实际，在不同阶段设计出有针对性的练习。设计阅读练习时，教师选择的阅读材料，语言文字应当规范，思想内容应当健康，知识概念应当准确，符合学生身心特点和认知特点，具有一定的时代性。练习的设计，要注意难易有一定坡度，富于思考性和启发性，有利于学生良好学习习惯的养成和思维能力的提高，有利于学生的个性发展和创新意识培养。设计写作练习时，要给学生足够的思考空间，让学生有话可说，有事可写，有情可抒，有理可议。写作练习题尽可能贴近学生的生活实际，调动学生的生活积累，打开学生的记忆仓库，并渗透人格素质的培养。口语交际教学的任务是：规范学生的口头语言，提高口语交际能力，培养良好的听说态度和语言习惯。因此口语表达能力的训练，要注意利用语文教学的各个环节，有意识地培养学生，合理创设交际情境，让学生无拘无束地进行口语交流，引导学生在日常生活中积极主动地进行锻炼。

（2）处理作业的能力。语文教师要认真处理学生的作业。批改作业不仅要指出学生存在的问题，更要注重发现学生的创新意识，要以过程展示、思路介绍等形式组织学生讨论交流，以促进学生的互动提高。要引导学生自己发现存在的问题，并经过自己的思考与努力来弥补不足。

（3）综合评价能力。教师对学生的综合评价不能以"一张试卷定分数"，应体现新课程要求的多维评价。评价标准应以新课标确定的目标和要求为依据，评价的内涵要在知识与能力、过程与方法、情感态度与价值观等三个维度上体现。对学生的学习评价可有一定的弹性，充分考虑评价的激励功能。应鼓励学生的相互评价和自我评价。要有效地指导学生写"成长记录"，使他们发现自己的长处和不足，在学习和其他各项活动中调整自己的行为方式和学习思路。评价的方式要注重形成性评价与终结性评价的结合，定性评价与定量评价的结合，自我评价与他人评价的结合，纵向评价与横向评价的结合，对不同程度的学生要有不同的评价标准。

第五讲　语文综合性学习

　　在新颁布的课程标准中，提出了"综合性学习"的要求，以加强语文课程内部多方面的联系，语文与其他课程以及与生活的联系，促进学生语文素养全面协调地发展。它为学生提供了语文学习的另一种方法，也为教师语文教学开拓了新的思路，其目的就是要将学生的语文学习由课内扩展到课外，在更广泛的空间中学习语文。这是对古代语文学习综合性传统的有效继承，也是对"五四"以来语文学习与教学研究的一种肯定，是对20世纪80年代以来语文教学探讨成果的吸收（如张孝纯的"大语文"观念）。语文综合性学习作为一种新的教学方式和学习方式以课标的形式被固定下来，成为与"识字与写字""阅读""写作""口语交际"并列的语文课程基本内容。

一、产生背景

　　语文课"综合性学习"是对中国传统语文教育综合性的否定之否定。孔子创立了一套实践性很强的智德双修、内外兼通、知行合一的教育理念，千百年来的中国传统语文教育也总是把综合作为认识的起点和归宿。即：教学目标上求"觉悟"，达到直觉体悟，完成个人体验；教学内容上图"完善"，熔铸多种学科，改造人格气质；教学方法上用"涵泳"，重视整体把握，致力语感培养。这种传统长于综合、忽视分析，因此，"五四"以后的语文教育研究致力于纠正其弊病，倡导语文学科的科学化。这种思潮到20世纪80年代达到高潮，语文教学忽视学生主体地位，人文精神淡化，片面追求语文知识系统的完整性，教材内容繁难偏旧。尽管审查委员一再呼吁教材要"简化头绪、轻装上阵"，但不同时期的语文教学大纲规定的48项能力训练，20项语文知识要求，都必须落实到课本中。教材编者无可奈何，许多教辅读物则变本加厉，把每个"项"又分解为若干点，再把点连成系列训练线，就有上百乃至几百个点，形成人们熟知的语文"知识树"。血肉丰满的课文，被肢解为一个个机械零件，违背了语文学习的规律，导致了语文教育方向的迷失。语文课"综合性学习"的设置，可以说是对过于偏重语文分析做法的纠正。

但还应看到，语文课"综合性学习"是90年代语文教学大纲设置的"语文活动课"的进一步发展。1992年，国家教委颁布《九年义务教育全日制小学、初级中学课程计划（试行）》，首次将活动课纳入学校课程，活动内容包括阅读活动、写作活动、听说活动等，主要形式有读书报告会、故事会、朗诵会、演讲会，还可以组织语文小组、文学社团等，目的是通过学生活动，在实践中运用语文知识，增强听说读写的能力。语文活动课从此成为中学语文课程的重要形态。

二、概念及其内涵

语文"综合性学习"是在实施语文课程的过程中，学生在教师的指导下，有意识地利用学习、生活和社会实践活动等课程资源，运用业已形成的能力和学到的各学科知识，采用自主、合作、探究等学习方式尝试解决学习和社会生活中的一些问题，激发语文学习兴趣，发展语文能力，获得实践经验，逐步形成主动探究、团结合作、勇于创新的精神，全面提高学生语文素养和个人综合素质。

课程标准分四个阶段分别提出了综合性学习的目标，其中涉及初中的部分为第四学段，具体规定为：能自主组织文学活动，在办刊、演出、讨论等活动过程中，体验合作与成功的喜悦；能提出学习和生活中感兴趣的问题，共同讨论，选出研究主题，制订简单的研究计划，能从报刊、书籍或其他媒体中获取有关资料，讨论分析问题，独立或合作写出简单的研究报告；关心学校、本地区和国内外大事，就共同关注的热点问题，搜集资料，调查访问，相互讨论，能用文字、图表、图画、照片等展示学习成果；掌握查找资料、引用资料的基本方法，分清原始资料与间接资料的主要差别，学会注明援引资料的出处[①]。

三、基本特征

语文综合性学习是以问题为中心，以活动为主要形式，以语文学科为依托，以某种程度的语文学科学习为基本条件，以自主、合作、探究的学习方式为必要条件，以学科之间的联系为特色，以综合性内容促进学生综合性发展。它实现了语文学科内的知识综合（语文知识的融会和听说读写能力的整

① 中华人民共和国教育部. 义务教育语文课程标准（2011年版）[M]. 北京：北京师范大学出版社，2012：17-18.

· 72 ·

合），语文课程与其他课程的沟通，书本学习与实践活动的结合；形成了课堂教学、课外活动、综合性学习三位一体，学校、家庭、社会三力合一，共同建设起学科间融合、课内外联系、校内外沟通的语文课程体系。具体而言，其特征有以下几个方面：

第一，学科性。尽管语文综合性学习涉及自然、社会、生活等内容，但其落脚点在于全面提高学生的语文素养，而不是为了让学生单单掌握其他学科和其他领域的知识。如人教版（2013年版）七年级（上）第二单元《综合性学习·马的世界》的教学设计，尽管列举了一系列不同学科关于马的知识，但最后学生的能力提高重点还是放在对马的观察、描写等"语文"学科范畴中。

第二，综合性。包括听、说、读、写能力的综合，知识与技能、过程与方法、情感态度与价值观的综合，语文学习与实践的综合，语文能力与其他能力的综合，课内与课外的综合，教科书与实际生活的综合，语文与其他学科的综合，等等。如人教版（2013年版）七年级（上）第二单元《综合性学习·漫游语文世界》的教学设计，通过让学生收集、整理、展示生活中的语文视频、对联、绕口令、广告宣传语、门店招牌、错别字，引导他们关注生活，学会主动观察，在改错字、绕口令竞赛、拟门店招牌、写广告宣传语等一系列活动中提升他们听、说、读、写的综合能力，体现了语文综合性的基本特点。

第三，实践性。综合性学习主要体现为语文知识的综合运用，听、说、读、写能力的整体发展，语文课程与其他课程的沟通，书本学习与实践活动的紧密结合，因此实践是第一位的。

第四，自主性。主要由学生自行设计和组织活动，特别注重探索和研究的过程。强调观察周围事物，亲身体验，包括自然、生活、社会等各个方面，做到有所感受，有所发现。如对马的观察，对广告招牌、对联的等语文现象的考察，可以是一个学生来做，也可以学生自己组织小组分头来做，目的是提高观察的效率，使讨论更为深入，信息量更大。

四、语文综合性学习中的师生关系

在语文综合性学习中，应当辩证地处理学生自主与教师指导的关系，认识到师生之间是民主、平等、和谐的教学相长的伙伴关系。学生是学习活动的提出者、设计者、实施者，既有选择学习内容的权力，又有承担实施活动的义务，学生在整个活动中都处在紧张、积极、亢奋的状态，从选题到制订计划，到收集资料，到成果的最终呈现，无不渗透着他们的辛勤劳动和积极思考，是真正的知识建构的主体、探究的活动者、积极的认知者，真正被置于学习的主体地位。但是，学生的活动不是自发的、漫无目的的、毫无规则的行为，更不是随心所欲，而且无论哪个阶段或水平的学习活动都可能伴有疑惑、阻力、障碍和困难，绝不只是轻松和愉快，所以仍要重视发挥教师适时、必要、谨慎、有效的指导作用，以追求真正从自主的学习活动中有所收获，使学生对世界的认识不断增强，学生的语文综合素质不断提升，学生的学习实践不断提高和完善。

教师从原来的传递知识向激励思考、提供帮助转移。初为组织者、促进者、平等的参与者，与学生一起探究，鼓励学生寻找多种信息源，启发思路，补充知识，介绍方法和线索，创设民主、宽松、和谐、愉悦的氛围，提供学习实践的机会，组织好合作学习和全班交流，在交流中加强引导、调控，让学生通过参与真实世界相关的学习任务来培养他们自主学习的兴趣与能力。后为退居一旁的积极旁观者，让学生自主学习与合作探究。教师的角色主要体现在：为学生创设学习情境，做学生自主活动的"领路人"；有效地推动活动的进展，做学生实践活动的"指路人"；善于组织学生开展合作学习，做学生集体活动的"带路人"。这样，在和谐愉快的师生互动中，学生逐步形成自主立题、自主实施、自主结题的意识和能力，逐步发展为完整意义上的具有独立人格的自由人，学生的综合素养、教师的创造才能都得到了充分的发挥。

五、教材设计

综合性学习的设置，是新语文教科书的最大的改革举措，具有5个方面的突出特点。

第一，与单元内容紧密相连，或与本单元专题内容相关。如七年级《语文》上册第五单元阅读专题为"亲情"，综合性学习由设计为"我爱我家"，七年级《语文》下册第四单元，阅读专题和戏曲有关，综合性学习设计为"戏曲大舞台"；或从阅读单元中的某一篇课文内容加以深化，如从八年级《语文》下册第二单元的鲁迅的《雪》和巴金的《短文两篇》中引出本单元综合性学习专题"寻找春天的痕迹"，七年级《语文》下册第二单元由《黄河颂》一课引出本单元综合性学习专题"黄河，母亲河"。

第二，以语文活动的形式呈现综合性学习，突出学生的语文实践活动，加强语文与生活的联系，使学生在实践中提高多种语文能力。如人教版八年级《语文》下册第四单元《综合性学习·写作·口语交际》在总主题"到民间采风去"下，布置了四项语文活动：家乡素描，认识方言，乡土发现，节日探源。这些活动，有些是"查阅地方志，或者向你身边的亲友进行调查访问，然后对材料进行整理，向班上同学说说你家乡的事"，以调查访问为基础，突出口语表达训练；有些是"查一查相关资料，看看你家乡的方言属于哪一种"，然后通过小游戏、编词条的方式，认识方言；有些是"根据条件，组织到当地民间进行调查访问，内容包括：当地各民族同胞的信仰、禁忌，婚嫁寿诞、衣食住行等方面的民俗特征。汇集采访笔记、摄影作品、配有文字介绍实物，举行一次民俗文化展览。有兴趣的可以采写新闻通讯稿，报道这次活动的情况。或就发现的问题写一则小评论，向当地报刊、电台投稿，以引起人们对民俗文化的关注"。这些活动，有突出的意义。它让学生深入生活第一线，在调查研究中了解活的语文，学生在总主题范围内，自主选择活动内容，自行组织人员，开展活动，或搜集信息，或采访人士，或展开调查，获得较为丰富的资料，对资料进行筛选、研究。这一方式强调学生的自主学习、合作精神和研究能力的提升，充分体现了当代语文课程的弹性与开放性特点，与传统语文教科书封闭自足的知识体系存在着本质的区别。就口语交际和写作而言，这样的活动使学生的听说读写能力提高建立在生活实践基础上，有事可写，有话可说，纠正了长期以来学生的说写脱离生活实际、说假话、说空话的弊病。

第三，兼顾知识与能力、过程与方法、情感态度与价值观三个维度，综合提高学生的语文素养。如七年级《语文》上册第四单元的以"探索月球奥秘"为主题的《综合性学习·写作·口语交际》，学习目标包括以下几个方面：了解有关月球的基本自然现象和人文现象，培养科学探索精神和人文精神；学习利用图书馆和互联网简单获取资料的方法；用科学的语言，条理清楚地介绍科学现象；在有所遵循的基础上展开想象与联想，进行写作练习。

第四，强调语文学科与其他学科的沟通，人文精神与科学精神的融合。七年级《语文》上册第六单元"追寻人类起源"，跨生物、历史、文学等学科，八年级《语文》上册的"世界何时铸剑为犁"，跨军事、科技、历史、文学等学科领域。这种设计可以使学生强化各学科知识的综合运用，全面提高语文能力。

第五，体现对信息技术教育的重视，富有网络时代的特色。一些综合性学习的设计，强调上网查找资料，开展网上阅读，如七年级《语文》上册的"探索月球奥秘"、七年级《语文》下册的"戏曲大舞台"还提供了检索资料的网站，极富时代气息。

六、实施方式

语文综合性学习的实施，根据教材设计是一方面，因为它的自主性和实践性特点，决定了教师要努力探索符合学情、校情和地方特点的实施方式。

活动主题的设计，应从学生关心的问题和兴趣出发，统筹学情、校情和地方特性。可以对课堂教学拓展，如学了《宇宙里有些什么》，有条件的地方，可以组织学生参观科技馆，带领学生考查人类研究宇宙的新成果，想象未来宇宙的情形。可以与不同学科相关内容联系起来，如将语文教材中《中国石拱桥》与科学教材中的《桥》、美术教材中的《家乡的桥》教学结合起来，确定"桥文化"的学习主题。可以根据时间和地方特点，随机安排活动，如寒假里进行"春节文化"的专题调研等。在开展语文综合性学习时，应将学习目标和学生的实际生活相联系，设计的活动应该是"自己身边的、大家共同关注的问题""为解决与学习和生活相关的问题""学习和生活中感兴趣的问题""共同关注的热点问题"等。在实际生活中运用语文知识的同时，促进学生对社会文化、人文精神、社会发展等若干问题的思考，使学生加深对知识内涵的理解和掌握，提升学生的语文素养。

使学生课内学习向课外延伸，给予学生自主学习的空间。如文学作品的写作背景，作家作品的介绍、评论，可以先要求学生尽量在课前通过查找有关图书或网络资料自行解决，到课堂上教师与学生再共同整理，查漏补缺。授课时应注重引导学生加强学科知识的整合。如《人民解放军百万大军横渡长江》和《谁是最可爱的人》的背景资料，可以要求学生将《中国历史》的相关知识进行整理，获得全面、详细的知识；《化石吟》中的有关化石的知识，可以引导学生通过生物课掌握详细的知识；《看云识天气》的学科知识，可以让学生通过地理课了解清楚；上《邓稼先》时，可以适时地引入对战争的分析，让学生明白和平的重要性，也要让学生明白发展核武器对我国国防的重要意义。

积极开发综合性学习课程资源。学校图书馆、阅览室、黑板报、墙报，各种运用文字、图片宣传的设施，学生社团等，都是可以利用的语文综合性学习课程资源，只要有意识地加以整合、利用，就能起到良好的效果；学生家庭，也是一个可以利用的资源，家庭藏书、信息网络、甚至家庭娱乐活动，如影视节目收看、文字游戏、书报内容讨论等，都是学生学习语文的有效资源；普通社区、有地方特点的文化景点、民俗活动等也是可以利用的资源，让青少年参与丰富多彩的社区文化教育活动，挖掘、整理与宣传社区传统文化，开发与利用社区自然景观，把学生的语文学习置于广阔的生活空间和大自然之中，会使学生对语文的价值有更多的切实体验。

积极利用现代信息技术，实现语文综合性学习与现代信息技术的整合。要充分发挥现代教育媒体和网络技术的优势，把某些教材的内容进行文字、图形、动画资料结构化处理，提供扩展性学习素材，设立答疑和指导区，形成练习区，构成基于网络环境下的综合性学习专题学习网站。学生也可以借助网络开展自主探究式的综合性学习，在网络信息资源的展示和搜索中发现问题、提出问题，在网络信息资源的共享和利用中探究问题，在网络信息资源的应用和发布中解决问题、交流成果。由于网络支持，协作的方式可以多种多样，既可以是分解任务后的竞争学习，也可以是围绕主题、快速寻找依据的辩论学习；既可以是确定主题后的生生结合、人机结合的伙伴学习，又可以是重在创新、富有个性的设计学习。

综合性学习的评价方式应灵活多样。综合性学习过程和结果的呈现方式可以是一篇研究论文、一份调查报告、一块展板，也可以是一场主题演讲、一次口头报告、一本研究笔记，还可以是一项活动设计的方案。活动结束，教师要及时引导学生交流与分享活动成果，每个学生都要对自己的学习过程进行总结，反思自己的收获或存在的问题，给学生创造真诚倾听和启迪思维的机会。综合性学习评价应着重于学生的探究精神和创新意识，尤其要尊重和保护学生学习的自主性和积极性，鼓励学生运用多种方法，从不同的角度，进行多样化的探究。评价的着眼点主要在活动中的合作态度和参与程度，能否在活动中主动地发现问题和探索问题；能否积极地为解决问题搜集信息和整理资料；能否根据占有的课内外材料，形成自己的假设或观点；语文知识和能力综合运用的表现；学习成果的展示与交流。在评价时，充分注意学生在解决问题的过程中所采用的思路和方法，尊重学生的个体差异，对不同于常规的思路和方法，尤其要给予足够的重视和积极的评价，促进每个学生的健康发展。

七、实践误区

当前语文综合性学习，作为一种新的课程类型，在教学实践中，也产生了一些问题，亟待我们深入研究、切实解决。

尚未完全摆脱以前"语文课外活动"的思维框架和活动模式，局限于对某一技能的活动演练，在提高学生语文某项能力上下工夫。例如，在组织教学"这就是我"这一综合性学习单元时，一些老师把活动目标定位在"口头作文"训练上。如果作为"语文课外活动"，这一定位未尝不可，但是作为语文综合性学习单元，这样的目标定位就显得单一狭隘了。实际上，以"这就是我"这一主题作为七年级《语文》第一次综合性学习，有其特别的内涵和用意，除了锻炼口语交际能力和写作能力外，至少还应容纳以下几个方面的内容：结合本单元课程"体味人生，关爱生命"的主题，让学生反思自己的成长过程，珍重生命，进而发现、体悟生命的价值；展现自己的个性、特长、兴趣爱好，在寻求别人理解的过程中理解别人；在各种情境中，学会调适自己的角色，包括言语举止，学习在各种社会活动情境中发展自己，得体地推荐自己。

把语文综合性学习当作情景作文的一种形式，开展语文综合性学习只是为写作收集资料、积累素材。例如，有的教师在组织实施"我爱我家"这一综合性学习单元时，把课文中设置的"老照片的故事""我家的一件珍品""妈妈的唠叨"三个情境看成是为作文而设置的活动主题，把这一单元的语文综合性学习完全"上"成了"活动作文"课。在这一观念指导下开展活动，学生势必为作文而选择活动主题，为作文而收集、取舍素材，为作文而编选故事。实际上，这里的三个活动（可任选其一）尽管都有作文要求，但"作文"不是唯一目的，还有以下几个期望：培养学生追寻、探讨、调查研究的兴趣和能力，留意身边的生活；在对家庭中平时不被注意的事物的调查了解中，体验生活和人生的底蕴；在活动过程中，感悟关爱，理解关爱，体验爱心，生发爱心。

担心语文综合性学习"非语文"内容过多地介入，语文课不像语文课。例如，在开展"追寻人类起源""探索月球奥秘"两个单元的语文综合性学习时，有的教师发出疑问："这像语文吗？""语文何以体现呢？"这种担心是长期以来过细的分科课程教学观在语文学科上的反映。语文学科的分科设置，并不表明它必须和其他学科壁垒分明，不可融通。恰恰相反，语文作为母语可以通达各个学科，而综合性学习正是跨学科学习、多学科结合的一种努力。语文是学习各门学科的基础，而学好其他学科也可以成为学好语文的基础。这样，随着人文素养、综合素质的提高，语文能力也就跨上一个新的台阶。

综合性学习活动的设计过分依赖课本，课本的利用又主要定位在阅读教学上。语文综合性学习注重自主性、实践性、开放性，教师要引导学生自主设计、自主探究，发掘、利用课外、校外的语文学习资源。课本中的综合性学习的设计，只是提供一种开放性、选择性的范例，教师完全可以对课本的设计进行改造、变通、拓展和完善。就目前的综合性学习的实验来看，一些教师还缺乏现代语文教育资源意识和语文大课程观，没有充分认识到教材中语文综合性学习设置的开放性特点，没有充分认识到教材中语文综合性学习面向生活、面向实践的引导性、示例性和可选择性，没有认清语文综合性学习与阅读教学的根本区别。还有一些老师不顾当地的学习资源和学情，把课本的"语文综合性学习"内容当作"金科玉律"照搬照抄，按课文教学要求在课堂按部就班地教学，这样做完全背离了语文综合性学习的本质特点。

对语文学习资源开发、利用不够。应当建立一种观念，"学习资源和实践机会无处不在，无时不有"。语文综合性学习资源的开发利用，不同地区都有自己的特点，关键是我们如何因势利导，在独特的资源环境中进行语文综合性学习。比如，在语文学习与学生生活及体验的联系方面，农村孩子不比城里的孩子差，在对大自然的感悟方面甚至还可能比城里的孩子丰富、深切。语文作为母语教育课程，生活就是重要的学习资源，当地自然环境、风俗民情、传统文化、校园文化、节日文化都可成为有益的学习资源。开展语文综合性学习要充分利用学校、家庭和社区等教育资源，把语文学习引向社会生活与实践，把社会生活与实践融入语文学习。教师要转变语文课程观，拓宽语文课程视野，培养发现、开发语文课程资源的敏锐眼力和能力，特别是要调动学生关注身边可资利用的语文学习资源，在教师指导下，组织加工、优化整合，使之成为语文综合性学习课程的内容。

对学习过程的教育价值认识、发掘不够，仅仅当作是实现目标的途径和手段。如人教版七年级《语文》上册综合性学习"感受自然"单元，其中有一项"我有一个'朋友'"的主题活动。开展这一主题活动，绝不是通常意义上的"秋游"，仅仅为了获得写作题材，而是如同课文要求的那样，"投向自然的怀抱"，"让景物像人一样活起来，同它展开心灵的对话，试着结交几个自然界的'朋友'"。因此在指导这一活动时，一定要关注学生在具体活动过程中的投入、体验和表现，调动、引导学生以心灵贴近自然，在与自然相融、相知的过程中获得自己独特的体验、感悟、遐思。教师的责任是在这一活动过程中给予引导、激发、激励，而不能局限于活动结束后优劣的评判。再如"我爱我家"单元中的"老照片的故事""我家的一件珍品"两项主题活动，有可能触及学生家庭生活的深层，进入他们生活的某一领域，激活学生感情世界的纤敏之处，也有可能展现、折射出学生家庭的经济、文化和社会地位等方面的巨大反差，甚至触及其生活的隐痛。面对这些问题，教师应有善待之心和体察之智，关爱、保护那些在综合性学习活动中处于"文化不利地位"的弱势群体，使之共享学习资源。如果处理得当，还可以成为生活教育、人生教育、情感意志、道德品质教育的契机。

第六讲　阅读教学

一、阅读教学的目标

阅读教学是中学语文教学最重要的教学环节，以此激发学生的阅读兴趣，培养学生适应终生阅读需要的各种阅读能力，帮助学生养成良好的阅读习惯。这三方面目标的设定，包含了知识与能力、过程与方法、情感态度与价值观三个维度的内容，体现了语文课程改革的理念与精神。在新的课程标准中，对各个学段的阅读教学提出了具体的要求，其中第四学段（7—9年级）这样要求：

能用普通话正确、流利、有感情地朗读；养成默读习惯，有一定的速度，阅读一般的现代文，每分钟不少于500字。能较熟练地运用略读和浏览的方法，扩大阅读范围；在通读课文的基础上，理清思路，理解、分析主要内容，体味和推敲重要词句在语言环境中的意义和作用；对课文的内容和表达有自己的心得，能提出自己的看法，并能运用合作的方式，共同探讨、分析、解决疑难问题；在阅读中了解叙述、描写、说明、议论、抒情等表达方式；能够区分写实作品与虚构作品，了解诗歌、散文、小说、戏剧等文学样式；欣赏文学作品，有自己的情感体验，初步领悟作品的内涵，从中获得对自然、社会、人生的有益启示。对作品中感人的情境和形象，能说出自己的体验；品味作品中富于表现力的语言；阅读简单的议论文，区分观点与材料（道理、事实、数据、图表等），发现观点与材料之间的联系，并通过自己的思考，作出判断。阅读新闻和说明性文章，能把握文章的基本观点，获取主要信息。阅读科技作品，还应注意领会作品中所体现的科学精神和科学思想方法；诵读古代诗词，阅读浅易文言文，能借助注释和工具书理解基本内容。注重积累、感悟和运用，提高自己的欣赏品位；随文学习基本的词汇、语法知识，用来帮助理解课文中的语言难点；了解常用的修辞方法，体会它们在课文中的表达效果。了解课文涉及的重要作家作品知识和文化常识；能利用图书馆、网络搜集自己需要的信息和资料，帮助阅读；学会制订自己的阅读计划，广泛阅读各种类型的读物，课外阅读总量不少于260万字，每学年阅读两三部名著。背诵优秀诗文80篇（段）①。

这一要求，可分为三个方面：一是阅读方法上，如朗读的要求，阅读速度的要求，精读和略读的要求和标准；二是对文本的叙述、描写、说明、议论、抒情等一般写作方法的学习，能根据具体文本的文体特点，理解文本的样式、内容、语言等方面的特点；三是阅读由课内到课外的迁移及其具体要求。

二、现代文阅读教学

当前的语文教材，从语体分，有文言文和现代文；从文体分，大类方面有文学作品和和非文学作品。文学作品包括小说、散文、诗歌、戏剧；非文学作品则包括日常具体的应用文体，如书信、广告、演说词、消息、通讯等，以及具有实用价值的说明文、议论文。如《看云识天气》《统筹方法》《事物的正确答案不止一个》《中国的石拱桥》《苏州园林》等，或说明事理、或介绍事物，都是为了一个具体的实用目的而写，它们共同的写作特征是主要使用了"说明"的方法，因此过去将其称之为"说明文"，只不过"说明文"是教学文体，到了社会上，就会回到"应用文"的文类属性中。过去作为教学文体的"议论文"与此类似，这样的文章因主要采用"议论"的写作方法被称为"议论文"，但回到社会常见议论性的文体中，它们就具体成为学术论文，演讲词、社论等应用文。以人教版初中语文教材（2013年版）为例，现代文学文体包括散文、诗歌、小说、话剧剧本和电影剧本、散文诗、童话、寓言故事，非文学文体包括科技说明文、论说文、演说词、书信、传记、新闻消息等。

（一）文学作品的教学

1. 文学作品的教学内容

文学是语言文字的一种形式，初中阶段包括散文、小说、诗歌、戏剧等文体。文学承载着人类的文化与文明，是文化的重要形式，反映的是作者内心的情感和一定历史时期、一定区域内的社会生活。文学作品的教学，要使学生具有一定的文学知识，包括文学的特点、文学文体的知识、作家的知

---

① 中华人民共和国教育部. 义务教育语文课程标准（2011年版）[M]. 北京：北京师范大学出版社，2012：15-16.

识、文学史的知识和文学鉴赏的知识。

文学作品的阅读教学内容分两部分，即作品"写什么"和"怎样写"。"写什么"，主要探讨其主题意蕴。优秀文学作品的解读是多元的，所谓"一千个人就有一千个哈姆雷特"。在具体教学中，教师应结合学情，引导学生调动自身的知识储备、人生经历、生活体验感悟文本内容，与文本进行对话，能够与文本的作者对话，生成自己的阅读收获，更新原有的知识，充实自己的观点，理解文章的同时，建构自己的情感态度与价值观。"怎样写"具体而言包括三个方面：一是要使学生认识文学的特点。文学作品具有明显的虚构性，但这种虚构，并不是胡编乱造，它是生活真实与丰富想象的辩证统一，是对真实生活的艺术表现，它的真实是一种"艺术的真实"，源于生活，又高于生活。教师要结合教材对学生进行艺术美来源和特点的教育，破除学生对美的神秘观念，唤起他们的生活体验，增强其感受美、欣赏美的能力，指导学生了解艺术美的多种具体形象：优美和壮美、崇高和滑稽、悲剧和喜剧等。教材中文学作品的艺术美主要体现为立意美、形象美、结构美、表现方法美和语言美几个方面。二是中学生应当掌握的基本写作方式在文本中的应用，包括叙事、抒情、描写、议论、说明等五种写作方法，在不同文体中这些写作方法应用的频次不同，也不是单一运用，例如，小说中叙事、抒情、描写的写作方法应用广泛，要想理解小说的表现方式，这些基本的写作方法是必须掌握的，但也应懂得议论、说明等写作方法。三是要根据具体的文体，掌握文体特定的表现方式，包括手法、结构、语言等内容。

2. 小说教学

（1）小说教学内容

初中小说教学内容、教学方法的确定，除了参考语文课程标准、语文教材篇目之外，还要重点考虑学情和小说文本特点。

就学情而言，小说教学首先要考虑学生的身心发展和认知发展情况。初中生随着逻辑思维能力的加强，对事物的反应和分析能力在不断提高，但仍有一定的片面性和主观性；日益关心自己和他人的内心，与同龄人之间的互动和认同感大大增强，情感日益泛化，但容易受到外界环境的影响；认知水平存在着不同程度的区别。据此，教师在确定小说教学内容时要注意培养学生的思维能力，注重在小说学习中体察生活的多元、复杂，人物思想情感的丰富性，多角度地看待人生、人性，但在教学设计时，要考虑不同学生的接受和领悟程度。其次，要考虑到不同阶段的学生的学识基础。七年级的学生刚开始接触小说文体，教师应先进行小说文体知识的教学，使小说与其他文体区分。这一阶段学生刚接触作为文体的小说，比较感性，在阅读时教师应使学生养成勾画、圈点的习惯，感悟小说语言的魅力，对小说知识由感性达到理性。八年级阶段，教材小说量增加，学生课外小说阅读也不断增加，因此教师应侧重学生小说知识结构的建构，使学生初步向鉴赏层面过渡。九年级学生已经能够运用已有知识鉴赏一些小说，教师应在进一步提高学生小说鉴赏能力和品味上下工夫，注意与高中阶段衔接，为高中小说审美奠定坚实的基础。

教材中的每一篇小说在写作方法、呈现方式、艺术风格等方面都具有独特性，教师的任务就是要将其揭示出来并交给学生。小说的文本体式决定了小说的教学内容，决定了小说"不同的教法"。这应当成为我们小说教学的基本原则。

小说的教学内容应包括以下几个方面：

第一，小说的文体常识。在人教版《语文》九年级下册附录中，有一篇《谈谈小说》的文章，基本划定了初中阶段学生对小说的文体知识的掌握范围和程度。教师在小说文体知识教学中，可以此为依据，分阶段、分步骤，循序渐进地介绍，结合具体作品，为学生欣赏小说提供基本的标准和方法。

第二，小说的思想内容。作为艺术作品，思想的表达是在具体的艺术形式中进行的，因此要结合小说特有的形式，同时要充分调动学生现有的人生经验，在与作者、与教师的对话中分析小说的思想内容，要特别注意课堂教学的民主化。《谈谈小说》中，指出小说的基本文体特点：以塑造人物想象为中心，通过故事情节的叙述和环境的描写反映社会与个人生活。其中，人物形象、故事情节、环境描写的分析构成了小说思想内容分析的基本视角。人物形象的分析，着眼于人物的性格特点，以及性格形成的社会文化因素。《故乡》中，少年闰土是那样一个充满灵气、生龙活虎的人，但中年以后"先前的紫色的圆脸，已经变作灰黄，而且加上了很深的皱纹；眼睛也像他父亲一样，周围都肿得通红"，加之多年后见到朋友时的一声"老爷"，变化如此明显，使人不由自主地探寻其背后的原因，小说通过形象表现了作者对社会、人生的感喟、思考。故事情节的分析，着眼于前后的变化，着眼于与周围人物行为的对比。在《香菱学诗》中，学诗对香菱来说是一件特别困难的事情，几经挫折，多次向人请教，或是黛玉，或是宝钗，几乎到了"疯狂"的境地。香菱最终由稍识文墨到在短时间内取得了重大的进步，在情节的发展中塑造了一个聪慧可爱、向往诗性生活的女子形象，作者对人物表面上不做评论，但在香菱的聪明、执著与最后悲惨命运的对比叙述中，思想倾向尽在其中。人物在一定环境中活动，情节在一定的环境中发展，环境就构成了小说思想表现的另一只眼睛。虽然教科书上将环境分为社会环境和自然环境，但具体到小说文本中，有时两者很难分清。如《孔乙己》开头一段关于鲁镇酒店格局的描写，表面看是自然环境，但它也显示了社会中人的地位、身份的不同，也可以看做是社会环境描写。环境描写是作者眼里的环境，是作者对人物的命运的认识的一个视角，有着鲜明的思想色彩，显示了作者对人物、社会的评价。

第三，小说的艺术手法。小说不只采取一种艺术手法，往往是多种艺术手法融入其中。

首先，故事的叙述方法。小说是讲故事的艺术，故事是由谁讲、怎样讲，构成了小说艺术的主要特征。故事的叙述手法主要体现在叙述视角上。叙述视角，即叙述故事的特定的角度，是谁在叙述的问题，不同的人叙述事件，价值取向不同，影响着作品结构的安排和内容的取舍。根据视角的受限程度分为三种类型：全知视角、限知视角、纯客观视角。全知视角的叙述者不仅了解故事中的每一个角色，而且知晓他们的过去和未来，这一叙述视角在中国古典小说中经常被运用。如在《智取生辰纲》中，前一部分主要写虞侯、士兵与杨志之间的矛盾冲突，后一部分主要写晁盖、吴用和杨志的斗智斗勇，全知视角使作者自由出入于人物之间，并能深入人物的内心世界，全方位清晰明确地把握人物。限知视角的叙述者是让小说中的某一人物担任。《孔乙己》中的小伙计，《林黛玉进贾府》中的林黛玉，《我的叔叔于勒》中的"我"就担当了叙述者的角色，通过他们的眼睛来观察社会的人情冷暖。纯客观视角的叙述者处于故事之外，仅仅从旁观者的角度来叙述故事的发展，不做出任何解释或评论，教材中的小说，还没有这样的叙述视角实例。

故事的叙述手法还表现在叙述顺序上，有顺叙、倒叙和插叙。顺叙就是按照事件发生、发展的顺序展开故事；倒叙就是将结局或故事中比较激烈的情节提到小说的开头，之后再按照故事正常顺序进行叙述；插叙就是在叙述中，为了说明一个事件原委、介绍一个人物而中断正常的叙事进程，将一个或一组事件插入，之后再接续原来的叙述进程的叙述方式。如《故乡》中童年闰土和当年的豆腐西施部分就是插叙。

教师要向学生强调，为了情节的需要，作者会在小说中同时运用不同的叙述方式。教师也可以鼓励学生将这些叙述手法运用到自己的写作中，加深其对艺术效果的理解。

其次，塑造人物的基本方法。作者对人物性格了然于心，可以通过外貌、动作、语言、心理和细节描写的方式塑造人物。

外貌描写可以用来描写人物的容貌、服饰、神情等外部特征。例如《故乡》中当年的"豆腐西施"的杨二嫂二十年之后却是"凸颧骨，薄嘴唇，像个细脚伶仃的圆规"，外貌变化如此明显，显示的是其性格的内在变化，二十年前的杨二嫂对生活充满希望，二十年后成了一个自私、刻薄的人，其中的艰辛、矛盾和挣扎，可以细加体会。

动作描写用来描写人物的典型性行为和动作，展现鲜明的个性。例如，"孔乙己是站着喝酒而穿长衫的唯一的人"，这一行为，显示了孔乙己的特殊地位和处境，作者也借此暗示了他的悲剧命运。

语言描写用来描写人物的独白或对话。如《我的叔叔于勒》中，接到于勒的信后，一家人盼着于勒回来，父亲总会重复说："唉！如果于勒竟在这只船上，那会叫人多么惊喜呀！"但是当在船上见到的那个衣衫褴褛的老水手竟是盼了多年的于勒时，父母大惊失色，嚷道："我就知道这个贼是不会有出息的，早晚会回来拖累我们的。咱们到那头去，注意别叫那人挨近我们！"通过语言描写的前后对比，菲利普夫妇的自私性格在读者面前一览无余。

心理描写主要表现人物丰富的内心活动。例如，《故乡》中的"我"见到闰土时的描写："我接着便有许多话，想要连珠一般涌出：角鸡，跳鱼儿，贝壳，猹，……但又总觉得被什么挡着似的，单在脑里面回旋，吐不出口外去"，体现出"我"再见闰土时的复杂心情。

细节描写就是将生活中细微而又具典型的情节抓住再加以细致描写的手法。成功的细节描写会使小说更为细腻生动。如《社戏》中描写老旦唱戏，先是"踱来踱去的唱，后来竟在中间的一把交椅上坐下了"，过了许久，"老旦将手一抬"，大家以为他要站起来了，"不料又慢慢的放下，继续在原地唱"，这段细节描写写出了戏的冗长，体现出孩子们失望的心情。

再次，小说的语言特色。小说语言是一种文学语言，提高学生解读文学语言的素养，是读解小说语言的重要内容。上述塑造人物的基本方法，也是小说语言的应用。小说阅读要通过一个语言片段、一个句子、一个词语、一个字的剖析，让学生学会怎么进入小说所呈现的艺术世界里面去，在"语意"的纵深解读和多元解读中走进小说深处，理解作者的创作意图，触摸人物灵魂，读出人物的性格逻辑、情感逻辑和生活方式。

以《最后一课》为例。第14自然段小弗郎士大段的心理独白："我几乎还不会作文呢！我再也不能学法语了！难道这样就算了吗？我从前没好好学习，旷了课去找鸟窝，到萨尔河上去溜冰……想起这些，我多么懊悔！我这些课本，语法啦，历史啦，刚才我还觉得那么讨厌，带着又那么沉重，现在都好像是我的老朋友，舍不得跟它们分手了。还有韩麦尔先生也一样。他就要离开了，我再也不能看见他了！想起这些，我忘了他给我的惩罚，忘了我挨的戒尺。"这一段中，重复使用否定词"不能""不会"，这是小弗郎士自省、自责、自怜、自伤最好的告白。连续两处"忘了"交叠使用，表明在最后一课上，小弗郎士忘记了老师种种不好，忘记了曾经所有不悦的经历，留在小弗郎士心中的是师生之间快乐、美好、温馨的记忆。不爱学习、害怕老师的小弗郎士，在最后一课上也在乎学习了，舍不得离开老师了。特殊的语言使用方式蕴含着特别的情感，此处语言的反复运用，不得不令读者思量小弗郎士前后巨大反差的原因。

小说第20自然段还有一处值得探究的语言："真奇怪，今天听讲，我全都懂。他讲的似乎挺容易，挺容易。我觉得我从来没有这样细心听讲过，他也从来没有这样耐心讲解过。"小弗郎士以前因为贪玩、调皮，没有细心听课是情理之中的事。但是，在最后一课之前的课堂中，韩麦尔先生的讲课内容真的很难吗？以至于他都没听懂过？否则怎么发出"挺容易"的感叹？韩麦尔先生之前不可能不耐心讲课，可是为何在最后一课上小弗郎士竟有"他也从来没有这样耐心讲解过"的感受？这看似不成立的矛盾表达，蕴含着小弗郎士复杂的心路历程。小弗郎士认识的转变在于他在亡国背景下最后一课中的长大和成长，所以能对老师的心情感同身受，以至于讲课者和听课者之间的沟通也变得容易了。

（2）小说教学策略

首先，小说阅读教学从朗读开始。现代小说的语言在节奏、意境、用词的丰富性等方面有着自己特殊的美感，感知小说首先需要从感受小说语言的魅力入手，朗读是最好的方式。教师在小说教学中，可根据需要指导学生朗读，采用个人读、齐读、分角色朗读等多种形式，或朗读全文，或是朗读部分内容。朗读中，既要动嘴，又要动脑，使学生将自己沉浸于小说世界，整体感知，初步领悟小说内涵。

其次，知人论世，了解小说人物的心路历程，理解人物的思想、情感逻辑。教师要善于利用学生或教师及周边人的某些经历，将心比心，感悟小说中人物的喜和悲。

再次，合作交流，研究探讨。在小说教学中，教师可以经常设置一些开放性的话题，或就一些小说的历史背景、人物生活背景等知识内容设置课下合作学习课题，分头查找资料，合作梳理，集体讨论，鼓励学生踊跃思考，敢于发表自己的见解，深化对小说的理解。

最后，引导学生的小说阅读从课内走向课外。教师应鼓励学生经常阅读小说，增长知识，开阔眼界。可以先从教材后的名著导读开始，如《童年》《格列佛游记》等名著要适时推荐给学生阅读，也可以根据所学小说进行相关的拓展阅读，如学完《孔乙己》后，推荐学生课下阅读《呐喊》。学生学习课内小说之余，利用所学阅读课外小说，能够培养和稳固学习小说的兴趣，丰富想象力和创造力。

3. 散文教学

（1）散文教学内容

初中语文教材中，现代散文篇目在40篇左右，是所有文体中数量最多的。散文的概念，古今不同。古代"散文"是与"韵文"相对而言的，无韵之文谓之"散文"，以此为基础，它又是包含诸多文体的文类概念。现代散文不再以语言形式而以功能作为文体判断的标准，将散文作"应用散文"和"文学散文"之分。应用散文是以散文的语言形式书写的日常应用性文章，文学散文则是与小说、诗歌、戏剧并列的抒情性文章，"是狭义的散文，一般称作抒情散文；五四时期，曾有'美文''小品文'和'随笔'之称，当代又有人称之为'艺术散文'"。可以这样定义："散文，是一种描写见闻、表达感悟的自由灵活的文学样式。"描写见闻、表达感悟，是就散文的内容而言。"作者不论是述说人生，还是描写自然，不论是说'自家事'，还是说'人家事'，无不从自我感悟出发。这种感悟，既是对事物的特殊意义和特殊美质的发现，也是作者感情激荡、神似飞扬的心灵体验过程。"也就是说，散文体现着文学的特性，用语言也在营造一个"艺术的世界"。散文不尚虚构，但散文的写实，不是"客观的"写实，是"这一位"作者极具个人特性的感官所过滤的人、事、景、物。散文阐释现象，谈论问题，也不是"客观的"言说，而是"这一位"作者依其独特的境遇所生发的极具个人色彩的感触、思量。作者之所以写散文，是要表现眼里的景和物、心中的人和事，是要与人分享一己之感、一己之思。自由灵活，是就散文的形式而言。首先是文体形式，文体创造有着极强的个人色彩，包括个人的阅历、学养、观察事物、感悟人生的方式，都决定了一篇散文的具体形式，不是按着既定格式而写，也决定了作家个人散文的整体特点，其次是具体写法上的"自由灵活"，"就结构而言，千变万化，文无定法"，"就笔法而言，细小处落笔，诗意盎然"，"就语言而言，散中见整，清新自然"，"具有朴素、自然、流畅、简净等特点"。

因此，散文教学的内容，实质上就是对散文作者在文中传达的"语文经验"和"人生经验"的接受。当然这种接受，是学生与教师的互动，共同与散文作者对话中的接受，包括通过文本，感受、体验、分享作者提供给我们的在日常生活中所没有、所不可能有的人生经历和经验，作者的丰富甚至复杂、细腻甚至细微的感官所触、心绪所至的言语表达，所采用的那些个性化的语句章法。

（2）散文教学策略

"课文，不仅是学习材料，而且是学习对象。"①这是根据散文的特点设计的散文教学的基本原则。

散文传达人生经验，我们提倡以"知人论世"的方式进行教学。"知人论世"是孟子提出的鉴赏和评论文学作品的一条重要原则。文学作品和作家本人的生活、思想、时代有着极为密切的关系，知其人、论其世，才能客观正确地理解和把握作品的意蕴。这首先需要教师对文本有着深入的解读，包括参考作者的背景资料、研究论文，结合自己的人生经验，理解作者的写作意图，其次，还要对学情充分掌握，包括学生的年龄特点，人生经历状况，阅读状况等，设计出切实的课程切入点，引导学生与文本的对话。如鲁迅的《从百草园到三味书屋》的教学，应当将文本放在《朝花夕拾》中去阅读，才能懂得鲁迅本文的写作是在不惑之年的"整理自己"的作品。在文中所表现的情感，不是单纯的小孩情感，而是童年的记忆、成人之后人生感悟的叠加，单纯中有复杂，热情中有冷峻，赞扬中有批判。有些是这个年龄段的学生可以理解的，有些是不容易理解的。教学中，一方面可以让学生借此整理自己曾经的童年生活，看上初中了，对幼儿园、小学的生活有怎样的感悟；另一方面，引导学生合作学习，在阅读《朝花夕拾》中去理解一个中年人对童年生活的那份眷恋与理性；教师还可以与同学们分享自己不一样的人生经验、阅读体验。

学习散文作者独特的"语文经验"，可以从几个方面入手。

第一，从课文的标题入手。如胡适的《我的母亲》一文，描述了作者童年至少年时代在母亲的严格要求、深情关爱下成长的几件事，表现了母亲深厚的爱子之情和优秀的性格品质，表达了自己对母亲的怀念和敬爱。问题的设计要紧紧抓住"我的母亲"既是母亲又是后母和寡妇的多重角色来解读文章，问题的设计可以围绕以下几个进行："课文写了母亲哪几件事？""表现了母亲什么品性？""作者主要写母亲也是他的恩师，为什么除了写母亲怎样教导"我"之外，还用更多的笔墨写她与家人相处的情形？"

---

① 王荣生. 中小学散文教学的问题及对策[J]. 课程·教材·教法，2011（9）：50.

第二，可以从关键词句入手。如《从百草园到三味书屋》中关于百草园的描写，用了许多形容词做修饰语，像"碧绿"的菜畦，"光滑"的石井栏，"高大"的皂荚树，"紫红"的桑葚，"肥胖"的黄蜂，"轻捷"的叫天子等等，这些形容词表现了作者怎样的感情色彩？

第三，可以通过朗读，体会语言的音乐性。现代散文中，尤其一些经典的散文，其语言都有着独特的音乐性，构成了现代书面语的特色之一，如上述鲁迅的《从百草园到三味书屋》的语言，就有着这样的韵律感，可以让学生反复朗读，认真揣摩。

第四，可以从结构入手。这有助于学生整体感知课文的内容，把握文章的结构特点和写作思路。如朱自清的《背影》，开头"我与父亲不相见已二年余了，我最不能忘记的是他的背影。"突出主要内容，后面的内容围绕着"为什么不能忘记"进行，写了车站送行、老年颓唐、想念儿子几个方面。文章以背影为中心意象，在文章的结构上做了精心的安排。

第五，可以从作者的叙述语气入手，理解文本风格。如《背影》，作者多年来的遭遇引发的对父亲行为当初不理解的忏悔，语调低缓。《春》则充满着一个少年对春天到来的兴奋，语句短，节奏欢快，和《背影》截然不同。《阿长与〈山海经〉》幽默中饱含深情，语调舒缓，俏皮。这些都要通过朗读、默读等阅读形式体会，也要在不同文本的比较中认识。

4. 诗歌教学

（1）诗歌教学内容

诗歌的教学内容可以参考人教版《语文》九年级上册附录《怎样读诗》所谈的内容。对于什么是诗，文章认为："是这种文学形式，偏重于抒情言志，即便是叙事诗或意在说明科学现象和阐明哲理的诗，也必须饱含感情，才能生动感人。情绪和感情是诗的基础。诗与其他文体相比较，能更充分地显示作者的品格和情怀。优秀的诗篇承担着丰富和美化人们精神生活的使命，它向我们展示世界，表达心灵，并启示真理。"由此可见，情感是诗歌的第一问题要素，与其他文体相比，它向读者展示世界、表达心灵、启示真理的方式又有着一定的"朦胧性"，即"它一般不直接告诉读者应当如何，而是以潜移默化的方式，涵泳并提高人们的精神境界，净化人们的心灵"。因此要抓住诗歌的文体特点进行诗歌教学，不能将其他文学文体的教学方法简单挪过来。

诗歌的文体特点主要在以下几个方面：

一是诗歌通过"意象"的创造表达感情，呈现作品的"意蕴"。所谓意象，就是客观物象经过创作主体独特的情感活动创造出来的一种艺术形象，简单说就是寓"意"之"象"，是主观的"意"和客观的"象"的结合，是融入诗人思想感情的"物象"，是赋有某种特殊含义和文学意味的具体形象。如艾青《我爱这土地》中的"鸟"的形象，就是这首诗的基本意象，它以"自然之鸟"的形象，表达的是对祖国炽热而深切的情感。

二是诗歌的意象往往通过比喻、象征来展示。《我爱这土地》中的"鸟"表面上是自然之鸟，实际上是热爱祖国的一代诗人的象征，诗中的"土地""河流""风""黎明"，也不只是实写，各有其象征意味。

三是诗歌的语言的音乐性。有些诗歌的音乐性通过合辙押韵表现，如大部分的中国古典诗歌，一些现代诗歌也通过建立新的"格律"达到追求诗歌音乐性的目的；也有些诗虽然并不追求诗歌表面的押韵形式，但通过诗句内部和诗行之间的节奏和谐达到追求诗歌音乐性的目的，需要读者通过朗读去感受。

诗歌教学除文体之外，还应注意诗歌的基本常识，如诗歌的体式分类，古诗中的诗、词、曲，民歌和诗人创作的诗歌，抒情诗和叙事诗等。

（2）诗歌教学策略

首先，在诵读中感知诗歌的意境。流利地朗读诗歌甚至朗诵，有利于帮助学生把握诗歌的感情，培养学生的语感。诗歌语言精练，有时所描述的情境也很简单，但是一旦拆散开来就失去了诗歌的韵味。如卞之琳的《断章》：

> 你站在桥上看风景，
> 看风景的人在楼上看你。
>
> 明月装饰了你的窗子，
> 你装饰了别人的梦。

这首诗如果零散开了看只是一幅幅画面，但这些画面连在一起，诗人要表达的艺术之美才留在心中。整体感知朗读之下，诗歌留给学生的，犹如品茶后的余香丝丝不绝。这种诗歌阅读方式会引领学生感受文学的独特魅力，不至于使学生对现代诗歌失去方向。

其次，注意调动、培养学生的想象、联想能力。诗人都是情感丰富、自由浪漫的作家，一切浪漫的东西都离不开联想与想象。现代诗歌中，作者往往借助想象的翅膀展现作者的情感，在具体的意象上通过想象或联想表达作者的思想感情。如郭沫若《天上的街市》，从现实生活中具体可见的人间街市，联想到天山的街市，联想到天上的牛郎和织女，联想到自由幸福的生活。诗人在联想与想象中表达了对自由与幸福的向往。现代诗歌阅读教学主要培养学生的审美能力和丰富的情感。脱离了联想与想象，人的情感不可能丰富起来，诗歌的阅读正是培养这种能力的良好方式。初中阶段的学生形象思维活跃，是培养联想与想象的好时机。

再次，注意鼓励学生诗歌独特阅读感受的表达。新课标对初中生的阅读要求是"能独立阅读课文，体验并正确理解文本内容和作者的思想感情、基本观点，有自己的感受"。让学生表达阅读现代诗歌的感受正是这一要求的体现。诗歌阅读教学的最终目标是能够对诗歌进行艺术鉴赏，但诗歌鉴赏能力不只在诗歌本身，需要相应的知识储备，初中阶段的学生显然还达不到，艺术鉴赏也不是初中阶段的要求。诗歌意蕴的朦胧性为学生自由发挥奠定了物质基础，要求学生说出自己基本的阅读想法和感受就可以了，无论这种感受或者观点是否粗浅或者幼稚，都是学生的真实的体验。诗歌阅读教学的过程其实就是让学生理解诗歌艺术，陶冶个人情操的过程。

5.戏剧文学教学

（1）戏剧文学教学内容

戏剧文学在初中阅读教学中只在九年级下半年才涉及，也只有一个单元，课文包括莎士比亚《威尼斯商人》（节选）、孙鸿《枣儿》、魏明伦的戏曲剧本《变脸》（节选）、勒曼的电影文学剧本《音乐之声》（节选），但它们是不可缺少的，是培养学生文学修养的重要内容。戏剧和戏剧文学是两个概念。戏剧是一种综合的舞台艺术，它把文学、表演、绘画、雕塑、音乐、舞蹈等多种艺术综合成为一种独立的艺术样式。戏剧文学即剧本，可以是话剧的，也可以是戏曲的，可以是电影的，一方面它是文学作品，具有一般叙事作品的共同特性，另一方面它又是演出和拍摄的脚本，必须符合舞台艺术和电影艺术特点的限制性要求。因此，这一阶段的学生对于戏剧文学，既要将其作为文学作品来学习，借以提高自己的文学修养，同时要重点领悟戏剧及剧本的一般文体特点。如戏剧剧本的两个部分：舞台提示和人物台词；戏剧剧本的基本要求：剧本结构要遵循空间和时间高度集中的原则；有集中、尖锐的矛盾冲突；人物性格主要依靠其语言和动作来表现等。另外，学生也要掌握戏剧的分类知识。电影文学曾归属于戏剧文学，现在已经独立出来，成为一种独立的艺术，对电影剧本的文体特点，不作学习要求。

（2）戏剧文学教学策略

首先，借助学生的生活阅历，进入戏剧文学的世界。戏剧是与生活最接近的文学艺术，在有限的背景下，特定的时间里，各色人物尽情地展示自我，毫无隐遁之处。欣赏戏剧艺术是最好的开阔眼界、体验社会、丰富人生的手段。戏剧又是一门需要创作者、表演者以及欣赏者进行灵魂沟通的艺术，戏剧的观赏和剧本的阅读要借助于创作者和观众的双重努力，往往使欣赏者不由自主地进入角色、进入剧本。学生要深刻地体会戏剧艺术的魅力所在，就要在简单的剧本中，调动自己的生活经历、人生思考以及对世界的认知，感受剧本内容，在脑海中形成鲜明的人物形象、生动的情节背景，由此展开剧情联想，从而融入戏剧文学的世界。

其次，从语言入手，学习戏剧独特的语言，培养语感。"具有良好的现代汉语语感"是语文教学的重要培养目标。戏剧语言包括特定背景下人物活动的自然环境与社会环境的描述，个性化的人物对白和内涵丰富的潜台词。每一部优秀的戏剧，都是语言高度个性化的典范。人物台词大都蕴含着丰富的情感，或隐喻，或暗示，有的甚至是情节发展的关键所在。那些弦外有音的潜台词，更能激发学生的好奇心和探究心，引导学生体会人物微妙的心理活动。个性化的语言是剥去人物衣冠、挖掘人物性格的利器，可以使学生在潜移默化中增长语言的感悟能力、欣赏能力甚至运用能力。

再次，理解戏剧的特点，提高学生的审美情趣。戏剧是一门综合艺术，不同的艺术形式在戏剧中有机结合，绽放着各自的光彩，其所带来的感官感受各有不同；随着剧情的发展，深刻的主题，波澜起伏的情节，千姿百态的人物，激发起学生不同的情感体验。这些都契合了课程标准关注学生情感发展，让学生受到美的熏陶，培养自觉的审美意识和高尚的审美情趣，培养审美感知和审美创造能力的基本理念。

（二）非文学作品的教学

初中阶段非文学作品的阅读教学主要是指一些实用文体及说明文、议论文的阅读教学。

非文学作品的阅读教学要以读懂文章为主要目的，理解、掌握文本体式对内容的特殊规定。除了五种基本的写作方法外，还要掌握每一种文体具体的格式、语言、结构等方面的要求。非文学作品大都具有一些实用性，比如说明文是说明事物和事理的文章，议论文是表达观点的文章，新闻报道是给人们提供信息的文章，因此，非文学作品的阅读教学强调阅读方法的学习。

1.说明文教学

说明文是以说明为主要写作方法的文章，重在确定概念、解说事物、阐明事理。说明文又是以多种实用文体构成的文类，日常生活中的广告、说明书、规则、章程、提示、解说词、科学普及文章等都可归入此类。说明文包括三个基本要素：科学的内容、条理化说明和准确的语言。

在说明文教学过程中，要培养学生的科学精神。科学精神是认识科学的精神，是科学的钻研精神。说明文教学应当贯穿着这样一种思维方式的学习，它会影响学生的一生，会影响到整个社会对自然科学的看法。教材中所选都不是生硬枯燥的说明书，大多是充满人性光辉的科学普及文章。如《中国石拱桥》，茅以升通过文章来赞扬中国古代劳动人民的勤劳智慧。《松鼠》的作者布丰向我们展现了大自然中动物的灵性。《花儿为什么这样红》中，贾祖璋在文章的结尾说出了"花儿这样红，是大自然的杰作，更是人工培育的成果"。教师要引导学生从文章中看到具体的科学精神是怎样表现的。

教学过程中要紧紧抓住作者的写作意图，从说明文为什么写，写给谁看，怎么写，写了什么，可以给学生一些新的思考，从而使学生真正理解说明文的特征。

应避免将语文课变成知识介绍课。语文作为一门学科，有它本身要解决的问题。如果在《苏州园林》教学时，引入对于苏州园林的讨论，就将语文课变成了建筑学课程，从而脱离了文本，脱离了语文教学的本源。

应通过分析说明顺序把握说明文的结构。说明的顺序反映了作者对事物的观察角度、观察顺序，也反映了事物的特征。说明顺序千差万别，但不外乎三种类型：时间顺序、空间顺序和逻辑顺序。按时间顺序说明的，如《一次大型的泥石流》和《景泰蓝的制作》；按空间顺序说明的，如《故宫博物院》；按逻辑顺序说明的，如《现代自然科学中的基础学科》和《眼睛与仿生学》。理清了说明的顺序，说明文的结构就清楚了，作者的思想脉络就清晰了。

说明文的语言以浅近、明了、准确为基本要求。理解说明文语言的准确性，有利于培养学生对事物的敏锐观察力和迅速捕捉事物特征的能力，一般通过具体词、句的品读进行。

说明文的阅读方法，是教师应当重视的内容。教师可以通过创设学生活动的方式组织教学。如在学习《中国石拱桥》时，课前应当安排学生预习、准备，搜集相关图片，了解相关历史及一些专业知识，使学生对中国石拱桥有一个较完整的认识，以便在学习的过程中和课本中的知识比较，进而提高阅读的效率，在学生、教师和文本之间的对话中对文章的写作特点、写作方式有清晰的认识。还可以让学生根据搜集的资料，试着自己写一篇相关说明文，在学生与教材两个文本的比较中对《中国石拱桥》的特点有深入的了解。

2.议论文教学

议论文以议论的表达方式为主，对某个问题或某件事情分析和评论后，表明自己的观点、立场、态度以及主张。议论文分立论文和驳论文两种。议论文有三个要素：论点、论据、论证。一篇议论文有一个中心论点和多个分论点。论据通常是理论、事例、材料等内容。论证的方式有很多，常见的有举例论证、道理论证、引用论证、对比论证、比喻论证、类比论证、因果论证、演绎论证等。需要注意的是，无论以何种方式进行论证，都应该始终围绕中心论点和论述的问题进行论证。议论文语言要求简洁、准确、严密，具有概括性和说服力，合理、适当地运用一定的修辞手法，生动形象地体现一定感情色彩。议论文最基本的结构模式是提出问题、分析问题、解决问题，即引论、本论、结论三个部分。议论文结构层次要求鲜明，段与段之间有清晰的逻辑关系。

议论文阅读教学主要解决以下3个方面的问题：

第一，提取论点的能力。应注重文章中的标题、开始、结尾等几个重点位置。一些简单议论文的标题就是论点，还有一些在文章的第一段，有些在文章的结尾；一些文章的论点没有明显的标志性语句，可以通过全面、多次阅读文章中大量的论据总结出论点。一篇议论文中心论点只有一个而论据会有多个，我们只要通过阅读，掌握论据的共同点以及它们之间的逻辑联系，就可以轻松地总结出中心论点。还有些文章的论点通过一些固定词语显现。在议论文中经常会出现"总之""由此可见""所以""综上所述"等总结性词语，它们一般是对论据的一种总结，后边往往会有一些论点阐述。

第二，分析文章结构的能力。在议论文的教学中，我们可以为学生提前布置这样的问题："作者为了证明观点，首先使用了（　　）论据，然后对（　　）论据进行了（　　）的分析，从而证明了（　　）的观点。"这实际上向学生提示了文章的基本结构，学生在阅读时脑海中就会不断浮现这些问题，在做"填字游戏"过程中掌握文章的结构。

第三，剖析论据、论证观点的能力。应注重引导学生分析论据的类型和作用。史实、典型事例、统计数字是事实论据，经过实践检验的真理、名人名言、格言、谚语、原理、定论是道理论据。道理论据是增加权威性，事实论据是从某一角度证明论点，增强了说服力。如《谈骨气》一文中作者分别用"文天祥拒绝降元""齐人不食嗟来之食""闻一多横眉怒对国民党手枪"三个事例，分别从"富贵不能淫""贫贱不能移""威武不能屈"三个角度证明了"我们中国人是有骨气的"这一中心论点。在引导学生分析论据的同时，我们可以引导学生试着补充一些论据，在事实论据后补充道理论据，或者在道理论据后补充事实论据，理清论点和论据之间的逻辑关系，掌握论证过程中思考问题的方法，读写结合，以写促读。

议论文是一种表达作者自己观点的文章，初中阶段的学生应该从中学习独立的精神。这种精神的培养可以通过分析议论文的材料与观点之间的关系获得。材料是用来论证观点的，材料所显示的数据或者事例是否适合文章的观点或与文章的观点是否一致，需要作为读者的学生做出判断，教师应当鼓励学生质疑、争论，这一过程也是独立思考、独立人格培养的过程。

3.其他一些实用文体的教学

在人教版语文教材中，初中阶段实用性文体，以课文形式出现的只有消息和通讯。消息和通讯是报纸常见的文章样式。日常生活中，人们也多是通过阅读消息和通讯了解当前的资讯。因此，在教学中首先应要让学生认识这两种文体的基本特点、作用及文体规范，以便更好、更快地学会从中提取信息。新闻报道讲求真实性，同时只有有新闻价值的事件才值得报道。教学中，要引导学生从有限的文字中读出事实的真相，判断报道的新闻价值，这是培养学生独立人格的重要方面。新闻报道有舆论导向作用，弘扬新的、健康的社会风尚，批判某些不良的社会现象。教学中要培养学生的区分能力，让学生能够从文字中读出作者的舆论导向，这是培养学生人生观和道德观的良好机会。

日常应用文涉及的范围很广。学生日常使用的一些文体，如日记、笔记、记录、札记、杂记等，成人社交活动中使用的一些文体，如契据、请柬、条据、祝词、演说词、对联等，都属于日常应用文。还有一些特定场合、目的使用的文体，如告示、广告、海报、通知、启事、简单的调查报告、研究报告、演讲词、倡议书、建议书、解说词、说明书、计划、总结、实验记录、实验报告等也要归入这些应用文中。这些应用文都是义务教育阶段学生应当学习的。民国时期，从课程标准到语文教材，从小学到中学，这类应用文体被编成序列，分不同学段，循序渐进地传授给学生，使学生一毕业，就能尽快服务社会。我们现在的教材，这方面较为薄弱，这是亟待改进的地方。在教学中，应当开展与利用多种课内和课外活动，让学生接触这些应用文体，从文体的特殊用途、格式、特定语言形式等方面掌握基本的规范。

三、文言文阅读教学

"文言"，是汉语书面语的一种，产生于先秦，一直使用到近代。文言有相当严格的词汇、句法系统，战国到两汉的作品可以当作"文言"的标本。"文言文"指古代诗、词、曲、小说以外的文章，主要包括散体文、赋与骈文等。当下中学语文教材中的文言文，都是历久传诵经典名篇，既是经世济用的实用文章，又是中国文学史上的优秀散文作品。文言文往往具有明确的实用功能，或"载道"，或"言志"，学习文言文就是要学习这些文章所言之志、所载之道。文言文的文学性，主要体现在"辞章"，包括文体的选用、语言的锤炼和章法的考究等方面。辞章讲究处，往往是作者言志载道的关节点、精髓处，由此实现"文道统一"。

（一）文言文的教学目标及内容

中华民族历史悠久，汉语是世界上最优美的语言之一。不学习文言文，就难以掌握汉语的精髓，就不可能真正有效地继承中华民族优秀的历史文化遗产。课程标准有意扭转这种局面，文言文课程目标分别从文言、文学、文化来表述，显示出整合文言文学习各种要素的努力。通过文言文阅读教学，培养学生认读浅近文言文的能力，提高中学生现代文的读写能力，增强学生的民族自豪感，提高民族自尊心。

文言文的教学内容包括4个方面：

第一，掌握文言的基本知识，包括字、词、句等三个方面。在字方面，应着重掌握易误读的字，如通假异读、古音异读、破音异读等。文言文中还有一些现在不常用的字，应仔细辨清字形，查明字音，不可以形近字的音去替代，或者读"半边字"。如"及郡下，诣太守"的"诣"，应读yì，不能误读为zhǐ。再就是通假字。在词方面，应着重理解并掌握一词多义现象、古今异义现象、词类活用现象以及一些常用的文言虚词。在句方面，应掌握判断句、省略句、倒装句等常见的文言句式。

第二，理解文本内含的思想、情感。文言文载道、明志，这些"道""志"是那个时期的文人思想情感的具体体现，吟咏这些文章，理解这些内容，有助于学生走进古人的精神世界，更深入地理解古人的思想和行为。一些"道""志"在今天看来仍然具有现实意义，是今天的学生应当学习和继承的，对于提高学生的道德修养、增强社会责任感有积极意义。

第三，探究文言文所承载的传统文化。一个时代有一个时代的生活方式，这也决定了一个时代有其特有的文化。学习古文，有助于我们了解某一特定时代人的生活方式、习俗等文化内容，理解古今文化的传承关系，这是我们学习文言文一个重要的内容。如古人的称谓、字号，古代的时间记录方式与表达方式，古人日常交流中常用的文章体裁，像传记、表、记、书信、说、铭、议论文、游记、诗词、小说等，它们的基本规范和特殊的表达要求，无不和彼时彼地的文化习俗相关联。这些文化知识的学习，可以使学生更好地理解中国传统文化的魅力，我们的文言文课堂，也会因此更加有"语文味儿"。

第四，学习古代经典作品的文学技巧。选入中学语文教材中的文言文，大多数是经过时间淘洗的文学经典，在写人、叙事、抒情等方面有许多技巧是值得学生认真学习、借鉴的，它们的语言，节奏感强，朗朗上口，词语选择精粹，富于画面感，这些都是文言文教学应当重视的内容。

(二)文言文教学策略

文言文教学的首要目的就是要提高学生独立阅读浅易文言文的能力，因此，调动学生积极性，边学边练、学练结合，促成知识的迅速内化和能力的快速提升是当务之急。教学中要强化对文言文自身规律的学习，对文言文阅读规律的运用，及时对文言基础知识进行归纳、总结与积累。注意学习心理的调控，注意将文言文阅读教学和现代文阅读教学搭配间隔，优势互借。文言文阅读教学有其特殊规律，传统语文教学积累了许多有益的经验，应大胆地继承和发扬。文言文教学的策略有多种，现介绍三种。

第一，诵读法。诵读，即背诵和朗读。诵读是学习文言文必须经历的，是解决文言文的断句（句读）问题的必经之路，它可以加深对文言文语言特点的认识，积累丰富的语言素材，培养良好的语感，实现对文本的整体感悟，进而得到美的陶冶，对学生人格的形成和语文素养的养成会产生久远而深刻的影响。小学、初中阶段，学生记忆力好，而理解力稍差，诵读更宜常用。

第二，评点法。中学生的文言文阅读，由于时代隔阂和较多的语言障碍，力图在一次学习中既跨越语言障碍又领略其艺术魅力，"毕其功于一役"的做法是不现实的。"全面进攻"不如"重点突破"。教师对文章要旨所在、精妙之笔、疑难之点以及构思行文某一方面进行精心点拨、评价，引导学生自己去思考、去体会，既不会破坏文章的整体美，又不会因讲解琐碎而破坏学生阅读的兴致，做到学有所得，是高效的教学方法。

第三，串讲法。一种传统的教学方法。按照课文顺序，逐句逐段地提出问题并加以讲解，由此疏通全文。串讲法能将字、词、句、篇都落实下去，对一些文化背景、作家本人的情况介绍系统、深入，显得细致、扎实，适合较艰深的文言文。但这种方法较为死板，课堂气氛容易沉闷，有时会使学生产生厌烦情绪。在实际教学中应当注意启发与互动，与其他方法配合使用，比如将教师的"串讲"与学生的"串讲"结合起来，提高学生的参与度，有效调动学生的积极性。

四、课外阅读指导

(一)课外阅读目标与活动安排

教师应加强对学生阅读兴趣的激发与培养，加强学生课内阅读与课外阅读的衔接与沟通，注意渐进性、序列性和能力培养。渐进性就是要根据学生的实际水平，选择读物注意由浅入深，读物的经典性与通俗性相结合。序列性就是要注意读物选择和阅读能力培养的连续性，使课外阅读成为课内阅读的延伸和有益补充。能力培养是课内阅读方法学习的实践和强化，使阅读方法由陈述性知识转化为程序性知识。

新课标规定："学生九年课外阅读总量达到400万字以上，阅读材料包括适合学生阅读的各类图书和报刊。"400万字是初中三年课外阅读的最低标准，阅读材料以文学作品为主，包括童话、寓言、故事、诗歌、散文、小说等，除此之外，也要阅读相当数量的历史、传记、文化读物以及自然科学和社会科学常识的普及读物。在课外阅读过程中，需要养成主动制定阅读计划，与老师、同学朋友交流的习惯，学习相关的阅读知识和资料搜集知识。初中阶段每个年级的课外阅读也应有相应的阶段目标和活动安排，可以包含以下内容：

七年级阅读一些浅显易懂的童话、寓言作品，篇幅较短的文学名著，如《爱的教育》《繁星·春水》《伊索寓言》《童年》《鲁滨孙漂流记》《昆虫记》《格林童话选》《安徒生童话选》《汤姆索亚历险记》《十万个为什么》等作品，提高学生的感知和理解能力，激发课外阅读兴趣，培养学生自觉主动的学习习惯，教会学生有选择去阅读，教给学生朗读、默读的基本技能，指导学生制订阅读计划。通过故事会或故事课、朗诵会、阅读交流会、写随感等活动进行交流。

八年级开始阅读一些长篇文学名著，如《骆驼祥子》《钢铁是怎样炼成的》《朝花夕拾》《西游记》《海底两万里》《名人传》《格列佛游记》《水浒传》《童年》《在人间》等作品，指导学生利用校内外资源，独立或合作完成作者情况、创作背景、成书情况、主要内容、阅读重点等整理工作。要进行适当的长篇名著阅读策略指导，教会学生根据不同内容选择浏览、略读、精读、跳读等阅读方法，提高阅读的效率；教会学生一些信息搜集和整理的基本技能，利用图书馆、网络搜集自己需要的信息和资料；挑选一些精彩章节，如《西游记》中的"三调芭蕉扇""大闹天宫"，《水浒传》中的"林冲雪夜上梁山""景阳冈""醉打蒋门神""飞云浦""血溅鸳鸯楼""智取生辰纲""杨志卖刀""三打祝家庄"，《格列佛游记》中的"大人国""小人国"等，利用早自习、晚自习或课外时间，进行作品赏析，引导学生揣摩人物形象，体会作品艺术手法。指导学生作摘抄笔记，制作资料卡片，做批注，写短评。积累语言，训练语感，让学生在课外阅读中体会到语文学习的快乐。

九年级应选择一些有思想深度的作品，如《水浒传》《傅雷家书》《培根随笔选》《简·爱》《泰戈尔诗选》《三国演义》等，在阅读指导上，应将阅读与交流、思考结合起来，通过研究性学习，培养学生的逻辑思维和批判思维。学生应逐渐总结自己的阅读经验，确立适合自己的阅读方式和学习风格。可以结合作品的阅读，开展名著鉴赏、辩论赛、演讲赛等活动，提高学生文学欣赏和评价能力。

（二）课外阅读技能训练

1.一般阅读技能

一般阅读技能分为朗读技能和默读技能两种。

朗读是一种眼、口、耳、脑并用的思维和语言综合活动，把无声文字变成有声语言，也是一种用来表现情感、陶冶情操的艺术技巧。短诗、语言优美的散文、文学作品中某些精彩的章节，可以引导学生去朗读。朗读训练的方法，有范读、领读、试读、跟读、分角色读、表情朗读等。采取哪种方法，应根据不同的作品和学生的具体情况决定。

默读主要是建立视觉与思维的联系。默读时，文字符号通过视觉器官传入大脑，直接把书面语言转化成内部语言，不需要口、耳作媒介，因而速度较快。阅读目的不同，默读的方法不同，一般来说可分为精读、略读、速读、浏览（又称跳读）四种。

精读是一种通读、复读、细读相结合，含英咀华式的循环阅读方法，有利于培养学生的感知、理解、鉴赏、评价能力。精读一般都是从语言的感知入手，逐渐领悟文字背后的立场观点、思想感情，用语言将阅读理解的成果外化，对文章，通过鉴别语言文字、赏析风格特点、评价思想观点，提出自己的见解。

略读在于把握全篇大意，得其要领。阅读时对某些难点，只要不影响对总体的把握，可采用"以绕为进""以避为进"的方法，不要在一处多耗时间；对于长句，要善于抓住主干；遇到难词，可采取"猜读法"，根据语境推断它的含义；碰到生字，只要不影响对大意的理解，可以跳过去以免影响。

速读就是快速阅读，它的特点就是快，以尽量少的时间获取尽量多的信息。速读训练主要是帮助学生学习在尽量短的时间中，省略掉与主旨表达关系较远的信息，抓关键词、句的能力。教师要纠正学生影响速读的一些习惯，如边指字边阅读，头部随阅读移动，默读时发出声音，逐字注视，频繁回视，等等。训练时教师可以用限时限量的方法，规定学生必须在一定时间内读完一定数量的内容，接着逐步加快，提高效率。

浏览就是不通读全文而掌握全篇主旨的阅读方法。每本书的标题、回目，每章前的内容提要，都是浏览的关键部位。了解内容，有时可以只读每个自然段的首尾两句；了解整段内容，有时只读与目标有关的词和句。

2.信息搜集和处理的技能

教师应该教学生做读书笔记，将文本中有价值的信息记录下来。做读书笔记的方法很多，如制作资料卡片、摘抄、写情节概要等等。首先，要告诉学生根据自己的目的摘抄有价值的内容。如果以增加知识积累为目的，可以把与作品有关的文学知识以资料卡片的形式保存下来，也可以把文学作品中的精妙词语、精彩段落摘抄下来。其次，要指导学生对收集的资料及时分类。文学知识可以以作品为标准分类，也可以以时代为标准分类。做摘抄笔记时，事先就要考虑好分类问题，可以把摘抄内容分成词句和段落两个板块，每个板块下面再细分成几个小的部分，最好是采用活页式笔记本。阅读时，看到有价值的内容，就摘录到相应的板块。这样，搜集的资料就不会杂乱无章了，以后查找起来自然方便。

除了从文本中搜集信息外，工具书、图书馆和网络，也是了解和搜集作品信息的重要渠道。现代信息技术飞速发展，互联网上的资源越来越丰富，作者的情况，作品的创作背景和时代背景，与作品有关的评论文章以及其他相关资料，学生都可以在网上查到。这些资料对于学生深入理解作品，开展鉴赏性阅读、研究性阅读非常重要。因此，教师要向学生介绍一些常用的工具书，教给学生查阅工具书、检索文献及上网浏览的方法，引导学生在查阅到有关资料后，把主要内容摘录下来，或者直接把与研究主题有关的段落、文章、著作收集到一起，制作成电子文档。

(三)课外阅读外部条件的创设

1.营造良好的校园阅读氛围

争取学校配合，利用图书馆，建立学生阅览室，选择适合学生阅读的图书、报刊、杂志供学生借阅。每天下午放学后开放1至2小时，寒暑假期间可全天开放。由学校语文教研组牵头，组织成立读者俱乐部，有兴趣的老师和学生均可参加，定期开展相关阅读、讨论、写作活动，促进教师之间、师生之间、生生之间的交流。以班级为单位，每年征订部分优秀读物，如《中学生阅读》《青年文摘》《读写天地》《中国校园文学》《读者》《儿童文学》《格言》等，让学生传阅。在班刊中开办读书园地，刊登学生的读书报告和心得。

2.课外阅读的文本来源

一直以来，有部分家长和老师仍反对学生看课外书，他们认为，课外书范围广，涉及面宽，且有的书中有不适宜青少年阅读的内容和一些极端的理论、观点，开卷不一定有益，所以确定正确的文本来源是关键。

文本从权威部门制订的书目中来。2003年，教育部颁布《全日制义务教育语文课程标准（实验稿）》，第一次明确推荐初中生课外古诗词背诵篇目，列出必读的文学名著，具体规定初中学生课外阅读总量达到400万字以上。如初中组的书目有：《伊索寓言精选》《钢铁是怎样炼成的》《西游记》《水浒》《骆驼祥子》《朝花夕拾》等。还建议："当代文学作品，建议教师从'茅盾文学奖'获奖作品以及近年来发表的各类中外优秀作品中选择推荐；科普科幻读物和政治、历史、文化各类读物可由语文教师和各有关学科教师商议推荐。"推荐的书目和建议，在《义务教育语文课程标准（2011年版）》有所修改，推荐书目增加了路遥的《平凡的世界》、夏绿蒂·勃朗特的《简·爱》等文学名著。

文本从教师推荐书目中来。语文老师对自己学生的语文基础、兴趣、心理特征熟悉，可为不同的学生开列不一样的书目。推荐书应以文学作品为主，兼及社会科学、自然科学和其他各类书。应考虑中学生阅读的年龄特点、阅读趣味和习惯，以提高学生阅读兴趣。

文本从学生交流书目中来。除了教师给学生推荐书目，应鼓励学生之间互相推荐、交换好的书；鼓励学生捐献书，成立班级图书室，使课外阅读的文本来源多样化、丰富化、健康化。

第七讲 写作教学

    学生写作有一个复杂的心理过程，涉及注意、感知、记忆、想象、思维、情绪等多种心理活动，以观察、想象、思维、阅读等能力为基础。写作训练既是字、词、句、篇的综合训练，又是多种心理活动的综合训练，也涉及对学生认知能力、情感态度和价值观等方面的提升。写作水平的高低，是衡量学生语文素养的重要尺度，也是衡量教师教学成效的重要尺度。因而，写作教学历来是语文教学的重点和难点。

一、写作教学目标

    新课标提出了义务教育阶段的作文教学目标："能具体明确、文从字顺地表达自己的意思。能根据日常需要，运用常见的表达方式写作。"在这一总目标下，对初中阶段的写作目标作了具体规定，突出特点在于：

    第一，强调写作教学的"生活本源"理念。以往的写作教学，十分强调文章的思想性，"思想性"本身又有明确的指向，教师强调学生在作文中要表达伟大的理想、积极的意义、高尚的情操等，没有把学生真实感受的书写放在第一位，学生作文素材老套、观点陈旧，没有中学生应有的青春气息、独特视角和真实的心灵之声也就不足为怪了。这种教学扭曲了写作本应有的个人表情达意功能，造成学生作文说假话、大话、空话的现象。中学生还是少年，在社会化的过程中会遇到酸、甜、苦、辣等种种不同的人生经历，会有各种各样的生活感受和体验，会产生喜、怒、哀、乐等许多丰富的感情。这些感情，很难用一个标准、一个尺度衡量，它们都是真实的存在。作为教师，不能因为抒发了某种情绪就以"思想不健康"之名把学生的写作一棍子打死，要允许学生的思考不同于成人，允许他们对生活有一些片面的理解。新课标明确指出："写作要有真情实感，力求表达自己对自然、社会、人生的感受、体验。"这一要求集中体现了"生活本源"的教育理念。学生并不是没有生活体验，而是缺少感悟生活的意识，对身边发生的事情视而不见、充耳不闻，想不到哪些事情值得一写。写作教学要回归生活，就是要教会学生热爱生活、观察生活、体验生活、思考生活，从生活中寻找写作的源泉。因此，要引导学生进行生活化作文练习，观察生活细节，结合自己的独特经历和不同思考，表达自己的真切体验和真情实感，从看似平淡、雷同的生活中找到写作的灵感和动力。

第二，强调写作教学的"学生主体"观念。新课标指出："写作是运用语言文字进行表达和交流的重要方式，是认识世界、认识自我、创造性表述的过程。"要促使学生"多角度观察生活，发现生活的丰富多彩，能抓住事物的特征，有自己的感受和认识，表达力求有新意"，"写作教学应贴近学生实际，让学生易于动笔，乐于表达，应引导学生关注现实，热爱生活，积极向上，表达真情实感"。在写作教学中，"为学生的自主写作提供有利条件和广阔空间，减少对学生写作的束缚，鼓励自由表达和有创意的表达，提倡学生自主选题，少写命题作文，加强平时练笔指导"。这一要求主要体现了"学生为主体"的教学理念。写作教学的整个过程都要把学生放在首位，从学生的角度出发为学生解决"为什么写""写什么""怎么写"的问题。"为什么写"是写作兴趣和写作动力问题，学生对写作是喜欢还是畏惧，是否有表达的愿望；"写什么"是写作素材的积累问题，学生是有话可说还是没话可讲，平时是否注意积累储备；"怎么写"是写作知识与技能的问题，学生是否了解必要的写作知识，是否掌握常用的写作技能。在实际的教学中，很多教师关注的是第三个问题，写作指导多是围绕写作知识和技能进行，对前两个问题不太重视，好像学生自然应该想写，也有的可写。其实，很多学生并不懂得"多角度观察生活，发现生活的丰富多彩"，做不到"抓住事物的特征"，谈不上"有自己的感受和认识，表达力求有创意"。所以，教师要以学生为主体，强调学生个人的自由表达，鼓励学生写自己感兴趣的内容、体裁，使学生建立写作的自信心，鼓励学生之间相互沟通，分享写作的快乐。从学生的需要出发进行写作指导，才能让学生想写、有的写、会写，写出好文章。

第三，强调写作教学的"能力核心"理念。新课标提出"应注重培养学生观察、思考、表达和创造的能力"。学生的写作能力是一种综合性的能力，突出表现在审题、立意、搜集材料、选材和组材、语言表达、修改等几个方面，要求学生能够根据表达的需要，确立中心，搜集材料，谋篇布局，清楚叙述，修改加工。初中生的写作能力具有从"事"到"情"再到"理"的发展、提高过程。七年级阶段，应以简单的写人记事、写景状物的记叙文体写作训练为主。教师要让学生掌握记叙的基本技能，如叙事的基本要素、记叙顺序、五种表达方式、常用的人物描写方法等，写作时做到突出中心、叙事具体、描写方法恰当、注意细节描写和修辞的运用；写景状物的文章要让学生学会从多个角度观察、描写。还要培养学生良好的写作习惯，并指点他们以学习写作为目的的读书方法及如何做读书笔记。八年级阶段，应以生动的写人记事、写景状物的记叙文体写作训练为主，以说明文、简单应用文为辅。训练点着重在环境描写和侧面描写，记叙中恰当地抒情、议论，巧妙运用动词和形容词，能运用包括设置悬念、铺设线索、欲扬先抑等在内的叙事方法。注意引导学生做生活的有心人，记录真实的生活，抒发诚恳、真挚的情感。九年级阶段，应以复杂的记叙文体和简单的议论文写作训练为主。训练学生正确审题、布局谋篇、迅速行文，全面提升写作水平。引导学生将写作与生活进一步融合，将人生的感悟、生命的思考融入写作，自如地运用写作来审视自我、关照他人、体悟人生，追求"我手写我心"的写作境界。

写作过程既是写作能力的提升过程，又是独特生命体验的形成和表达过程。学生写作能力的提升不是直线发展的，在教学中，要注意各目标之间环环相扣，循序渐进、螺旋上升地进行教学。

二、写作教学策略

（一）使学生养成积累的习惯

学生应养成随时积累的习惯。阅读时，随时将可用的写作资料分门别类保存下来。养成写日记的习惯，将每天见到的人、事、物记下来。把一些作文范文抄下来，揣摩其中值得学习的地方，有意识地模仿。还要学会同学之间的合作积累，相互交流材料，共同讨论。

1.阅读积累

写作从阅读开始。"读书破万卷，下笔如有神。"阅读积累包括课上积累和课下积累两方面。教科书课文都是经过筛选的，名著名篇，文质兼美，陶冶学生情操，启迪智慧。教师应在课堂教学过程中强调阅读的重要性，在阅读方法上进行有针对性的训练，使学生掌握基本的阅读积累方法，只有这样，学生才能重视起来，在写作中灵活运用，给作文增添一道道亮丽的色彩。要让学生养成课外阅读随时积累的习惯。学生的课余时间，很大一部分用于阅读。教师应当引导学生阅读经典，学习积累。要引导学生调动课外各种资源，包括校内外的图书馆、阅览室、书店、网络等，千方百计寻找经典阅读，从妙语佳句开始，逐渐深入作品的人物、结构等。还要让学生养成背诵的习惯，见到好的作品，比如一些古典诗词、散文，甚至一些小说的片段，都可以熟读甚至背下来，现代文学中一些经典作品，比如鲁迅的一些散文，都可以是背诵的材料。这些材料的积累，会丰富学生写作的"资料库"，在一定时候充分发挥作用。

2.范文积累

在作文教学过程中，教师要引导学生欣赏和积累优秀范文，这些文章是同学段学生的作品，有天然的亲近感，也使学生在观察、积累、写作过程中主题的确定、视角的选择、词语的运用、结构的调整中悟到一些技巧，多看学生优秀作文可以提升写作空间。范文的选择范围很广。期刊中的范文，像《中学生作文》《儿童文学》等专门登载的学生文章；每年的中、高考都会有一些文章登在报纸杂志上，师生可以将其积累起来，共同分析；再就是学生日常的作文，教师可以采取墙报、传抄等方式，让学生参考、学习。如果选读带有评语性质的作文，相信会取得事半功倍的效果。

3.练笔积累

教师应指导学生利用各种机会练笔。应督促学生养成写日记、周记的习惯，教师每周查阅，对日记所记，从观察、叙事、思考等方面予以评价，或者与学生以书面的形式对话，这对学生的写作本身就是一种鼓励。应利用墙报、板报、手抄报等形式，指导学生创办栏目，鼓励同学尝试不同类型文章的写作，可长可短，文体多样，自由活泼。在课堂教学中，利用组词、造句、片段练习等多种形式，日积月累，随时对学生进行语感训练。集思广益、取长补短，成立交流小组，利用自习课或作文课，对一阶段的写作情况进行师生交流和点评，对欠佳的作品提出改进意见，对优秀的作品提出表扬并作为范文示读。

（二）尝试推广自由写作

作文课是语文课的基本课型。以往作文教学基本流程是，教师布置作文题，解题，然后要求学生在规定的时间内完成一篇600~800字的文章。下一次作文课，教师对学生的文章进行评点，采取范文示读、错误列举等方式，要求学生学习、改进。命题方式包括教师直接命题，如《说说我自己》《我的父亲》《我的母亲》《最有趣的一件事》等。有时也采取仿写、扩写、续写、缩写等形式。这些作文形式有利于教师的把控，但也会有学生对文题理解不深、不透，难以下笔或无话可说。由于教师过于强调思想性，日常生活中的真实感受不合"积极向上"的思想标准，作文往往假话连篇，空洞无物，写作难以成为学生的生活需要，学生为完成作业而写作，失去了写作的本来意义，久而久之，就会厌烦写作，对写作产生畏难情绪。因此，写作教学的改革，应当从写作本意的恢复开始，一句话，就是让学生把写作变成自我需求。虽然我们不能完全取消课堂作文以及教师命题等形式，但可以尝试在命题上贴近学生，以细节命题方式代替现在流行的大而化之的命题方式，我们也提倡给学生更多的时间尝试自由写作。

自由写作即是不受限制和拘束，让学生自由命题、自由选材、自由构思，倡导"我手写我口"，它和练笔积累阶段的写作不同之处在于，此时所写都是教师指导或自由发挥式的文体写作。可以结合课文自由创作，如安徒生的《皇帝的新装》是一篇童话，马致远的《天净沙·秋思》是一首小令，韩非子的《郑人买履》是一则寓言故事，学生在写作时，教师可以鼓励学生尝试用新的体裁对课文内容改写，或者利用自己感兴趣的、擅长的体裁进行改写。把《皇帝的新装》改成话剧，把《天净沙·秋思》改成一篇充满凄苦愁楚之情的抒情散文，把《郑人买履》改成一篇讽刺小说。这样的自由写作不仅加深了学生对课文的理解，还能放飞想象力，锻炼写作能力，提高写作水平。

给学生自由写作的方式还有许多，可以采用以下几种写作训练形式：

第一，随笔。老师完全可以鼓励学生记录下自己的日常生活经验，引导学生把这些点点滴滴写成大大小小的文章，装订成册，编制目录，为自己的书起个个性化名字，每个学生就拥有了属于自己的"随笔集"。

第二，班级日报。按学号轮流办，文章必须自己写，这些小文章往往篇幅短小但是内容精悍，充满了学生青春气息，富有生活情趣。

第三，读书笔记。教师每学期都可以根据实际情况对学生提出课外阅读的要求，鼓励学生写读书笔记，记录自己的心得体会。

第四，书信。教师应该鼓励学生经常给同学、家长或其他人写信，特别是老师，或就语文教学提意见，或就班级事务出主意，等等，既锻炼了他们的文笔，又锻炼了他们的思考能力，还增强了他们参与意识，一举多得。

第五，小说。在学完一些文学名篇后，教师可以鼓励学生大胆想象，完成"续写"，也可以鼓励学生勇敢尝试写一些反映自己生活的小说，或根据看过的电视剧、动画片的情节，写一些儿童小说、童话等。

第六，诗歌。老师可以鼓励和指导学生尝试小诗创作，锻炼学生的想象力和表现力。

各种各样的写作形式的练习，对于中学生保持写作新鲜度与热情会有很大帮助，是唤起写作兴趣的重要方法。同时，老师要利用和创造一切机会让学生的作品充分展示，增加读者数量，以此提高学生的写作积极性。如：教师可以利用、组织学校或者班级的演讲比赛机会，鼓励学生写讲演稿；用书信与朋友交流情感；当范文在班里宣读；当范文张贴；在班刊或校刊上发表；推荐到校广播站；推荐到正式刊物发表；整理成册随笔搞班级展览等。文学园林、文学社团、文学类报纸、校园广播类的平台都是学生展示自己杰作的天堂。这些方法都能够提高学生写作的主动性，让学生感到作文不仅仅是练习，也不仅仅为了应试，而是在生活中有实际的用处，从而在生活中自觉地学习写作。教师也应抓住时机开展相关写作教学，指导学生掌握取材、构思、起草等方面的技巧，引导学生养成良好的写作习惯；将写作知识自然融入教学过程中，让学生在教学的每个环节中理解、接受和使用这些写作知识。学生发现写作是一种生活需要之后，才会干劲十足，兴趣盎然，写作越持久水平提高就越快。

(三)扩大实用文章写作范围

朱自清认为"写作练习是为了应用"，基于此，"中学生的写作训练该拿报纸上和一般杂志上的文字作贴近的目标，特别是报纸上的文字。报纸上的文字不但指报纸本身的新闻和评论，并包括报纸上登载的一切文件——连广告在内——而言。这有三个好处。第一，切用，而且有发展；第二，应用的文字差不多各体都有；第三，容易意识到各种文字的各种读者"①。朱自清提出的"中学生写作训练"的"体"，显然要比现行课程标准规定的"文体"范围要宽泛得多。今天看来，是否用报纸、杂志上的文字作为写作参照目标是值得商榷的，但是朱自清先生这段话给我们的启示在于，本着"切用"的观点，我国作文教学特别是实用文写作范围是需要拓展的。

如果仅从新课标对"写作"的规定来看，似乎与以往的大纲相似，如在第四学段，新课标与"应用文"有关的表述为："根据生活需要，写日常应用文"。但是，如果考虑到新课标提倡的"综合性学习"，情况就不一样了。新课标在"综合性学习"部分写道：第四学段能"独立或合作写出简单的研究报告"，"能用文字、图表、图画、照片等展示学习成果"。写研究报告等是学生在综合性学习或研究性学习中必须具备的能力，必然要被作文教学所关注，正是从这层意义上，新课标在写作取向上扩大了实用性文章写作的范

---

① 中央教育科学研究所. 朱自清论语文教育[M]. 郑州：河南教育出版社，1985：22-23.

围。十几年来，我国初中语文教材编排的应用文学习与训练的文体有消息、通知、启示、广告、声明、书信、介绍信、证明信、公开信、倡议书、申请书、感谢信、表扬信、慰问信、贺词、贺信、贺电、会议记录、合同、计划、海报、实验报告、调查报告、总结、产品说明书等。这些文体包含两类内容：一类是所谓"日常应用文"，如消息、书信、演说等；一类是会议记录、书信、海报等。前一种是教学重点，有课文、有练习；后一种大多数并没有得到足够的重视。至于"调查报告""实验报告"等带有学术性的文体，教学中一般只是作为阅读材料让学生稍加了解。这是我们应切实改进的。

（四）使学生养成反复斟酌、认真修改的习惯

教师要在作文教学过程中让学生逐渐养成多次修改的习惯。应该告诉学生，优秀的作文不可能一挥而就，要像雕琢璞玉一样反复修改。不少学生虽然平时有大量的练笔，但写作水平仍然没有明显提高，重要原因之一就是没有反复斟酌认真修改的习惯。写出草稿，就要逐字逐句地润色加工，直到找不出明显的毛病。在修改过程中，需要借助语感与语法修辞常识，有比较强烈的自我审阅意识，对文章提出更高要求，力争改出自己最好的水平。修改之后，还要主动与老师、同学交流写作、修改的心得体会。可以互评互改，分享感受，沟通想法。作文训练应该重质不重量，与其让学生机械地写出十篇文章，倒不如让学生把一篇习作通过反复认真修改而变成佳作效果来得好。语文教师要让自己的学生感受到作文认真修改后会脱胎换骨，越来越好，同时在修改中积累写作的经验。

（五）使学生养成保持文面整洁、书写规范的习惯

学生书写潦草，究其根源，有时候是为了追求书写速度，学生坦言，语文考试时往往需要写很多字，如果慢了，就容易答不完卷子，提高书写速度就成了必然。字迹的潦草、缺乏词汇、句子不顺畅、病句连篇、不正确使用标点符号等，都是片面追求速度付出的代价。教师应该针对学生书写方面提出更高要求。汉字，要在端正基础上逐渐提高书写速度，随着时间的推移逐渐定型，形成习惯。这样要求，不仅有利于练出一手好字，还能养成认真细心、刻苦顽强的品质，还有助于培养高雅的情趣。中考评卷时，每位老师必须在很短的时间内批阅大量考场作文，工作量非常大。卷面潦草会严重影响阅读情绪，相反，整洁的卷面也会使人心情愉悦。书写规范，字迹清楚，文面整洁，可以有效避免意外丢分。

(六)认真评改作文

教师的作文的评改应以鼓励、对话为原则，使学生获得成功的体验，有进步感，这样才会有提高写作水平的动力。教师也应喜爱写作，经常写作，甚至常常在报纸杂志上发表文章，这样一方面在评价作文时有的放矢，另一方面，懂得写作的甘苦，对学生写作的态度会保持一种发展、宽容的心态。

教师应该用"显微镜"努力发现学生习作的长处、优点，然后再用"放大镜"赞美这些长处与优点，对差生尤其需要宽容，不能把自己看作评委，要用欣赏的眼光去看学生作文，尽量使用鼓励和商榷的语气，少用批评与指责的话语。不要试图用一次作文就能解决所有的问题，要给学生逐步提高的时间，只要有一部分内容甚至几句话写得好了，教师就要抓住并给予好评。对他们取得的每一点进步都应进行表扬。教师的评语应当写得恳切、细致，不能以简单的"主题明确、语言通顺、结构完整"等草草了事。即使是指出缺点，只要保持着诚挚的态度，学生会有所得，会理解你的做法。对一些优点和缺点都很鲜明的学生及其作文，应当试着用旁批的方式批改，教师看得认真，批得认真，学生自然也会重视，耐心修改。教师还可以利用分数等激励措施，平时作文只要态度认真，符合要求，打分就不应过低，要敢于给高分，而且一学期打分应呈逐渐上升之势，让学生感到自己写作水平持续上升，对于写作产生兴趣，形成良性循环。

第八讲　口语交际教学

一、口语交际教学目标

口语交际是在一定的语言情境中相互传递信息、分享信息的过程，是人与人之间交流和沟通的基本手段。良好的口语交际能力是现代公民的重要素养。"口语交际"以交际为目的，以语境为支撑，以互动为特征。交际双方为了特定的交际目的，要不断地发出信息，接受信息，听者和说者的地位随着交际的需要不断转换。他们既是听者，同时是说者。说者要根据听者的情绪反馈，及时调整自己的语气、语调和语言材料，听者又得根据说者的表述，及时作出应答。口语交际就是一种双向互动式的圆形语言实践活动。

新课标对初中生口语交际教学目标作了详细的规定："注意对象和场合，学习文明得体地交流。耐心专注地倾听，能根据对方的话语、表情、手势等，理解对方的观点和意图。自信、负责地表达自己的观点，做到清楚、连贯、不偏离话题。注意表情和语气，使说话有感染力和说服力。根据需要调整自己的表达内容和方式，不断提高应对能力。讲述见闻，内容具体、语言生动。复述转述，完整准确、突出要点。能就适当的话题作即席讲话和有准备的主题演讲，有自己的观点，有一定说服力。讨论问题，能积极发表自己的看法，有中心、有根据、有条理。能听出讨论的焦点,并能有针对性地发表意见。"这一表述从日常交际的礼仪规范、倾听能力、表达能力、应对能力几方面对中学生的口语交际的能力目标做了界定。所谓倾听能力，不仅指一般意义上的"听力"，主要的是指对语音的感知、辨析等一系列心理过程构成的接收语言的能力。倾听的目的是交流和吸收，在把握对方话语所表达信息的基础上，将其转换生成为自己所理解的意义，要积极吸收对方话语中有用的信息，欣赏其独到的见解，但要质疑说话者传达的有误信息。所谓表达能力，指的是说话者将自己的思想意识转化为有声语言的能力，包括说话时的声音响度、态度表情、语言清晰度、连贯性等。所谓应对能力，是对对方语言及其所表达的思想意识的反馈能力。在口语交际活动中，说话人根据语言环境和听话人的神态、表情、语气等，细心观看对方的面部表情和动作，根据需要及时调整自己话语的表达内容和表达方式。口语交际能力，具有临场性、情境性、生成性、开放性和综合性特征。

二、听话训练

听是人们学习语言基本的途径之一，提高听话能力是人们生活、工作、学习所必需的，也是为了适应日趋现代化的社会的需要，同时我们认为，加强听力训练可以发展学生的智力。

听话能力包括注意力、辨音能力、理解能力、记忆能力、欣赏能力构成。注意力要求专心倾听，合理分配注意时间；辨音能力则要求对声母、韵母、声调、音节的轻重、句子的停顿有敏感的捕捉能力，将其迅速转化为对对方思想意识的判断；理解能力包括对对方使用的方言词、外来词、同音词、成语典故等词语的准确理解，对对方使用的不同句式，如陈述句、疑问句、感叹句、祈使句，单复句，省略、语序变化所包含的意义、感情、"话外音"等的准确判断，对对方的一段话要善于分析、综合、筛选、归纳，理出线索，明确中心。记忆能力包括对对方讲话的第一次感知能力，以及边听边记边整理的能力，欣赏能力包括对对方讲话的内容是否充实、是否完整、是否深刻、是否逻辑清楚，是否简洁、形象、生动等判断能力。

听话训练首先要注意对方说话的重音。如"秋天大雁为什么要飞到南方？"这句话，如果把重音放在"为什么"上，意思是要问大雁秋天飞到南方的原因，而把重音放在"飞"上，意思就会变成询问大雁选择"飞"而不是其他旅行方式的原因。这需要听话者对对方语言重音做出准确把握，否则容易答非所问。其次，要看具体的语言环境。比如我们听到"你可真好哇"一句话，如果只有一个梨子，哥哥让着弟弟，将梨子给了弟弟，弟弟说"你可真好哇"表示的是弟弟的感激；如果哥哥把梨子抢过来吃了，弟弟没有办法，气愤地说"你可真好哇"，这句话就是"你可真不好""你可真差劲"的意思。相同的语句放在不同的语言环境中，就会产生不同的效果，所以听话的时候一定要注意说话者所处的语言环境。再次，要注意理会对方话中的潜台词。林肯就任总统后，还有一些参议员表示不屑，曾羞辱林肯是"鞋匠的儿子"，在一次演讲中，林肯是这样回击的："我非常感谢你使我想起我的父亲。他已经过世了。我一定会永远记住你的忠告，我永远是鞋匠的儿子。我知道我做总统，永远无法像父亲做鞋匠那样做得那么好。"短短几句话，使整个参议院一片静默。"我永远是鞋匠的儿子"，潜台词是"我的出身无法改变"。"我知道我做总统，永远无法像父亲做鞋匠那样做得那么好"表明"鞋匠能做得很好，做总统也能做得很好，只是我还有许多不足，我还要继续努力"。参议员羞辱林肯，因为林肯是鞋匠的儿子，来自社会的底层。在他们的意识中，这样的人是没有能力担起总统这样重要的职责。参议院里表面的静默，是参议员们不平静的内心表现，他们肯定想到了林肯的宽容，直面现实的勇气，他的追求精神，也肯定意识到这样的人是能够担起总统职责的。只有理解了林肯演讲中的潜台词，才能真正理解参议员们态度的变化。除此之外，还要注意说话人的身份和地位。例如，如果我说"翠娟，电话"，翠娟可能不去接，因为我们经常开玩笑，如果是校长这样说，她就一定去了，因为校长从来不开玩笑。

三、说话训练

口语表达范围广，频率高，借助声音、表情和手势传达思想情感，口语交际中，说话要生动、亲切、做到通俗易懂，并根据情势随时调整。说话训练有利于生活、学习和工作，有利于培养思维能力、写作能力，对听、读能力培养也有促进。说话训练中，应努力锻炼自己的思维能力，加深思维的深度，提高口语表达中的灵敏反应度和逻辑性；应当提高自己的语言组织能力，语言丰富、表达准确，这就需要平时加强语言修养，多读书，尤其是多读名篇；应当有计划地加强口语修辞训练，做到表达口语化，简约明晰，连贯推进，生动活泼，能有效借用语音手段表情达意，同时应当注意纠正表达中的一些问题，如口头禅、过度使用关联词等。

说话训练可以结合阅读教学进行。课堂教学有很多环节可以用来训练学生说话，如朗读、答问、复述、谈读后感、讨论等。要努力增加学生说话训练的机会，注意课堂发言的质量，发现发言中的优缺点，及时对学生进行说话指导。说话训练还应与读写训练结合起来，使之互相促进。阅读教学中的说话形式多种多样，同一形式要求不同而难易有别，要根据学生实际情况和教学需要合理安排，做到既有训练重点，又能有机结合，有趣有序，综合进行。说话训练还可以和作文教学结合起来。口头语言与书面语言密切联系，二者结合，互相促进。布置了作文任务后，可引导学生就立意、文体、选材、构思等方面谈谈个人打算，相互启发，打开思路。作文讲评课也可以让学生先谈写作体会、互相评议。还可以进行一些口头作文练习，训练立意、构思和遣词造句的能力，这对发展学生说话能力有不可忽视的作用。有条件的学校应当开展丰富多彩的课外活动，从中训练学生的说话能力。如情景表演、演剧、编演课本剧、演讲、辩论、读书报告、口述见闻、讲述故事、即席专题发言、现场观察描述等都是非常好的形式。还可以通过模拟社会生活，如接待、采访、请示、汇报、致辞、导游解说，自我介绍、慰问病友、商讨难题、电话对话、礼貌应对、法庭辩论、售货员与顾客谈话、医生与病人谈话等形式，在规定的具体场景中训练学生的应答能力。

说话训练可以分三步走。

第一步，鼓励学生敢于说话。根据实际情况，逐步提出要求，如先完整、清楚地说一句话，再恰当、准确地说一段话；先把话说清楚明白，再把话说得生动鲜明；由读到说，由说片断到说整篇，由照稿说到照提纲说，到打腹稿说，到即兴说。还可以采用现身说法的方式，请平时不敢在人前讲话，经过训练说话能力提高较快的同学介绍自己的经验，把全班说话训练带动起来。

第二步，引导学生乐于说话。为学生提供有趣的说话题目，让学生有话可说；通过开展有趣的活动，激发学生的说话欲望；通过举行讲演比赛，让学生从成功的反馈中培养说话兴趣。

第三步，训练学生善于说话。为学生较系统地介绍说话知识，如怎样写发言稿，怎样练习发音，怎样增强说话的形象性和说服力，说话的姿势仪态，各种场合下说话的注意事项，敬语、谦称的使用等；指导学生听广播录音，请朗诵好的人做示范表演；可以把每个学生经过反复练习后的讲话录音播放，逐段审听。

第九讲　语文课程评价

一、基本概念

　　语文课程评价运用教育评价的理论、方法和技术，收集教师教学理念转变、教学方式改进、教学管理方法提升和学生语文知识积累、学习方法改进、思维能力和情感世界得到升华的教学事实信息，用科学、合理的标准和方法进行的价值判断。它既是选拔、甄别的手段，又是改善教学设计，改进教师教学、学生学习，有效促进学生发展的依据；它既包含学生学业成绩的评价，又包含学生学习过程中的方法的习得、情感态度价值观的养成；它既包含定量的评价，又不忽视定性的评价；它既包含教师评价，又有学生自我评价、家长评价、社会评价以及它们之间的相互评价。

　　随着对语文学科性质以及转变语文学习观念认识的逐渐加深，语文课程评价的标准、方式、评价对象、内容逐渐发生着变化。评价对象由教师中心转向学生中心，评价的学科特点由单一工具性转向工具性与人文性的结合，评价的价值取向由知识重心转向素养重心，评价功能由侧重甄别和选拔转向侧重发展。由此开始出现以下可喜的现象：评价主体实现了教师评价、学生评价、家长评价、社会评价等的多元与互动，同时加强了学生的自我评价和相互评价，促进学生主动学习，自我反思。以学生个体为主要评价参照标准，从学生的经验、实际出发，既评过程又评结果，既评课内又评课外，既评学习质量又评学习态度，多层次多角度地反映学生真实的语文水平，评价方式实现了多元化，除了纸笔测试以外，平时的行为观察与记录、问卷调查、面谈讨论等各种方法也被纳入评价体系中，定性评价和定量评价相结合，更加重视形成性评价。对学生语文成绩的评定，除了期中、期末的综合书面考试以外，还包含学生平时成绩的考核，把反映学生语文能力的写字、听记、说话、写作、作业、读书摘记、课内答题、诵读等方面的情况都纳入考核范围，激励学生注意各项知识、能力的均衡发展，培养学生良好的语文习惯，实现了评价范围的扩大。

二、日常教学中的语文课程评价

1.突出整体性和综合性评价

新课标强调："语文课程评价要体现语文课程目标的整体性和综合性，全面考察学生的语文素养。应注意识字与写字、阅读、写作、口语交际和综合性学习五个方面的有机联系，注意知识与能力、过程与方法、情感态度与价值观的交融、整合，避免只从知识、技能方面进行评价。"

学生的语文素养是综合的，涉及知、情、意、行等许多不同的侧面，包括听、说、读、写的言语行为，支配这些行为的智能因素，参与和支配这些行为的直接心理因素，以及作为言语行为的背景要素等。语文课程本身又是一个整体，是识字与写字、阅读、写作（包括写话、习作）、口语交际和综合性学习的有效统一。语文课程的评价就应在学生素养的综合性特点和语文课程的整体性特点基础上进行，不能像以往那样只重视阅读与写作的评价，应当字不离词、词不离句、句不离篇、篇不离章，减少单项性测试，加强综合型测试，在多种知识之间的联系、理解、应用，听、说、读、写等多个侧面以及语言的实际应用和创新中评价学生的语文知识和能力。就评价领域而言，不能仅限于知识与能力，即认知领域，还要从过程与方法、情感态度和价值观方面进行全面评价。也就是说，评价既要对产生这一学习的结果进行描述和判断，又要对产生这一结果的多种因素和动态过程进行描述和判断；既要看到学生学习智力发展的一面，也要看到他们的动机、兴趣、情感、态度、意志、性格等非智力因素作用的一面。

2.突出具体语境中理解语言的能力的评价

语境是言语活动赖以发生和进行的前提条件。人与人之间的交际不是在真空中进行，都发生在特定的时间、地点和背景之中。无论是口头语言还是书面语言的交际，言语发送活动，就是作者和说话人不断地适应语境，生成言语的过程。言语接受活动，就是读者和听话人依据言语成品，不断还原语境，理解语意的过程。语境既是言语交际过程中的主要矛盾焦点，又是言语交际过程中主要矛盾最终获得解决的前提条件。结合语境评价语文知识，学生获得的知识是鲜活的。以往的语文考试，尤其是知识性考试往往是脱离语言环境考孤立的知识，或者以技术操作来代替学生自主的体验和感悟，所以容易走向偏题、怪题。比如"五颜六色"，学生懂得它的意思，也不会用错，但有的练习题挖空心思做这样的设计："五颜六色"形容什么？"五""六"各形容什么？再如一、二年级的学生才刚刚学习和认识标点符号，但一些练习、考试是"四选一"的选择题，要他们在四个备选标点符号中剔除三个错误的，选择一个正确的。其实学生学习，先入为主很重要。如果给他一个句子让他自己标点，要错也就犯一个错，而把错误的正确的混在一起让他辨别，一开始就把他的思维搞糊涂了，这样的练习或考试就容易将学生搞垮。因此，语文考试要符合语文学科的特点，就必须加强语境因素。

3.主观式试题与客观式试题相结合，应更重视主观式试题

从某种意义上说，定量评价和定性评价在一份试卷中的区别，主要体现在客观式试题和主观式试题的不同编制上。这是因为语文考试的答案既有确定的一面，又有不确定的一面。一般来说，具有确定答案的容易量化，比较适用于编制客观式试题，而答案具有不确定性的则可以描述过程，比较适用于编制主观式试题。所以从题型的角度看，没有哪一种题型是万能的，关键在于合理的编制。

根据语文学科的特点，语文考试中主观式试题的编制应该是主要的。主观式试题的本质特点就是注重过程，注重语言应用，较之客观式试题，更容易检测学生的语文实际水平。就文学作品的阅读测试来说，它的重点是作品的形象、意境和语言。文学形象的多义性，决定了人们对文学形象及其社会意义理解的不确定性，不能简单地用一个统一的固定答案评价学生，限制学生的思维，要鼓励学生不满足一种结论，提倡多角度地探索事物的本质。比如，杜牧的《清明》绝句："清明时节雨纷纷，路上行人欲断魂。借问酒家何处有，牧童遥指杏花村。"若要检测学生是否真正懂得"纷纷"在诗中的作用，就应该看他们的具体表达，而不宜采用选择题。如果学生能够看出"纷纷"既写春天的雨景，又在形容雨中行人的心情，是典型的情景交融写法，那么他们就具备了对这一词语的鉴赏能力。至于评分标准，只要抓住景与情两个要点，语言表达完全可以放开。如果我们习惯于用一个标准答案衡量学生，或者采用编制选择题的形式让学生选择，那他们永远不可能形成自己的思想。再如，我们的一些试题喜欢让学生回答"这里运用了什么修辞方法"，这样的题目远没有让学生用这一修辞方法造句，或者按照某一句式仿造一个句子来得好。因为懂得某种修辞方法只是术语的考试，而造句、仿句是语言的实际应用，是对学生语言实际应用能力的测试，较之理解修辞方法的测试，更能显示学生的语文学习能力。

4.加强对语言文化积累的考核

语言文化就是以语言文字为载体的精神遗产，具体表现为两种类别：一

是文学，二是典籍。看学生语言文化的积累，就是看文学和典籍两个方面的修养，看能否把语言文字包含的文化素养转化为自己的文化素养。过去由于我们习惯于强调标准答案，加之语言文化方面的修养又不像单项知识那样易于检测，导致语言文化方面修养的培养在实际教学中长期不受重视。旧有应试教育体系和语文考试模式，导致学生少读经典，甚至不读经典。

语文课程要全面提高学生的语文素养，其内容在满足实用的同时，必须加强其经典性。语文学习是累积性的，不容易立竿见影，因此语文考试需要加强对经典、对语言文化积累的考核。现在，语文课程标准推荐了课外阅读书目，我们可以运用考试这一杠杆促进语文学习。考与不考效果大不一样，是涉及语文教育根本的问题。语言文化积累怎么考，完全可以研究，方法一定会多种多样。其实，许多情况下简洁是最好的，有些考法看起来很简洁，但实用、有效，如采用读写结合的形式就是一种很好的考试方法。一篇文章或一个材料，你读懂了没有，有没有文化积累，看你的表达就一清二楚了。考核语言文化的积累还要注意体现语文学习的阶段性特点。不同阶段语文学习的内容不同、方法不同，考试评价的方法也要有所区别，也不能把语言文化积累的考核，简单地理解成只考查语言文学常识，做一些识记性的填空题、选择题等。

第十讲 语文教学基本技能

语文教学的基本技能包括：教学设计，说课，教案的写作，课堂教学中的导入、过渡、讲解、收束艺术，教学过程中的提问艺术、事实情境描述、虚拟情境设置，以及教学能力提高的方式等。

一、教学设计

教学设计是在教学前根据课程标准、教材、学情确定教学内容和教学策略的过程。大到整个学段的教学任务，小到一篇课文，都属于教学设计的范畴。就一篇课文来说，包括教学目标、教学重点和难点、课型、课时数、每节课教学内容、作业、教学方法等内容的安排。在教学设计过程中，需要把握两个基本点：一是教师应当将自身素质的提升作为语文教学的起点，树立"善读"才能"善教"的基本理念，多读书，读好书，讲求读书的方法，从教学实际出发有意识地积累材料，开阔视野，通过备课笔记的形式将自己的读书心得与教学紧密结合起来，达到服务教学的目的。二是教师教学以学生为中心，要求教师的教学设计以深入细致的学情分析为基础，语文教学的重点、难点设计有较强的针对性，有利于提高学生的语文素养。语文教学方法灵活、有创意，以学生的乐学、会学为旨归。

(一)设计之前的阅读

善读才能善教。"善读"是"善教"的前提，"善教"是"善读"的结果。教师阅读的方式、方法以及阅读的效果直接影响到语文教学目标的确定和教学策略的选择。具有解读文本的能力是对语文教师教学素养的基本要求。所谓善读，就是要对文本在主题、艺术表现方式、语言、编辑意图等方面有自己的一得之见，并以此为基础，结合学情，找到教学的切入点，使学生对教材文本的特点了然于心，对其美之所在能鉴赏、模仿，逐渐化为自己的能力。善教，是教师在阅读中就装着学生，将自己的阅读感受化作有效的教学方法，在课堂教学中根据学生的反应随时调整教学内容、方式，使不同程度的学生都有所得的过程。

研读文本要由浅入深，由表及里：把握课文思想内容、语言特色、写作思路及重难点是第一个层次；教师要善于通过语言这个桥梁，循着文本的脉络，走进文本，获得与作者最真诚的对话，通过文本，走进生活，以我们的阅历理解生活，以对生活的理解验证文本的真实性，使文本的阅读打上自己的烙印，文学作品的教学尤其是这样，这是第二个层次；根据内容的把握，形成自己的教学思路、教学创新，是第三个层次。

研读课文可从以下八种方法做起：素读助读法，评点批注法，出声诵读法，对照比较法，依样仿写法，质疑问难法，哲思妙悟法，填空补白法。从我们日常的阅读经验来说，前两种最为切实有效。

素读助读法。所谓"素读"，是指不参阅任何资料的研读。可安排在初读环节进行。教师"素读"教材的好处是能获得独特的阅读体验，并体会到学生初读文本的感受，以便对症下药。所谓"助读"，是指教师在备课时查阅大量相关文献资料，博览百家，分析揣摩，提高认识，并在浩如烟海的资料中提炼出与本课教学密切相关的内容。

评点批注法。简单来说就是批语和注释。注，是给阅读材料作注释或提示，以此来帮助阅读，根据注释的位置可以分为眉注、旁注、夹注、尾注等几种。批，是给阅读材料的思想内容、见解观点、布局谋篇、写作手法等加以品评褒贬，谈自己的感受和看法，用简练的语言写在书页的空白处，按形式来说，包括眉批、旁批、夹批、总批、课文札记等。"批注式阅读"就是运用简洁精练的文字在读物上作注释、写批语，突出重点，提高认识，启发思维，以帮助理解和评论读物并附丽于读物的读书方法。评点、批注的主要内容和方法包括炼字铸句、章法分析、主题提炼、写法剖析、拓展延伸、细节分析、类文比较等。

（二）备课笔记

撰写备课笔记是教师开展教学活动前必须进行的教学准备环节，是语文教师提高读写能力、筛选教学内容、酝酿教学策略的重要途径，也是提高教学质量的基本保证。备课笔记当是教师心血的结晶，闪耀着智慧的光芒和创造的火花，也是一节好课的先声。

下面的例子出自江苏省南通市三中唐瑞华、陆精康两位老师，他们在《五柳先生传》的阅读中，按照钱锺书先生的引导，从文中九处"不"的使用入手，理解陶渊明作品的主题，读出了心得。如果这篇课文的教学以这九个"不"为切入点，教学效果会如何呢？

向世风时俗说"不"——《五柳先生传》备课笔记（节选）

江苏省南通市三中　唐瑞华　陆精康

钱锺书先生在谈到《五柳先生传》时说："'不'字为一篇眼目"，"重言积字，即示狷者之有所不为"，"'不'之言，若无得而称，而其意，则有为而发"。钱先生之论，是解读《五柳先生传》的一把钥匙。

《五柳先生传》全文仅171字，竟用了9个带"不"字的否定性判断句，"重言积字"，"此中有深意"焉。"赞"中，陶渊明坦言心仪古朴纯厚的"无怀氏""葛天氏"社会，表白了与现实社会的格格不入。《五柳先生传》的美学价值，不独在写出了志士节操、隐士心态，还在于冷眼看世界，曲笔道世情，以自己的生活经历、人生体验，公开向世风时俗说："不！"不详姓字：对门阀世族的戏谑。不求甚解：对玄言清谈的揶揄。不吝去留：对矫情任诞的调侃。不蔽风日：对奢侈淫逸的嘲弄。不记得失：对名缰利索的讥诮。

看似平淡的《五柳先生传》是一篇"自况"之文，表现出陶渊明的审美情趣和人格价值，这是容易读出的主题。结合晋宋易代之际的时代特征、社会观念、时风世俗，我们还可以读出更为深厚的意蕴。无论是形式上还是内容上，这篇朴素、自然、清新、流畅的散文，是对华艳绮丽雕琢藻饰的时文的一种反拨；文中流淌的不趋时流、独标新格的审美意趣，则告白着陶渊明与现实世界的种种不调和。其中，美化上古社会，寄寓着对当今社会的强烈不满；遗世独立"颖脱不群"的种种思想，更是与时代精神产生着激烈冲突。陶渊明尽管不是用理性的目光对污浊的社会作全方位的审视，但是，既然认定"世与我而相违"，那么，种种悖时违俗的行为本身，便折射出对黑暗社会的一种抗争，对世俗时风的一种否定，从而闪烁出批判的光芒。《五柳先生传》敢于对时风世俗说"不"，这就是钱锺书先生所说的"有为而发"。这里，用得上一句著名的评语："莫信诗人竟平淡，二分《梁甫》一分《骚》。"①

两位老师的备课笔记很"有点研究的意思"，因为他们读出了《五柳先生传》不仅是一篇"自况"之文，表现出陶渊明的审美情趣和人格价值，还读

---

① 唐瑞华，陆精康. 向世风时俗说"不"——《五柳先生传》备课笔记[J]. 中学语文教学，2001（10）：22–23.

出了陶渊明"对黑暗社会的一种抗争，对世俗时风的一种否定"的"更为深厚的意蕴"。他们还从钱锺书先生那里得到启发，通过相关文献，详细阐释陶渊明向世风时俗说"不"的种种具体表现，解读深入，视角宽阔，为筛选教学内容、选择教学策略和应对课堂上可能出现的问题奠定了基础。

备课笔记与教案都是开展教学活动所必备的，但两者侧重点不同。备课笔记重点解决"教什么"的问题，而教案重点解决"怎么教"的问题。

写好备课笔记，是要靠广泛地阅读和积累作基石的。余映潮先生非常重视备课笔记。他认为，作为年轻的中学语文教师，在教学研究的入门处如果能有一段相当长的时间用于积累资料、提炼经验，可能于一生的教学研究都有好处。余映潮老师的几种做法很值得我们一线教师学习。首先，坚持订阅与中学语文教研教学有关的专业杂志。它们是教学新信息永远生动的源头活水。这是一种向别人"借脑袋""借智慧"的有效阅读方法。我们既能借此高效、深刻地理解课文，又能积累课文教学的详细资料。其次，资料整理。通过杂志或网络搜得资料，最为重要的还在于之后的"分类提炼"。光有大量的资料，不分类，不提炼，就大大削弱了它应有的价值。再次，对课文创造性地玩赏。它可以锻炼我们勤于思考、勤于动笔的习惯。文本解读中的一得之见是弥足珍贵的。余映潮老师提出了20多种研读课文的方法：语言卡片，美词分类，句式研究，段式研究，篇式提炼，章法分析，手法品味，笔法探究，信息提取，片段精读，课文集美，文中选文，变形阅读，变体阅读，诗联赏析，课文美读，写作借鉴，课中比读，课文联读，集合研究，本文评点，诗词句解，资料助读，等等。

教师备课越充分、灵活，上课就越得心应手。在备课方面下苦工夫，会发现别的语文教师发现不了的问题，随着问题的解决，你的探究会更加深入，视野会更加开阔。课下潜心备课，课上娓娓道来，激情飞扬，学生听讲，是一种享受，如沐春风。

语文教学的有效完成从注重写备课笔记开始。

（三）以学生为中心的设计原则

从"教师中心"转向"学生中心"是新课程的核心理念。因为学生是学习的主体。关注学生的学习、学生的学程和学生是否学会、乐学是教师的本职工作。否则，教师的工作就没有意义。

下面这则例子是河北省石家庄市杨雪娇老师的一次教学实践，想集中体现语文教学"以学生学习为核心"的教学思想。是否达到了这一目的呢？我们可以共同探究。

李白的《将进酒》，是河北大学出版社版八年级（下）第二单元的一篇课文，对八年级学生来说，学习它有相当大的难度，如对写作背景的深入理解，声情并茂的诵读，对诗歌深刻内涵和艺术手法的把握等，而这些难点，又是这首诗歌教学必须面对的重点。教师在备课阶段做足了功夫，详细评点了这首诗的内容，找不同层次的学生了解他们对诗歌的理解程度，然后决定采取相应的教学措施：扎实的教学铺垫，细致的朗读指导，透辟的诗歌评点。

教师在教学铺垫阶段重点介绍了李白的政治理想及人生规划："申管晏之谈，谋帝王之术，奋其智能，愿为辅弼。使寰区大定，海县清一。""事君之道成，荣亲之义毕，然后与陶朱、留侯，浮五湖，戏沧洲，不足为难矣。"介绍李白的经历及诗歌的写作背景：天宝元年（742年），李白应召入京，担任翰林供奉，因不见容于权贵，744年被赐金放还。天宝十一年（752年），李白与朋友岑勋被好友元丹丘邀至颍阳山居为客。本诗即作于此时。

铺垫之后，教师安排两个板块的教学活动：

活动一，诵读。一读，读准字音；二读，读对节奏；三读，读懂诗意；四读，读出情味。每一环节的"读"都有具体的指导，例如第四环节：读出飘逸豪迈之气，读出酒酣耳热之意，读出似疯似狂之态，读出愁到深处之味。

活动二，佳句赏析。让学生围绕话题"《将进酒》之'最'"，从"最夸张的句子，最励志的句子，最深刻的句子，最悲愁的句子，最豪放的句子，最难解的句子"等选项中至少选一项，找出诗中的相关句子，并对该句写出不少于60字的评点，以备交流。当然，答案不是唯一的，只为带动学生对诗歌的深入思考。最后一个选项是为了让学生质疑。在活动中，师生间的交流对话尤其重要。教师在课前写的评点文字便派上了用场，在评点交流完毕之后进行了简短讲析：诗中豪气，诗中愁绪，诗中酒味，诗中哲思，诗中章法……并请学生自选角度欣赏。

王荣生先生认为，教学设计应以学的活动为基点，在确定教学内容的时候，着重考虑学生需要学什么；在设计教学环节的时候，着重考虑学生怎样学才能学得好。在上面这个例子中，教师将调研学情放在第一位，将诵读和赏析确定为教学的重点内容，这既符合课标规定的古典诗词教学应注重培养学生的审美情趣和人文素养的基本要求，又密切关照了八年级学生的基础及学力。另外，教师还找出学生学习的节点，为学生搭建了学习的阶梯：以朗读为主线层层铺垫，步步为营，帮助学生摘到"果子"。课前，教师精读教材，并用谈话法了解学情，针对学生的具体困难，以学定教。课中，在教学铺垫阶段，几句话交代清楚作者情况及写作背景，为理解诗歌铺平了道路，言简义丰；美诗诵读，设计了四个坡度，由易到难，层层递进；佳句赏析，采取"主问题"方式，给学生一个抓手，让他们凭着自己的感受，借助评点批注，深入探究诗歌内容。之后进行师生对话，教师在充分了解学情的基础上对学生进行点拨。几个教学环节环环相扣，步步深入，符合学生的认知规律，让学生学得有效。

"以学生学习为核心"要体现在教学的各个环节中。

对语文教学来说，教学目标的确定，教学方法的选择，教学活动和教学流程的设计，首先要密切关注"学情"。只有深入地了解学情，以学定教，才能有针对性、有预见性地展开语文教学，让每一个学生每一节课都大有收获。学情分析的主要内容，宏观来说，包括分析学生心理特点、学习习惯、语文水平、认知倾向、已有经验等；微观而言，具体到一节课，要分析学生的起点能力，包括知识起点、能力起点和态度起点等。学情分析的方法，有观察法、谈话交流法、书面调查法、问题收集法（学生将问题以小纸条的形式呈给老师）、检查预习法（利用早读时间布置学生预习课文，作评点批注，教师巡视时浏览学生的评点，了解预习情况），等等。

教学过程中也要密切关注学情，及时调整教法。具体而言，可从以下几点着手：

第一，关注学生情绪。学生的面部表情、肢体语言会向我们透露他们的情绪状态，我们要用心通过这些来分析学生对课堂的参与度和对知识的理解程度，据此反观自己的教学，调整教法。

第二，关注课堂对话。课堂对话形式有多种，既可以是师生对话，生生对话，又可以是两人对话，多人对话。在对话中，我们往往能发现问题的症结所在，因势利导。所以，教师不仅要做一个引导者，还要做一个倾听者。

第三，关注课堂生成。好的课堂教学绝不是单纯演示课前预设好的教案，而是应该活泼灵动，充满生命活力，所以我们要随时捕捉师生思维碰撞时所产生的灵感，顺学而导。

第四，关注学生差异。根据学生的个体差异性，课堂上实行分层教学，课前设定层级目标，在课中根据学生的反应要做及时调整。

课后也要及时反思学情，改进教学。根据学生课堂上的学习情况，和本课的课下练习情况，教师对学生的认知水平和学习能力等有了较为系统的了解，教师可以通过教学日记的方式及时记下自己了解的情况，将自己的感受在第一时间记录下来，以便查漏补缺，为下一步或下一次教学目标的设定提供参考。如果教学过程中多次出现同类情况，教师就应当在教学日记基础上，对问题进行归类、分析，从深入而有针对性的文本阅读以及教育、教学理论入手进行反思，找出原因，将自己的日常反思上升到教育教学科研的层次。

（四）有创意的教学设计

创意，是语文教学设计的灵魂。创意可以针对一节课、一篇课文，也可以是语文教师个性化教学或教学风格的体现。有创意的语文教学设计是语文教学的魅力源泉，也是解决职业倦怠、提高语文教学效果的良方。下面是胡明道老师《狼》的教学实录，他的创意表现在什么地方呢？

请同学们拿起书和笔，自己默默地读，遇到不懂的地方做上记号。快快快。

接下来，同学们互相讨论疑难，老师分小组布置任务，每6人负责一个自然段。要完成两项任务，一是解决疑难的句子，二是说出本小组解决疑难的绝招。

学生分小组讨论。约五分钟后，老师让第一组的一名学生翻译，另一名学生指出：我们的绝招就是加一个字把古文变成现代文。

第二组：甲翻译。乙：有两个绝招，一是联系上下文理解，二是参考注释。

第三组：甲翻译。教师插问：回答我几个问题，哪是"放下""拿""互相看着"？学生一一回答。教师：我们试试"眈眈相向"。之后，师生表演。乙：绝招就是根据注释和所在语境加以推断。

第四组：甲翻译。师问：什么叫"暴起"？你们的办法是不是就在这里呀？乙：我们的方法就是古今不同意义的词要注意辨别。

第五组：甲翻译。师问："断其股"是什么意思？"股"到底是大腿还屁股？生答"是大腿"。乙：我们的经验就是把以前学过的古文用上。

第六组：甲翻译。师问："罢了"在哪里？生答：是"耳"。乙：我们根据"亦……而……"确定它是"虽然……但是……"的转折关系。

教师：好，现在我们把大家的成果一起汇报出来，汇报的方式就是齐读。①

胡明道老师在教蒲松龄《狼》一课时，其创意表现在让学生总结解决问题的"绝招"上。这个教学环节里，老师为学生创设了良好的情境——"找绝招"。学生一边结合课文注释进行翻译，一边及时交流分享，一边总结学习方法，可谓一石多鸟，收获颇丰。所谓找"绝招"，实际上是让学生自主探究，合作学习，在阅读实践中学会学习，而不是由老师机械地传授学习方法。胡老师紧密依托教学文本，在准确理解教学内容的基础上，确定知识点和能力点，其创意围绕这些教学内容，为学生提供创造性的思维空间，引导学生在主动参与中完成对知识内容的梳理、理解和运用。学生成为主动的参与者，学习的主观能动性也被调动起来，课堂由此变得鲜活、生动、有趣。

"有创意的语文教学设计"，就是带有一定创造性的、体现教师教学智慧的教学设计，就是准备实施教学的新思路、新方案。其形式可以是多样化的，可因文、因人、因事、因时而异。

第一，聚焦式创意，即指导学生在阅读和欣赏课文时，以关键词为突破口，让学生准确理解课文、深入欣赏文章的创意。例如教学《口技》一文，教师可抓住"善"一词进行教学创意，以点带面，以局部突破整体，既突出重点，又容易让学生理解全文，从而让学生头脑中留下清晰的主体形象，达到教学目的。

第二，比较式创意，即采用比较异同点进行教学的创意。这种创意可帮助学生深刻体会文章的共性和特性，提高阅读写作水平，培养发现分析问题的能力。例如《岳阳楼记》和《与朱元思书》就可以进行对比阅读。

第三，拓展式创意，即用掌握的知识来解决更多问题或拓展思考创意。例如讲鲁迅的《风筝》一文时，在"分析哥哥是个什么样的人"时，有教师拓展资料"父亲35岁去世，当时鲁迅才16岁，二弟12岁，小弟9岁。鲁迅这个长兄就担当起抚养家庭、教育弟弟的重任"；拓展鲁迅作品《别诸弟三首（庚子二月）》："谋生无奈日奔驰，有弟偏教各别离。最是令人凄绝处，孤檠长夜雨来时。""还家未久又离家，日暮新愁分外加。夹道万株杨柳树，望中都化断肠花。""从来一别又经年，万里长风送客船。我有一言应记取，文章得失不由天。"帮助学生理解哥哥的爱心和责任心。

第四，探究式创意，即设计探讨、研究的题目，引导学生进行研究性学

① http：//30490.blog.zhyww.cn/archives/784.

习的创意。例如讲郑振铎的《猫》一文时，有教师设置如下："学生讨论、交流、按句式说话：对于……，我想说：……。"学生所说的话，实际上是其对作品个性化的、深层次的感悟，其实就是作品的主题。有许多作品，从不同角度看，对主题会有不同的理解，这就是所谓主题的丰富性。要展现主题的丰富性，探究式创意是做好的选择。

总之，有创意的语文教学应该是新颖的、独特的，有启发性的，可以让人顿悟、领悟、醒悟的。新课程改革催生教师的创新，亦会激发教师更多的创意。

二、说　课

说课就是教师在制定教学方案后向听课人讲述教什么，怎样教，为什么这样教。听者不是学生，而是同行、领导、专家。说课是为了共同研讨，或帮助说课者提高业务水平，有时也是职评考核、业务比赛或应聘考察的手段。

说课一般采用"四说"法："说教材""说教法""说学法""说教学程序"。

第一，说教材。简明地阐述教学内容在教学单元乃至整个教材中的地位和作用，与其他单元的联系，说明文本解读的情况；围绕课程标准对教学内容的要求、文本特点及学情，说明本课的三维目标（知识与能力、过程与方法、情感态度与价值观）；说明教学的重点、难点及其依据；对教学内容提出合理的课时安排。

第二，说教法。结合文本分析、教学目标和学情，说明教学手段、教法，如果采用多种教法，还要说明它们之间的主次关系以及教法选择的理论依据。

第三，说学法。分析学生在本课学习过程中可能出现的障碍及其原因；指导学生采取何种学习方法；根据学生的年龄特点和认知状况，说明准备创设何种教学环境、提供何种教学条件、设计哪些教学活动保证和调动学生进行有效学习。

第四，说教学程序。对教学流程主要环节作简要概括，说明教学活动的整体安排。说明围绕教学设计所做的具体教与学活动安排，这样安排的理论依据。说明板书设计，可在说课过程中直接演示。

说课者应当紧扣新的教育理念，明确诠释教学思想；对文本应当有全面深刻的分析，精准地把握教材的特点、难点，对课程标准有完整深入的领会，对学情有清晰透彻的了解；能结合学生认知规律和语文教学特点熟练、灵活地选用教学策略和手段；所说内容逻辑性强，条理清晰，层次分明，语言准确、形象、生动，富有启发性和感染力；能展现一定的教学能力和风格，有较强的取舍、处理、组织能力。

说课的时间在15分钟左右。

说课分为课前说课和课后说课两种。课前说课强调预设性。学情分析，有针对性的教材文本解读，教学过程中可能发生的问题，所做准备及其理论和实践依据，都是说课的主要内容，这也是集体备课、深入讨论的切入点。课后说课强调反思性，主要是针对讲课过程中出现的问题，如教材文本解读的角度、解读的结果，所设计的教学方法，课堂突发问题的处理及其效果，学生的课堂接受情况以及课后反馈等进行反思，并找出有效的改进方法。课后反思以上课教师的反思为主，其他听课教师提出意见，共同探讨，也可请教师们共同提出问题，梳理问题，找到合理的解决办法。

三、教案写作

教案（教学方案）即预设的教学实施计划。编写教案必须以钻研教材、充分备课为基础。

教案的构成包括总案（也叫做"总貌"）和分案（分课时教案）两个部分。总案是一个课题的总的教学计划，包括"教学目标、教学重点和难点、教学方法、教学时数、预习内容和要求"等项内容；分案指每一课时的教学实施方案，主要有"教学要点、教学过程和内容、板书设计"等项目。按详略程度的不同，教案有详案、简案之分。详案接近于讲稿，不仅写出问题解析的内容要点，还写出讲解、分析部分的表述语言。简案只列明各环节、具体步骤及其内容要点，讲述语言则从略。

教案有基本的格式，但实际工作中的教案可以有种种便于施教的写法。新教师宜按规范格式写详案。教案的呈现形式有文本式和表格式两种，但内容是一样的。按照教学规范，不论什么课型，上课前都应编写教案。下面主要介绍阅读课教案的基本项目和写法。

先说总案。

第一，课题（居中书写），即所教课文的题目，如"社戏"，一般不须注明课文作者姓名。

第二，教学目标，即通过本篇课文教学，期望学生达到的语文知识能力、语文学习方法、情感态度方面的具体结果。教学目标要具体，忌浮泛。一般说来，语文教学目标的陈述有四个基本要素：行为主体（可省略）、行为动词、行为条件、表现程度。如某教师拟设的《背影》阅读教学目标：

（1）有感情地朗读课文，理解文章抒发的深沉的父子之情。
（2）体会本文朴素真挚的语言特色。
（3）学习在叙述和描写中抒发感情的方法。

教学目标通常以省略主语的无主句表述，但是，省去的行为主体是学生，而非教师。

第三，教学重点和难点——针对不同情况，重难点可分述亦可合一；与教学目标可能一致，也可能不同，但往往与目标有较密切的联系。重难点的陈述角度（隐含的主语）也因具体内容的不同而有所不同。

第四，教学方法，即本课题教学所用的主要方法，宜用规范表述，如"讲读法"。运用多种方法的，列述其主要者，如"讲读法，辅以讨论法"，不必展开说明。

第五，教学时数——本课题教学的计划时数，如"2课时"。

第六，预习内容和要求——对学生课前预习的具体要求，未安排预习则无此项目。根据实际情况，还可在"预习内容"前增列"教具"等项目。

再说分案。分案部分的页面可分为两个区域：在右侧留出1/3宽的纵向空间，作为"板书内容"栏，列出伴随教学进程出现的板书内容。

第一，标明"第×课时"。

第二，教学要点——指本课时的教学重点和主要内容。表述应具体、切实、扼要。如教学仅1课时，则无须标注"第×课时"，"教学要点"也可省略。根据需要，这里还可增列"教学设想""多媒体手段"等项目。

第三，教学过程和内容——也称"教学内容和步骤"。按预设的教学进程，依次列述教学各环节、步骤及其具体内容。总案所设的目标、重点和难点、教学方法等预想，应在分课时教案中加以落实。分课时教学过程和内容的安排的时间长度应在45分钟内。

各步骤中包括具体的教学内容和选用的教学方法，大体如下：

①检查预习或复习旧课。

②导入新课，导入语应精心拟制，能较好起到引导学生进入新课学习的作用。

③学习新课（或讲读新课），此部分应按实际环节实写详列。如介绍时代背景、朗读全文、齐读第×段、讨论××问题、讲解或分析××部分（或问题）。如有讨论或提问，除列出所提问题外，还应写上执教者预设的讲述内容。

④小结。

⑤课堂练习。

⑥布置作业。

以上环节可有所变通。"学习新课"部分应做到纲目清楚，条理分明。应注意正确使用层次序号。

第四，板书设计，即关于预设的板书内容在黑板上最终形成的结构状态。通常指主体板书，有时也包括预设的辅助板书（如语文知识要点、作家作品常识等），但不包括教学中的临时板书。板书内容应揭示出课文精要所在，体现教学基本思路，能帮助学生理清教学内容、把握重点，便于记录、利于记忆。板书设计讲究直观性、科学性与艺术性（美感效果），以简洁为上。主体板书安排在黑板中间的主要区域，左右两端安排辅助板书或临时板书。一般情况下，板书按课时设计。如果有课题的统一板书设计，也可附列于最后课时的末尾。

四、课堂教学导入

课堂教学导入是一堂课开始时，教师为新课讲授而说的话，它可以引发学生的学习兴趣，可以是切入新旧知识的衔接点，为一节课顺利进行打下良好的基础。

下面是《最苦与最乐》一文的三种不同导入形式：

1. 问题导入法

同学们，大家来说说，什么最苦，什么最乐。（学生畅所欲言。）刚才，我们谈了对"最苦"和"最乐"的看法，今天，我们就来学习梁启超的文章——《最苦与最乐》，听听他认为什么是"最苦"，什么是"最乐"。（开始进入下一个环节。）

2. 故事导入法

大家知道"卧薪尝胆"的故事吗？哪位同学给大家讲一讲。（学生讲故事，教师限定时间1分钟，然后进行总结性导入。）越国的勾践吃尽了人间苦，最后灭掉了吴国，成为春秋后期最强的国家。如此看来，当他卧薪尝胆的时候，他是最苦的，而成为春秋霸主之后，他又是最乐的，当然，这只是我的看法。那么梁启超先生是怎么看待"最苦"和"最乐"呢，我们今天就学习他的《最苦与最乐》一文。

3.情境导入法

今天我们学习的《最苦与最乐》一文，大家先看一段视频，看看里面的人物是怎样看待苦和乐的。（播放《谁是最可爱的人》战士在坑道口吃雪与记者的一段，对话要求学生看完后评价一下这位战士的苦乐观。）然后教师总结：苦为谁吃，乐从哪里来。现在就让我们打开书本，看看作者是怎样说的吧。

在上述三个例子中，问题导入法以设问形式出现，引人注意。这里，教师简洁明快，直接切入"什么是最苦，什么是最乐"，有利于激发学生的思考，也有利于学生对课文主题的把握。以问题为载体导入，使学生在设问和释问的过程中萌生自主学习的动机和欲望，进而逐渐养成自主学习的习惯，有效地激发学生自主学习的主动性和积极性。《最苦与最乐》标题就蕴含着问题，课文内容讲的就是这两个问题，以"什么是最苦，什么是最乐"直接切入，提纲挈领，把握要义，能够引发学生较为全面的思考。

故事导入中"卧薪尝胆"的故事大家都知道一些，这样导入，能够引发学生的知识积累，同时讲的过程能调动大家思维活动。故事导入法以叙事取胜，案例中，教师让学生讲了"卧薪尝胆"的故事，既锻炼了学生口头表达能力，也调动学生的知识储备，并促使学生对事物之间产生关联性的思考。教师的总结"当他卧薪尝胆的时候，他是最苦的，而成为春秋霸主之后，他又是最乐的，当然，这只是我个人的看法"，是对课文主题的阐释。这样，能够使学生尽快地进入课文，产生探究的欲望。

情境导入是于通过多种手段如图片、音乐、视频等调动学生的各种感觉感官，唤醒学生记忆，调动学生兴趣。可见，好的情境导入能够起到先声夺人、引人入胜的效果。《最苦与最乐》导入使用的这段视频——在朝鲜战场上，战士在坑道口吃雪与记者的一段对话，精到地阐释了革命战士的苦乐观。而教师总结"苦为谁吃，乐从哪里来"把学生的思维引到了课文主题理解的层面，这样进行导入，一方面使学生对于抽象的道理有了具象化的理解，另一方面，视频的情境，又引发了学生设身处地的思考。这样的导入效果明显。

好的导入语就是一堂课良好的开端。许多有经验的教师对课堂导入语都十分讲究，用它紧紧吸引住学生的注意力。课堂教学导入的方法除了案例中提到的以外，还有许多种，如：

第一，文题导入法。课文的标题，往往与内容有着紧密联系，它有时是理解文章的突破口，有时是文章内容的浓缩。在导入环节中，也可依据情况，从标题中寻找新颖生动的方式。

第二，温故知新法。复习前面的概念，将上一节课的内容与本课联系起来，使学生能温故知新。

第三，联系生活法。将生活体验引入课堂，唤醒学生将课文与生活联系，增强对生活的认识。

第四，实物展示法。通过与课文有联系的实际事物的展示，形象化地引导学生的认识。

第五，教师特长展示法。根据教师的特长，或朗诵、或唱歌、或演讲、或讲故事，只要有利于调动学生的主体感受和学习兴趣，都可以使用。

第六，角色置换法。叙事性的课文，里面有人物和情节，可以选择人物让学生扮演角色。师生之间可以变换角色进行导入。

课前导入的方法多种多样，在形式上，导入新课可以运用一种方式，也可以几种方式结合起来使用。在内容上，可以是单一的，也可以是复合的，比如"介绍作者+作品背景和后人评价"等，还可以整合教学活动，比如让学生设计和展示导语，从中了解学生把握文意的情况。

教师要把握导入设计的基本原则：

一是导入的内容安排与新课的教材内容有内在的逻辑联系，使之成为教学内容的有机组成部分。

二是导入语要精心设计，力争用最少的话语、最短的时间，迅速而巧妙地缩短师生间的距离以及学生与教材间的距离，将学生的注意力集中到听课上来。导语一般不超过3分钟。

五、教学中的过渡语

过渡语是指在课堂教学中由一个问题向另一个问题过渡时所使用的语言。它与导入语同中有异，相同的是它们都有启示或连接下一个环节的作用，不同的是导入语的目的是为了启示"下文"，一般用于一节课的开始，过渡语则既启下又承上。下面是《变色龙》一课的几种过渡语设计：

第一，穿针引线式：

> 我们已经清楚地观察了作为变色龙的奥楚蔑洛夫的第一次变色，那么，他接下来的第二次变色将会是怎样的呢？

第二，由此及彼式：

蜥蜴靠表皮下多种色素块随时变色，而文中的奥楚蔑洛夫是借助"军大衣"这个道具来完成变色的。军大衣既是奥楚蔑洛夫沙皇警官身份的标志，也是其掩饰窘态和内心恐慌的工具。让我们通过朗读来展示人物的内心世界。顺便思考：蜥蜴变色是为了保护自己，奥楚蔑洛夫反复无常变色是为什么？

第三，理清条目式：

全文对他那件大衣做了四次描写，一次是穿着新军大衣，一次是热了，脱大衣，一次是冷了，穿大衣，最后一次是裹紧大衣，分别表现出他怎样的心理，现在我们具体来讨论分析。

科学地使用过渡语，能使语文教学中各个知识面、知识点之间的联系自然而紧密。在每节课的起承转合都天衣无缝的基础上，使整个语文课堂教学成为一个连贯紧凑、富于层次感的浑然天成的有机整体。

讲授《变色龙》一课需要抓住的是其中的一个关键词"变"字。因此围绕奥楚蔑洛夫有几变、怎样变、有怎样的心态等问题来设计相应的过渡语是很有必要的。例中的三种不同方式的过渡，教师都考虑到了层次性和连贯性，促使各个环节衔接联系，是学生整体优化、提高语文素养的关键所在。"穿针引线式"的过渡，由第一次变色过渡到第二次变色，既使教学的一个个关节点得到突出、强调，又使整个教学过程如行云流水一般自然、舒展。"由此及彼式"的过渡，抓住变色这个关节点，很自然地从蜥蜴的变色过渡到奥楚蔑洛夫反复无常变色。"理清条目式"的过渡，用简洁的语言讲授文中的奥楚蔑洛夫用军大衣的几次变色，然后逐一讲解。

科学得体地运用过渡语，既能确保课堂教学的衔接紧密，转化自然，使教学结构完整，内容贯通，思路相承，又能确保学生在学习中的心理迁移续接，达到教学内容、教学思路优化组合，整个语文教学过程浑然天成的目的。

好的过渡语的设计除了案例中的几种外，还有以下几种：

第一，针对性的过渡语。激发学生学习课文的兴趣。学生有了兴趣，就会深入地去思考问题，继而想出解决问题的办法。在教学中，将简短的对话式过渡语引用到课文内容的学习是一种简单有效的方法。比如在讲《茅屋为秋风所破歌》时，教师和同学们一起分析完了诗歌的第一节"秋风破屋"

后，接着说："茅草被卷走了，这些草如果拾起来，还可以修理茅屋。可这时一群顽童把草抱走了，这群顽童为何抱茅？"自然而然地过渡到诗歌的第二节，也针对性地引起了同学们的思考。有的说他们是穷孩子，用茅草盖屋或回家当柴烧。有的说他们太调皮了，看到杜甫好欺负。有的说当时的社会很乱，孩子们是受了社会的影响。这样的过渡语能激发学生的兴趣，引发他们探讨，从而更加深刻地理解这首诗歌。

第二，情境式的过渡语。使学生身临其境，产生共鸣，从而更好地帮助学生体会课文的中心。学习不只是简单地理解课文内容而已，它还需要学生进一步体验文中的意境，使其思想境界不断升华，达到一定的教育目的。讲授《绿》这篇散文时，由欣赏梅雨潭的形美过渡到欣赏它的神美，可以用这样的语言来过渡："我们说，梅雨潭的绿富有极大的魅力，将我们带入了一个至善至美的理想境界，这种至善至美，既充溢于它的外形中，更体现在它的内心里，表现出一种精神上、人格上的无形魅力。作者是怎样为我们描写这种魅力的呢？让我们继续欣赏课文吧！"

第三，悬念式的过渡语。帮助学生正确认识事物间的内在联系。一个好的问题，一个精彩而恰到好处的悬念，可以引发学生主动去思考，去学习。设置悬念的最大特点就是能吊起学生的胃口，激起他们的好奇心，从而使后面的教学更加富有趣味性。这种方法多用于小说以及故事性较强的文言文中。如《威尼斯商人》以鲍西娅上场为转机分为两个部分。第一部分分析完后，教师设置悬念："在鲍西娅假扮律师出庭前，夏洛克明确表示要按约执行处罚，非要割安东尼奥一磅肉。冲突一触即发，鲍西娅出场后，事态有没有转变呢？这一磅肉究竟割了没呢？"同学们的好奇心更重了，引发他们继续学习和思考。

六、课堂上的讲解

讲解是语文课堂教学的基本形式，是教师、学生信息的双向交流。教师面传、口授，学生入脑、入耳、入心，反馈及时，简便易行。在教学过程中，教师要精心设计讲解内容，通过讲解提高信息传输的密度，减少学生学习的盲目性，因而学习效果突出。下面是邱祝良老师的《天净沙·秋思》的教案，请大家注意里面教师的讲解。

这节课的教学目标是：理解《天净沙·秋思》描写的意象和表达的思想感情；发展想象、联想和创造思维的能力。教学难点是：理解《天净沙·秋思》所描写的意象。

教学过程分为五个环节进行：

（一）情境品味

用音乐创设情境，播放阿炳的《二胡映月》，创造出一种与这首小令相同的凄婉悲凉的气氛，激发学生的朗读欲望。

教师在不做任何提示的情况下，让学生自行进行朗读。要求他们提出自己不明白的问题。将这些问题梳理后，分给各个小组进行讨论。

解决重点问题，师生集体研读：本文的诗眼在何处？（断肠人在天涯）本诗的朗读基调是什么？（低沉）然后，在分析基础上，教师要求学生有感情地自由朗诵这首诗，再齐读一遍。

（二）适时点拨

反复朗诵后，在把握作品感情基调的基础上，进行感悟诗歌意境的练习，教师适时搭桥引路，实现情感的迁移。

1.教师先给学生讲"断肠"一词的来历。（这里写断肠一词的来历，有动画更好。）学生听完这个故事无不唏嘘感慨，对故事中可恶的船老大报以憎恶。

2.师生对话：是什么原因导致游子如此"断肠"呢？学生各抒己见：或说是对亲人的思念，或说是在外边受了委屈，或说理想没有实现，在外边的生活不尽如人意，或说离家日久……总之，都能紧紧扣住"断肠"两字进行阐发。

3.教师引导：小令当中的哪些词最能突出秋意的萧瑟？能否找出表现的词语来吗？注意，是单音词，是名词或形容词——同学们很快找出了"枯""老""昏""古""西""瘦"等词语。——很好，同学们找的都很准确，下面请几位同学来分别解说这些词的意思。

4.教师讲解：这些词语构成了这首小令的意境，通过它们，我们可以充分认识词人当时的处境。现在我们运用联想和想象再现这首小令的画面吧。

（三）引发联想

1.学生联想

请大家闭上眼睛，想象这三个句子九个名词所蕴含的画面。

要求：想象一幅有彩色的、动态的、立体的、有层次的画面。

讲解：你的画面有颜色吗？你的画面运动了吗？你的画面有远近上下的层次吗？这样促使学生脑海中的画面逐渐充实丰满，体现出蕴含着

"枯""老""昏""古""西""瘦"的多彩画面,进而理解作者语言的精炼、意境的深远。

2.教师概括

就是这样的画面,我们的词人正在行走其间。暂时打住,我们来看看马致远和当时的背景吧。(介绍作者和背景——学生介绍或者教师介绍。)然后进行概括:

夕阳西下,远在天涯的游子,是多么思念烛光摇曳温暖和煦的家;那么,常年坚守在家中的人们,难道就不思念远在天涯的游子吗?

(四)各抒己见

请你设想一下家中亲人对游子的思念。

学生各抒己见。有的说,肯定是茶饭不思;有的说,肯定是在家中埋怨,为什么还不回家,并补充说,我妈妈就是这样的;有的说,肯定是在默默流泪;有的说,肯定在家中上网看电视看电影排遣自己孤寂的心情。

教师的讲解:游子牵动着母亲的心;在外的人们总是被家中的亲人眷念。我们将来也要步入社会,充实自己的事业。但是,不管你走多远,一定不要忘记自己的母亲,一定不要忘记自己的亲人。这首小诗之所以经典,就在于它道出了人类共有的一种情感。现在我们用几个字概括一下它的意境——孤寂凄凉。

(五)课堂延伸

请学生观看投影上的两首诗歌:唐代金昌绪的《春怨》和温庭筠的《梦江南》(略),让学生评一评,哪一首可以说是《天净沙·秋思》的姊妹篇?[①]

本案中,学生的主体地位发挥得很到位,教师的讲解要言不烦、点到为止。凡是学生能讲的则大胆放手让他们讲,各抒己见。例中教师首先进行了教学铺垫:听配乐诵读,自读感知,概括基调。这时,学生虽然能很快地找出"枯""老""昏""古""西""瘦"这些词语的意象,但由于生活阅历的限制,他们对诗歌当中所体现的那种萧瑟、凄凉的深沉意境很难体会。为了实现学生和文本的对话,就需要教师在了解学情和自我解读的基础上,联系学生的知识经验,引领学生进行情感的迁移。教师讲解的语句,承上启下,让

---

① 邱祝良. 我教《天净沙·秋思》[EB/OL]. [2016-11-22]. http://www. doc88. com/p-1418578332854. html.

"我们运用联想和想象再现这首小令的画面吧"。自然带领同学们进入下一个环节。教师的"断肠"的故事，并对学生想象的画面进行了指导，一次是要求，一次是提醒，目的是细化画面，培养语感。然后用"夕阳西下，远在天涯的游子，是多么思念烛光摇曳，温暖和煦的家；那么，常年坚守在家中的人们，难道就不思念远在天涯的游子吗？你能设想一下家中亲人对游子的思念吗？"的讲解，深情呼唤，激发学生的思维体验，进入诗中意境。

在讲新课的时候，教师应根据学生的具体情况把所要讲解的问题分类：

①学生已经理解，不需要再讲的；

②学生虽已理解，但因是规律性的知识，还需要在教师的指导下深入学习和熟练掌握的内容；

③学生理解不深、运用不熟的内容；

④目下学习难度较大，可以以后学习的内容；

⑤学生迫切需要理解和掌握而难度较大，必须由老师讲解的内容。

这些内容经过整理、分类，从语文课的性质、目的出发，进一步研究教师讲解的内容，使讲解的内容和语文课承担的任务紧密联系起来。

教师的讲解，有三个方面问题需要考虑：

首先，要对学生已经有所理解和有所认识的某些重点、难点、疑点，有选择地、适当地做些升华性讲解，以提高学生深入分析、高度概括和灵活运用的能力。例如"断肠"故事的讲解，增强了学生的理解能力。

其次，对训练学生思路、活跃学生思维、发展学生智力有直接培养意义的内容，做适当引导讲解，以发展学生智能，特别是发展学生的观察力、注意力、记忆力、想象力和创造力。例如联想时的提示：你的画面有颜色吗？你的画面运动了吗？你的画面有远近上下的层次吗？促使学生脑海中的画面逐渐充实丰满，体现出蕴含着"枯""老""昏""古""西""瘦"的多彩画面。

最后，结合教学内容和自学需要，对某些自学方法和自学途径做示范性讲解，使学生学会去寻找思索问题的线索，摸索分析问题的途径，掌握解决问题的钥匙，提高自主学习能力。例如上课一开始的导入和朗读，就是教给学生朗读的方法，虽然没有行诸文字，但显现出了教师"不教胜于教"的教学思想。

教师的讲解绝不是只传授知识，重要的是训练思维和教会方法，使课程充分发挥训练和培养学生多种能力的作用。除此之外，教师还应在讲解语言方面下一些功夫。例如，艰涩深奥的地方，要讲得通俗浅显；耗费口舌的地方，要讲得简要精炼；抽象枯燥的地方，要讲得具体生动。总之，要尽力做到要言不烦，深入浅出，准确科学，生动形象。例如"游子思亲和亲人思念"那一段讲解，深化了意境和主题。讲解并不是教师不分巨细、面面俱到地唱独角戏，而是与学生打成一片，是组织引导者，学生不是被动的听众，教师的讲解也不能盲目地四面出击，而要分清主次、轻重、缓急。

七、课堂提问的艺术

课堂提问是常见的教学形式和方法，即教师根据学生已有的知识经验，通过提出问题，学生回答，引导学生理解和掌握新的知识的师生教学活动。课堂提问是否具有有效性，不仅要看问题的设计是否合理，能否激发学生的兴趣，活跃课堂气氛，还要看能否打开学生的思路，培养学生的问题意识。

下面是《丑小鸭》的课堂提问，对这样的提问你有什么感受，对后面的"分析"你有什么想法？

问：《丑小鸭》这篇课文讲了一个什么样的故事呢？

答：丑小鸭变成天鹅的故事。

问：为什么把这只小鸭子叫丑小鸭呢？从哪儿可以看出他丑呢？

答：他的毛灰灰的，嘴巴大大的，身子瘦瘦的，所以大家都叫他"丑小鸭"。

问：那丑小鸭的家人又是怎样对待他的呢？

答：课文第2自然段：丑小鸭来到世界上，除了鸭妈妈，谁都欺负他。哥哥、姐姐咬他，公鸡啄他，连养鸭的小姑娘也讨厌他。

问：但是大家有没有发现，在很多家人都讨厌丑小鸭的时候，有一个人不讨厌他，是谁呢？

答：鸭妈妈。

问：为什么鸭妈妈不讨厌他呢？

答：就像我们，我们的妈妈不会讨厌任何一个自己的孩子，我们的妈妈爱我们，所以我们也要爱自己的妈妈！

问：可是我们的丑小鸭却选择离开了家。离开了家的小鸭子又怎么样了呢？他遇到了哪些困难呢？

答：课文第4、5、6自然段：丑小鸭来到树林里，小鸟讥笑他，猎狗追赶他。他白天只好躲起来，到了晚上才敢出来找吃的。

秋天到了，树叶黄了，丑小鸭来到湖边的芦苇里，悄悄地过日子。

天越来越冷,湖面结了厚厚的冰,丑小鸭在冰上冻僵了,幸亏一位农夫看见了,把他带回家。(学生回答的时候可以强调一下"悄悄地",为什么要"悄悄地过日子"呢?体会一下词语所表达的感情。)

问:我们的丑小鸭真是可怜哪!但是书上有这样两个句子,"一天傍晚,一群天鹅从空中飞过。丑小鸭望着洁白美丽的天鹅,又惊奇又羡慕",为什么会这样呢?从"又惊奇"和"又羡慕"这两个词中能体现丑小鸭什么样的心情呢?他有一个美好的理想,有一颗追求美好生活的心灵。谁能再来读一读这一句话,要把丑小鸭的这种心情读出来。那么,我们的丑小鸭实现他的愿望了吗?

答:课文最后一个自然段。

一天,丑小鸭出来散步,看见丁香开花了,知道春天来了。他扑扑翅膀,向湖边飞去,忽然看见镜子似的湖面上,映出一个漂亮的影子,雪白的羽毛,长长的脖子,美丽极了。这难道是自己的影子?啊,原来我不是丑小鸭,是一只漂亮的天鹅呀!

丑小鸭变成了一只漂亮的天鹅。谁能大声地给大家读一下这个自然段,要让大家听到,丑小鸭怎么变成天鹅的?

此时小鸭子高兴吗?为什么高兴啊?

问:我们看,丑小鸭从毛灰灰的,嘴巴大大的,身子瘦瘦的,变成了雪白的羽毛,长长的脖子,而且还会飞,变成了一只美丽的天鹅,同学们为他高兴吗?那同学们可以看到丑小鸭有一种什么精神呢?

答:丑小鸭有顽强的毅力,美好的理想,不畏困难的精神,还有坚定的信念,所以我们也一定要像丑小鸭那样,不能因为外表的丑陋而自卑,只要我们有毅力,有美好的理想,说不定我们也会变成美丽的天鹅呢!

小组讨论:丑小鸭应不应该离开家呢?

答案可以不统一,各抒己见。①

《丑小鸭》一课的提问,有几个问题的设计是有深度的,也较为合适的。例如:"为什么要'悄悄地过日子'呢?""同学们可以看到丑小鸭有一种什么精神吗?"这样的问题可以引导同学深入理解课文,进而提升思维能力。但从整体来说,这一课的提问,是当前许多教师喜欢的模式,循循善诱,不厌其烦,问题是学生已在不断地提问中觉得被动、繁琐,不利于学生学习积极性的调动。案例中的提问设计有以下的问题:

第一,不考虑学生认知程度,自管自一味问到底。许多问题根本无须提问,上课一开始的4个问题,连续不断地追问,似乎紧紧围绕课文,但是,

---

① http://www.5156edu.com/page/07-03-08/21433.html.

教师的问题问得很傻，流于肤浅。假如我们换一下："同学们读读课文，想一想，鸭妈妈为什么不嫌弃丑小鸭？"一个问题提纲挈领，其他三个问题就蕴含其中了。

第二，提问避重就轻。提问应该目的明确、恰当、有效跟进、注意问题的类型和层次、激发思考和讨论、有利促进学习等。但案例中老师的问题诸如"那么，我们的丑小鸭实现他的愿望了吗？""此时小鸭子高兴吗？为什么高兴啊？"这样的问题很苍白无力，似乎是教师没有经过认真思考而随口一问。这样的提问最好不要。

第三，未注意7—9年级学生的年龄层次。学生已经长大了，不再喜欢小学或幼儿园式的提问，他们喜欢思考，喜欢有点深度的问题。"《丑小鸭》这篇课文讲了一个什么样的故事呢？""丑小鸭是什么颜色的呢？"这些问题过于简单，不能激发学生探究的欲望。

课堂提问的关键是问题的设计，问题的设计切不可零敲碎打，互不联系，更不能课堂上脑子一热，想啥问啥，一定要讲究艺术性。

问题的设计一定要选好突破口。所谓选好突破口，其实就是选择提问的切入点，一般可以从题目、情节、情感、关键词等来切入。如《老王》一课可从人物的情感切入，从全文的文眼切入。文章结尾处是这样写的："我渐渐明白：那是一个幸运的人对一个不幸者的愧怍。"教学这一课，就可以从表明作者情感的"愧怍"一词切入，设计这样的问题：作者最后为什么说"那是一个幸运的人对一个不幸者的愧怍呢"？要回答这个问题，就要涉及故事的两个主人公及其全文的故事情节，可谓抓到了点子上。

问题的设计一定要有明确的思维导向，即所提问题一定要明确而具体，对学生的思维要有定向作用，也就是教师提出的问题对学生思维活动的方向有一定的制约作用，避免学生的思维出现漫无边际的状况。比如一位老师教学诗歌《钱塘湖春行》时，设计了这样一个问题："早莺为什么要'争'暖树？"问题抛出之后，学生们你看看我，我看看你，谁也不回答。这时老师又重复了一遍问题，就开始"钓鱼"式地提问。结果有的学生说"鸟儿就是好争斗"，有的说"争着向高的树上飞"，还有的说"在争食吃"……答案五花八门。最后老师说："都不对，因为天气还很冷，鸟儿在争着往向阳的树上飞，突出了西湖早春的特点。"从教师最后抛出的答案看，老师提出"鸟儿为什么要争"这个问题的目的，就是想引导学生理解这首诗的每句话都是围绕西湖早春的特点而写，正好体现了西湖早春春寒料峭的特点。学生的回答五花八门，无论老师问几次，学生也没有答出老师预设的答案，原因是老师的问题没有明确的思维导向，如果问"为什么争"，原因很多，学生会从各个角度去思考，所以学生的答案才会五花八门。如果将问题变成"早莺为什么要争'暖树'"，问题思维导向就明确了，因为"暖树"即"向阳的树"，早莺争着往向阳的树上飞，显然是天气还比较冷，这样学生就不难得出"写出了西湖早春的特点"这个结论了。

问题的设计要有合适的思维量。问题的设计往往易走两个极端：一是问题大而空，让学生"丈二和尚摸不着头脑"，不知从何答起；二是问题细而明，学生不假思索，"是"与"非"脱口而出。因此，教师必须根据学生已有的知识、能力水平，精心设计深浅适宜的问题，把学生的思维引入"最近发展区"，让多数学生"跳一跳就能摘到果子"。多问"为什么"，少问"是不是""对不对"。

问题抛出后要给学生思考的时间。教师提问后要适当停顿，要给学生留足思考的时间。有的老师在提出问题后，马上让学生回答，不留思考的余地；或者尖子生举手了就让全班学生停止思考，而剥夺了其他学生的思考权。在课堂提问中，教师应该有两个最重要的停顿时间，即"第一等待时"和"第二等待时"。"第一等待时"是指教师提出问题后，要等待足够的时间，不马上重复问题或让学生回答；"第二等待时"是指在学生回答之后，教师也要等待足够的时间，才能评价学生的答案或提出另一个问题。问题的解决是需要时间的，问题提出后，留给学生回忆、联想、组织语言等活动时间是十分必要的，这样不但会给更多学生机会，而且会提高学生答题的质量。

总之，课堂提问，一定要抓学生的兴趣点，抓知识的疑难点，抓思维的发散点。用问题引发学生学习兴趣，激发学生发挥才智，活跃学生思维，训练学生具有清晰的思路和机敏的思考能力，培养学生用准确的语言表达思想认识的能力。

八、事实情境的描述

事实情境主要是对于事实的形象描述，一般来说，生活展现情境、实物演示情境、图画再现情境、语言描述情境、表演体会情境等都属于事实的情境。我们来看下面例子，也许能给大家一点启示。

上课了，同学们望着讲台上放着一只盛满清水的大烧杯、一支玻璃棒、一柄塑料匙子、一碟食盐、一只鸡蛋，充满好奇，七嘴八舌地猜测起来。有的学生问语文课代表："这是干什么？上语文课做实验，新鲜!"有的学生俏皮地说:"大概老师想请我们吃鸡蛋吧?才一个,给谁吃好啊?"谁也猜不透老师"葫芦"里究竟卖的是什么"药"。这时,钱梦龙老师在同学们迷惑目光的注视下,把鸡蛋放入大烧杯,鸡蛋一沉到底。"谁有办法让鸡蛋浮起来?"他向全班同学发问。"拿个酒精灯或电炉来,把鸡蛋煮熟了,就能浮上来。"一个学生说出了他的想法。"不。只能用讲台上可能提供的条件。"钱梦龙老师为学生规定了思考的范围。同学们的目光不期而然地集中到了大烧杯旁边的那一碟食盐上。不少学生举手,希望到讲台上来试一试自己的办法。一个男生走上讲台,先把鸡蛋从大烧杯里取出,用匙子将鸡蛋舀入大烧杯,拿玻璃棒在大烧杯里搅拌,再投入鸡蛋,鸡蛋没有浮上来。"多放些食盐。"下面的学生提醒他。于是这个男生又舀几匙食盐放入大烧杯,往复几次,鸡蛋终于浮到水面。接着钱老师趁机要他解释一下鸡蛋上浮的原因。这位学生结合初二学过的热物理知识,准确地说明了清水加大量食盐后,其密度大于鸡蛋的密度是鸡蛋上浮的原因。此后,钱梦龙老师让学生猜这堂课要学习的课文,结果同学们一下子就猜中了:《死海不死》。①

语文课上,突然"啪"的一声,门开了,一个40多岁的大汉闯了进来,大声嚷道:"王爱荣在这里没有?"学生个个惊愕不已。教师正要斥责大汉的无礼干扰,女学生王爱荣迅速从座位上奔向大汉,一边推一边带有哭腔地说:"你这是干什么呀,爸!俺正上课呢?""还'干什么'差点把我吓死了。刚才接到个电话,说你叫车撞了,送到'八九'医院,我骑车赶到医院,没找着,这才……"

大汉放心地走了,同学们窃窃私语,认为王爱荣的爸爸太粗鲁。王爱荣也因此局促不安。老师说:"刚才的事,同学们可能有些看法。大家谈谈,王爱荣的父亲来教室找她,该怎么找?"他应该先向老师打招呼。"老师说:"在一般情况下,的确应该是这样。可当王爱荣的父亲接到电话,孩子死活不知。他实在是忧心如焚啊!带着这种心情找孩子,能怎样找法?"同学们说:"我看他父亲这样做是合情合理的。"老师趁热打铁,说道:"如果大家把这件事记叙下来,该怎么写?"……接下来,师生一起讨论,作文应该如何写好一个人物,写好一件事。②

---

①康磊,牛纪敏. 论新课标下教师的导思——剖析钱梦龙老师《死海不死》的导课想到的[EB/OL]. [2017-03-22]. http://www.lesun.org/zxyw/html/2004/18825.htm.

②刘琴书. 大汉闯课堂[J]. 语文学习,1992(6):19. 引文有删改。

以上第一个案例中，《死海不死》是一个事实情境。教师用几件道具演示了死海的特点，不仅起到了组织课堂注意力的作用，还激发了学生学习这篇说明文的兴趣。第二个案例是一个生成的教学情境。教师抓住大汉闯课堂的这件事，作为亲情教育和作文教学的契机。机智应变，点石成金。这些情景都直接作用于学生的感觉器官，起到了使教学内容具体化，调动学生情感，帮助教学目标实现的作用。

事实情境是在对社会和生活进一步提炼和加工后才影响于学生的，是寓教学内容于具体形象的情境之中，存在着潜移默化的暗示作用。事实情境创设有很多种，下面仅举几例：

①生活展现情境。把学生带入社会生活和自然生活，在生活中选取一定的场景，引领学生观察体验，并通过教师语言的描绘，鲜明展现在学生眼前。

②实物演示情境。以实物为中心，演示某一特定情境。通过实物演示，激发学生的联想。

③图画再现情境。用图画把课文内容形象化，通过情境再现课文内容。例如利用课文的插图解读文本，探究文本。

④音乐渲染情境。音乐艺术具有表达人类丰富的情意的作用，因此，选取与课文内容在基调上、意境上较为接近或一致的乐曲，与课文对应、协调起来，有利于把学生带到特有的意境中。

⑤表演体会情境。这种表演有两种:一是进入角色，二是扮演角色。让学生自己"进入""扮演"角色使他们对课文中的人物产生亲切感，自然地加深内心体验。进入角色是要披文入情，有感情地朗读；扮演角色则要有装饰性，如表情、肢体语言和服装、道具等。

⑥语言描述情境。通过讲故事或对事实进行描述，会提高学生的感知效应，情境会更加鲜明，引发学生的感官兴奋，强化学生的主观感，从而激起他们的情感，促进自己进入特定的情境之中。

事实的情境有很多，不仅仅是上述6种。无论哪种情境，都离不开语言描绘，都对认知活动起着一定的导向性作用，尤其是语文课。

九、虚拟情境的设置

虚拟情境教学，是指师生共同制造与创设与教学内容相适应的虚拟情境，激发学生主动学习愿望的一种教学方式。它不仅是文本情境的再现，更是一种情境的再创造。很大程度上，虚拟情境开拓了人的思维空间，融合了知识、能力，丰富了学生的内心。

下面我们以朱自清的《春》一文的学习过程中几个环节来看看虚拟情境的设置，请注意这几个环节中的情境创设①。

1. 范读——思春

多媒体播放音乐《闽乡采茶舞》。让同学们闭上眼睛，跟着音乐，听教师朗读朱自清的《春》。然后用一句话，一首诗，一段歌，来形容你听后的感受。

2. 美读——想春

（1）想一想，假如你在旖旎的春光中（打开一幅春光图），你该怎么读呢？哪位同学读一部分？

（3）再想一想，假如你在南方的水乡，草长莺飞，两岸飘红（打开一幅江南春天的照片或者图画），你该怎么读呢？哪位同学再读一部分？

（4）播放一段春光音画（FLASH也可以），大家在观看的时候，想一想如此美文，该如何读？你有什么好的建议么？能示范一下？

（5）这么好的文章，真该多读几遍啊！大家打擂台吧，看看谁读得最有感情。有自告奋勇当擂主的吗？各选自己读得最好的一段，擂主和攻擂者的胜负取决于在座同学的举手表决，以支持人数多者为擂主。

3. 想象——画春

（1）听着大家优美的读书，我们眼前浮动着一幅幅春天的画面，我们来一起画一画朱自清的《春》吧！

（2）画之前，可以再读读课文，作简单的圈点勾画，进一步熟悉课文。

（3）动手绘一绘吧，任选文中的一处春景画一画，别忘了添上你的想象。

4. 研读——品春

（1）一幅幅别具匠心的春景图在我们同学的笔下诞生了，现在我们来看图说说春景吧。请引用课文的句子用自己的语言描绘所画的春。

（2）同学互相说一说，评一评。

（3）你发现了什么吗？朱自清的语言和你自己的语言各有什么特点吗？你更喜欢哪一种？为什么？

（4）名家的语言是我们须去开掘的宝藏，怎么去开掘呢？不妨再读

---

① http://www. ixteacher. com/klt.

课文，找出你认为写得最美的句子，带着感情地读一读，并做简单的旁批，可与小组成员交流你的赏析成果。

本课重在感受、领悟朱自清《春》的语言美，从语言的角度切入课文，在四个环节中创设多种情境，通过引领学生阅读来走近课文。"范读——思春"环节，采用了音乐虚拟情境的方法。《闽乡采茶舞》是一只舒缓、轻柔的乐曲，利用它创设情境，在老师的范读当中，学生陶醉于美的意境，引起了对课文学习的兴趣。"美读——想春"环节，利用图片设置情境，引发学生兴趣，不仅仅使学生感官愉悦，更重要的是调动了思维。"想象——画春"环节和"研读——品春"环节，用想象来"绘制"情境，然后进行"图说"，紧紧围绕课文，充分调动了学生的思维和阅读兴趣。最可贵的是还将学生的质疑评价纳入情境中去，使学生的主体作用最大化发挥出来，收到了很好的教学效果。

虚拟情境教学是在类比、模仿、建模、仿真等概念和方法的基础上，广泛运用计算机及多媒体技术发展起来的先进教学手段，最为常见的是声音虚拟情境、影像虚拟情境、语言虚拟描述、游戏虚拟情境、绘画虚拟情境等。

①声音虚拟情境。利用现代信息技术强调声音、音乐的综合运用，例如鸟鸣、流水等声音，可以创造出春和景明的情境，风声、雨声可以创造出秋景肃杀的情境，音乐更是营造了阔大的虚拟空间。讲解诗歌、散文常常运用这些手法。例如李清照《武陵春》这首词，可以通过表现春天景象的音乐或声音，突出景与情的强烈对比，引导学生深刻理解主题。

②影像虚拟情境。借助多媒体把抽象的问题具象化，开阔学生视野。例如学习郦道元的《三峡》，可以播放三峡的视频或者动画，这样有利于学生身临其境地体味。

③语言虚拟描述。用想象的方法编写故事，创造情境。例如学习了《我的叔叔于勒》后，让学生想象于勒叔叔后来怎样了，大家说一说，从而进一步深刻领会、挖掘原作的文章主题内涵。

④游戏虚拟情境。利用计算机软件，制作动画和小游戏，激发学生兴趣，例如"汉字的演变"用动画生成，形象化地引导学生的认知，效果是很好的。

⑤绘画虚拟情境。利用图片（或照片）或者绘画，形象地引领学生把握课文内容。例如：《在山的那边》一课，可以让学生画一画课文，指导学生突出"山铁青着脸"的特征，然后让学生用课文说一说，为什么这样画。

虚拟情境教学是"再现"的情境，这种"虚构"具有仿真性，有利于启发学生的思维，加深学生对课文的理解。能使思想自由开放，想象力自由驰骋。虚拟情境的创设，并不只是为了好看好玩，更重要的是，虚拟情境中各种各样的知识可以多元并存，它融入更多的生活化元素，将更好地引导学生思考，培养学生的审美能力。所以，语文虚拟情境教学的创设原则，就是一切从学生的学习出发，从促进学生的发展和高效课堂教学出发，进行有创造性的设计。

十、课堂收束的艺术

收束是课堂教学的最后一个环节，指教师和学生一起通过归纳、总结、转化、创新、实践等方式结束教学任务的一种教学活动。下面的例子体现了三种不同形式的课堂收束艺术。

例1：《我的叔叔于勒》的收束：

读完这篇小说，大家有没有什么话想对小说中的人物说呢？或者对作者有什么话说吗？

例如：老师读完后，我想对作家说：莫泊桑，谢谢你的一支妙笔，向我们勾画了资本主义社会金钱至上，人性泯灭的现实，在这样的现实中生活，是人类的悲哀！

大家结合自己的阅读体会说几句好吗？

1. 学生练习用"读完这篇小说，我想对＿＿说"句式说话。

2. 最后教师用一副对联来概括这篇小说的主题：

十年思盼同胞好比摇钱树，一朝相逢兄弟形同陌路人。（板书）

例2：《杨修之死》的收束：

通过今天的学习，我们了解了《三国》中杨修和曹操的性格特点，知道了杨修的死因，获得了一些启示，望大家能在杨修身上学到"有则改之，无则加勉"，祝愿每个人都能拥有美好和谐的人际关系。如果同学们意犹未尽或对《三国》还有不解之处，请参考下列网站：http://wenda.so.com/q/=三国的人物。

例3：《沁园春·雪》的收束：

一场普通的雪，在诗人的笔下却成了一篇优美的文字，是诗人眼前的景格外美吗？法国著名雕塑家罗丹说："美是到处都有的，对于我们的眼睛，不是缺少美，而是缺少发现。"希望同学们善于发现生活中美的事物，以提高我们的写作水平和审美能力。

投影岑参的《白雪歌送武判官归京》诵读。并让学生课后搜集有关"雪"的文章或诗文，课后交流。

在语文课堂教学中，收束是不可缺少的重要环节。一个精彩绝妙的收束，恰似锦上添花，方能使课堂教学始终扣人心弦，余音绕梁。《我的叔叔于勒》的收束，教师根据课堂教学的内容布置一定数量的有针对性的练习题，共同或由学生独立当堂完成，这样及时反馈教学效果，查漏补缺，有利于学生巩固所学知识，构建知识网络。并用板书对联的形式，升华学生的情感。《杨修之死》的收束，考虑到课堂时间有限，关于杨修和曹操历史上的形象的对比，可以课后查找资料来完成，拓展学生的知识面。关于杨修的死因学生很难说到由于封建的主从关系存在，杨修忽视这一点而导致的死亡。另外，他直接参与了王侯家族继承权的争夺战，导致了被杀。这两点要在收束中稍加点拨，学生也就知道在网站上看什么了。《沁园春·雪》的收束，把知识向其他方面纵向扩展延伸，让学生在课下针对"雪"的有关诗文，做更多的了解与研究，激发学生的自主学习。

语文教师应充分了解收束在课堂教学中的作用，懂得收束的技巧，并在钻研课文和掌握学生的基础上精心设计收束语，使之取得最佳效果，从而为语文课堂教学增光彩添亮色。作为一堂课的收束，须注重对教学内容的整理归纳，还应注意尽量采用多种形式让学生活动，不断给学生以新鲜的刺激，求取最佳效应。收束切忌平平淡淡，所占时间不可过长，也不可太短。那么，如何设计一篇课文的收束呢？

①概括总结，钩玄提要。这是最常用的一种收束方法。它是对教学内容、课文特色作提纲挈领的总结和归纳，是对知识进行条理化和系统化的工作，意在让学生由博返约，纲举目张，牢固地掌握所学知识。自然，用语必须简明扼要，力戒重复啰嗦、拖泥带水，避免产生消极作用。

②延伸课外，引来活水。语文教学，除了在课堂上向学生传授知识外，还应把学生的视野由课内引向课外，使学生自觉地去课外寻求知识，以弥补课堂教学之不足。因此，教师宜在课堂教学临近尾声时，用简短的话语向学生介绍与课文有关的内容，引导学生由课内向课外延伸、扩展。

③卒章显志，升华感情。在教学终了之时，教师运用准确精练的语言，

对课文的精要之处进行点化、揭示，激发学生的思想感情，真正达到文章"如出我手，如出我口"的境界。

④巧设悬念，思考回味。课堂教学的结尾也应像文章的结尾一样，讲究悬念迭出，回味无穷，给人一种课已结束而意未尽的感受。因此，在课堂教学结束时，有时采用巧设悬念的方法，能收到"欲知后事如何，且听下回分解"的艺术效果。

⑤对照比较，加深理解。有比较，才有鉴别。这种收束课堂教学的方法，就是在课堂教学结束之际，从内容、结构、语言等方面，有所侧重地将课文与以前学过的其他课文进行对照比较，同中求异，异中求同，从而加深对课文的理解。

⑥检查作业，巩固成果。一堂课讲完了，学生掌握得怎样，教师心中往往是无底的，这时需要通过提问、测验等手段来调查实情。因此，在课堂教学结束时，抓住一堂课或一篇课文的教学重点、难点，设计一些精巧的问题，通过学生的动脑、动口、动手，强化和巩固所学内容，以实现知识和技能的迁移。

十一、教学能力提高的方式

教学能力提高的方式有很多种，包括教学听课、教学反思、说课、课例研修、教学科研等。说课、教学科研等已经在前面的教学中提及，在此重点介绍听课、教学反思、课例研修。

(一)听 课

戏剧大师梅兰芳曾说："演戏先学会看戏。"对教师来说，要想上好课，必须先学会听课，听课是教师专业化水平的体现。同行之间通过听课、评课，找出问题，是提高教学水平的有效途径。听课对象的选择可以是名师的示范课，也可以是同伴的常态课或研讨课。无论什么课，都要秉持一颗平常心，辩证思考，合理取舍。即使有的课问题很多，听课者也可以将其作为一种学习资源，引为借鉴。

听课是教师或研究者凭借眼、耳、手等自身感官及辅助工具，直接或间接从课堂情景中获取相关信息资料、从感性到理性的一种学习、评价及研究的教育教学活动。听课的最终目的是提高教师教学水平，进而促进学生的发展。因此，听课首先要明确听课目的，端正听课态度，以学习和研究的态度听课。听课之前，要熟悉授课内容、听课环境，这样可以集中精力关注教学的过程。听课的要点是听、看、记、思结合，调动多种感觉器官，感受、评价一节课。此外，学会听课记录很有必要。听课记录的基本类型有实录式、叙述式、重点摘录式和图示式。实录式可以借助辅助设备对课堂进行完整记录。叙述式是指听课者用记叙的方式，记忆上课过程。重点摘录式是听课者根据听课的目的有选择地记录，如侧重教学过程时，记录教师的教学环节及其环节中的要点，侧重对一个学生的观察时，就记录这个学生的典型行为。图示式可作为一种辅助笔记，听课者可以勾画一张教室的座位表，运用自己熟悉的符号记录学生的表现。譬如提问时，学生们举手被叫起的数量和学生没举手被叫起的数量等。这不仅会使课后的数字统计变得方便，也可以从分布中把握课堂的整体氛围。

（二）教学反思

教学反思是教师通过对其教学活动进行的理性观察与矫正，从而提高教学能力的活动。教学活动不单单指一堂课，即使是一堂课也不单单只看表面的现象，而要透过现象去理性地思考，从中获得教学技能经验甚至理论，使教师的教学更为理想。

下面这则例子是河北省承德县初中教学能手韩宝荣老师参加一次县级教学大赛后的反思。

进入县级"语文教学大比武"决赛了，突然觉得力不从心，不知如何把准备工作做得更好。学科组长建议我观看初赛时的所有课堂实录及评委点评，说从中会得到很多启示。一遍又一遍观看、回顾、思索，果然不虚此举，我发现了许多不足，也收获了不少的经验。

初赛内容是《背影》第二课时，要求是一律用"导学稿"。刚刚出示完教学目标"体会文章的思想感情"，便有学生质疑："老师，怎么体会文章的思想感情？"我便让学生借助导学稿，按照上面的提示进行阅读，马上就接二连三地有学生问这问那，不知导学稿怎么用。我感到问题严重，及时做了调整，学生才进入状态。但导学稿的作用大打折扣。

"体会文章的思想感情"是很容易达成的目标，学生却不知怎么体会，原因正如评委所讲："教学目标的表述一定要用具体行为目标的方式，避免盲目性和随意性，再简单的目标，老师也要明确学生的行为和要达到的行为标准。"

教学活动的设计既要依据教学目标，也要结合学生实际。我满以为导学案越细致越便于学生使用，于是采用表格式导学稿，尽其所能在表格中罗列讲课所用的素材，殊不知学生初次听我讲课，根本不熟悉我的设计意图，使用不好我的导学稿，五号字整整八开纸那么多内容，看完这些就要占用大部分时间，还怎么实现教学目标？

因"同课异构"，决赛还讲要同样的内容，大家研讨的结果是，将教学目标定为"抓住关键词句体会父子情深"。将导学稿精简为"学习目标""学习任务"和"学法指导"三大方面。

初赛结束后的思考中，还发现我在课堂中的话语仍旧很多，这样，占用了学生不少的自主学习时间，而好的参赛选手要惜语如金，点到为止，这给我的启发很大。于是决定在导学案中设置"独学""对学""群学"式的学法指导环节，在课堂上还权给学生。

学生的时间充裕了，教师的点拨尤为重要，我对学生激励性的评价觉得是那样不自然，肯定得太多，一味地夸奖。现在想想，长此以往学生虽然爱听，但是非对错不易辨清，学生能力怎么培养？因此评价方式必须要科学实用。

在回放中我又听到了评委对我的肯定："教师能和文本共鸣，教师能和学生共鸣，倾心投入课堂之中，这就是你的最大亮点，继续努力！"

带着自信，带着对授课后成败得失的反思，我走上决赛的讲台，获得了"县级教学能手"的光荣称号。

韩宝荣老师之所以能够取得"教学能手"的称号，和他积极的思考是分不开的，积极的思考过程便是教学反思的过程。韩老师初赛时导学稿的失误，和他没有做好"学前反思"有直接的关系，表现为："教学目标"制定得过于笼统，没有遵循"教学目标"制定的五大原则；忽略了教学对象的特点，画蛇添足，导学稿过于繁琐。意识到这一点，韩老师在课上机智处理，顺利完成了教学任务。决赛前的"回放、回忆和比较"是一种实用的"课后反思"，韩老师反思了教学目标是否准确适用，表述是否严密科学，为再次组织教学积累了宝贵经验。在此基础上，韩老师还对自己的教学理念进行了反思，这使得他在决赛时特别强调了"独学、对学、群学"的学习方式，极大地调动了学生的学习积极性，体现了自主学习的理念。从这份案例中我们还可以看到，韩老师还有效运用了横向比较的反思方式，将初赛后自己的表现和别的老师的表现与评委的点评结合在一起，明确了自己的优势和不足，有针对性地为决赛做好了准备，"发现了许多不足，也收获了不少的经验"，这种横向反思的方式也是我们应当借鉴的。

除了上面提到的反思教学目标，还有其他问题要反思，如教学理念、教学机智、教师的教学表现力、教师是否读懂教材、是否读懂学生、教学的重难点是否突出、教学结构是否安排合理、教学效果是否理想等等。教师要把反思贯穿于教学的全过程，既要对教学的各个方面进行整体反思，也要对教学的某个环节进行局部思考。一般有"学前反思""学中反思"和"学后反思"三种方式。可以是纵向反思法，将自己某一项教学活动前后思想、做法以及效果进行比较；可以是和别人比较的横向反思法；可以是总结自己的整个教学活动的个体反思法；可以是多人对话的方式的集体反思法。通过这样的方法可以写成功之处，也可以写不足之处，可以写教学机智，也可以写学生创新，还可以写再教的设计等。

反思不是坐而论道的玄思，而是求真务实的行动研究。

（三）课例研修

课例研修是以课例为载体，将一群志同道合的教师、专家和学校管理者聚合在一起，筛选并确定课堂教学中关注的问题，共同在教学实践中，持续学习、反思并改进，促使团队成员共同成长的研修方式。从教研主题的确定、课例的选择，到课堂观察技术、课例研究方法的培训，从文献的研究、综述，到对教师原有经验的诊断与分析，从对教学设计的不断改进到教师行为、教学策略的连环跟进，从原始观察资料事实、数据的梳理、提炼到课例研修报告的撰写、修改，教师会亲历一次规范的、专业的课堂教学研究与改进的全过程。下面是河北省邢台市第二中学李丽芳老师关于《石壕吏》的课例研修报告，我们可以从中体会到课例研修这种形式对一线教师成长的积极作用。

受传统和习惯的影响，语文课堂上"面面俱到""一讲到底"的教学现象仍屡见不鲜，与我们追求的高效课堂目标相距甚远，我曾为此纠结不已。自从参加了课例研修主题教研活动，我对语文教学"教什么比怎么教更重要"有了更深刻的认识。

我们小组经过讨论，确立研修主题为"通过朗读揣摩人物心理和体会作者思想感情"，课题是《石壕吏》。

在进行第一轮备课时，我们发现，这篇文言诗歌虽然不长，但"教头"却不少：

（1）字词方面：逾墙走 邺城戍 附书至 且偷生 长已矣 更无人 前致词 无完裙 妇啼一何怒 三男邺城戍 出入无完裙 如闻泣幽咽

（2）重点语句：吏呼一何怒，妇啼一何苦；一男附书至，三男新战死；存者且偷生，死者长已矣。

（3）人物形象的分析。

（4）故事情节的梳理。

（5）作者思想情感的抒发。

（6）引导学生背诵积累。

粗粗一理，就有这么多需要老师讲、学生记的内容。很显然，如果这些内容都抛到课堂上，无疑会眉毛胡子一把抓，不得要领，效率低下。为此，我们研究决定：第一轮授课教师对授课内容进行了筛选和压缩，保留了字音认读、词义解释、文意疏通等重要环节。但在实际授课中，时间还是不够用，未完成预定任务。

在专业导师带领下，我们小组成员通过观看课堂录像，做文字实录，统计分析相关数据，对第一轮授课情况进行反思总结，一致认为：要把课上得精彩成功就必须精选教学内容：选点精读，以点带面。备课要在精选课文内容，组合教学内容，精讲、精练、务实、高效上下工夫。

从这个指导思想出发，我们的第二轮、第三轮授课相继做出了调整，共同的做法是通过"课前预习"这一环节，指导学生通过课前查字典、查资料，解决字音、词义和作者简介、写作背景等问题，在培养学生阅读能力和良好习惯的同时，为教读的"精讲"提供保障，从而节省教师的授课时间。如第三轮授课的"检查预习"环节，通过"齐读——二次感知（课下预习是第一次感知）"，授课教师以"吏呼一何怒，妇啼一何苦"这个关键句为突破口，辐射全篇，学生在反复朗读中，体会到了老妇一家的苦难命运，体会到作者对战争环境中百姓苦难生活的同情。课堂虽然超时2分钟，却有效达成了学习目标。

这次课例研修的实践告诉我们，语文教学中"教什么"比"怎么教"更重要。我们的"三轮两反思"授课实现了从"面面俱到"到"以点带面"的突破，也让我对中学语文教学追求单位时间高效率的做法有了深刻的认识。

从这个例子中我们看到，文本细读、文献综述，观察量表、教学设计，初备课、复备课、再备课，整理实录、聚焦问题、行为改进，三课两反思、一轮一改进等，是这种课例研修的方式，让老师们体会到语文教学研究的辽阔与丰富，也见证了自己专业成长中脱胎换骨的修炼。

王荣生教授指出："在评价一堂课的教学方法好不好之前，首先要考察它的教学内容对不对；在感受课堂教学的活跃气氛之后，更要关心学生是不是驻留了与教学内容相应的语文体验；我们还有十分的必要，关注语文课程目标的有效达成问题。"①在《石壕吏》这个课例的研修中，"缘来如此"小组围绕研究的主问题——"这篇课文教什么"，注重行为跟进——"课上做了什么"，基于事件反思——"为什么会这样"，借助团队力量——"思维智慧碰撞"，借助专家引领——"点拨问题症结"，选点精读——抓住"吏呼一何怒，妇啼一何苦"这个关键句，引导学生通过朗读进入情境并揣摩人物思想感情，教学内容精而简，重点突出、细节到位，实现了教学效益的最大化。

---

① 王荣生. 听王荣生教授评课[M]. 上海：华东师范大学出版社，2007：4.

主要参考文献

[1] 倪文锦，谢锡金. 新编语文课程与教学论[M]. 上海：华东师范大学出版社，2006.

[2] 朱绍禹，傅永安，刘淼. 语文课程与教学论[M]. 北京：中国社会科学出版社，2007.

[3] 朱绍禹. 语文课程与教学论[M]. 北京：高等教育出版社，2005.

[4] 阎立钦. 语文教育学引论[M]. 北京：高等教育出版社，1996.

[5] 中华人民共和国教育部. 全日制义务教育语文课程标准（2011年版）[M]. 北京：北京师范大学出版社，2012.

[6] 课程教材研究所. 20世纪中国中小学课程标准·教学大纲汇编：语文卷[G]. 北京：人民教育出版社，2001.

[7] 林岩. 初中学科教师专业发展指导·语文[M]. 石家庄:河北教育出版社，2014.

[8] 张隆华，曾仲珊. 中国古代语文教育史[M]. 成都：四川教育出版社，2000.

[9] 李杏保，顾黄初. 中国现代语文教育史[M]. 成都：四川教育出版社，2004.

[10] 顾黄初，李杏保. 二十世纪前期中国语文教学论集[M]. 成都：四川教育出版社，1991.

[11] 张志公. 传统语文教育初探[M]. 上海：上海教育出版社，1962.

[12] 陈黎明，林化君. 二十世纪中国语文教学[M]. 青岛:中国海洋大学出版社，2002.

[13] 王丽. 中学语文教育忧思录[M]. 北京：教育科学出版社，1998.

[14] 王丽. 名家谈语文学习[M]. 上海：华东师范大学出版社，2007.

[15] 杨春生. 备课技能训练指导[M]. 北京：中国林业出版社，2001.

[16] 李山林. 语文课程与教学论案例教程[M]. 长沙：湖南师范大学出版

社，2006.

[17] 李海林.语文教学科研十讲[M].杭州：浙江教育出版社，2005.

[18] 李倩.中学口语交际教学策略研究[D].天津师范大学，2011.

[19] 苗刚梅.初中语文口语交际课程教材与教法新探[D].河北师范大学，2007.

[20] 张锐.听话教学和听话训练[J].语言文字应用，1993（3）：9-18.

[21] 沈华.如何读出"这一篇"小说的小说味——以《最后一课》教学为例[J].语文教学通讯，2016（10）：61-63.

[22] 蒋光明.语文教学评价的内涵、功能、理念和特点[J].内蒙古师范大学学报（教育科学版），2009（10）：71-75.

[23] 曹建召.论文体知识的演变[J].课程·教材·教法，2009（1）：84-89.

[24] 韩雪屏.审理我国百年语文课程的文体知识[J].语文教学通讯，2010（11B）：7-10.

[25] 王荣生.中小学散文教学的问题及对策[J].课程·教材·教法，2011（9）：49-55.

[26] 张占杰.试论新课标下中学语文教师学者化成长的基本内涵[J].石家庄学院学报，2011（2）：106-110.

[27] 张林.中学散文文体的教学内容的确定[D].天津师范大学，2014.

[28] 张伟.小说教学的核心价值与内容选择——从现代小说观和语文核心素养看小说教什么[J].语文建设，2016（1）：20-23.

[29] 格保永.初中文言文阅读教学有效性研究[D].重庆师范大学，2012.

[30] 王宇清.中学生课外阅读策略指导模式研究[D].华东师范大学，2007.

[31] 课程教材研究所,中学语文课程研究开发中心.义务教育课程标准实验教科书·语文[M].北京：人民教育出版社，2003.

[32] 吴亚男.初中语文经典小说阅读教学研究[D].信阳师范学院，2016.

[33] 田雪颖.初中小说教学内容研究[D].河北师范大学，2016.

附　　录

新课标下文本分析
在高师语文教学法中的教学建构

新课标将语文课程的特点表述为"工具性与人文性的统一"[①]，与过去的语文教学大纲相比，突出了语文课程的人文性。它对学生自主、合作、探究学习方式的强调，对学生个体差异和不同学习需求的重视，"势必改变我们语文课堂的面貌"[②]，也会改变语文教师的面貌。新课标对教师提出了新的要求。作为语文教材的文本不同于一般美文，是一个例子，但又不仅仅是一个例子，它的特质在于它具有丰富的人文内涵，有着一般美文所没有的可解读性。文本分析的主要任务应当是从思想和审美角度对文本进行深入的挖掘，是在学术的基础上，注重开拓学生的认识和审美能力，使他们在这两个方面获得提升。对教师来说，文本分析作为师生对话的平台，要完成的工作不只是对文本本身进行必要的学术准备，还要针对特定年龄的学生，甚至班级特定的学生准备文本。因此，新课标对于教师的要求在于教师应当是一个学者，他在文本分析过程中所体现出来的丰富的学养，独立思考能力、审美能力、教学组织能力，对学生些微心理波动和思想闪光的敏锐捕捉能力构成了新型教师能力的核心。一个只会根据教参讲课，知识面狭窄，没有思想深度的教书匠是很难胜任新课标下的教学工作的，学者化的中学语文教师应当是今后语文教师应当追求的一个目标。因此，高师语文教育应当为他们将来成为学者化的教师做必要的准备，从这一角度说过去语文教学法课程的教材分析训练存在着较为严重的问题，训练的内容过于关注阅读的形式，对教材内涵的挖掘显得不充分，再就是根据文体按一定的模式"分析"文章的主题，写作方法，最后学生学到的不是分析方法，而是分析程式。对新课标来说，这种教材分析训练导致高师学生走向教师岗位时，只是教给学生阅读的基础

---

① 中华人民共和国教育部. 义务教育语文课程标准（2011年版）[M]. 北京：北京师范大学出版社，2012：2.

② 秦训刚，晏渝生. 全日制义务教育语文课程标准教师读本[M]. 武汉：华中师范大学出版社，2003：7.

。

知识，没有告诉学生阅读的本质在于除了获取信息，还要同时学会分析信息，将信息转换成自己的素养。对于语文教法课来说，一方面，我们应当重视教学基本功如教师口语、板书设计、导语设计、教学设计等的训练，另一方面，按照新课标对教师的要求，也应当下大力气提升教师的素质，在教材文本分析能力的培养上探索新的道路，为将来中学语文学者化教师的成长打下坚实的基础，具体而言，应当将中学语文课文文本分析作为一门课程纳入教法课的课程体系当中。

在当前语文教法课中，各个院校的具体教学内容虽然不尽相同，但基本上采用的是理论加能力训练的课程模式，其中，能力训练的内容包括教案写作、板书设计、课堂语言训练、教材分析等内容，它们是作为学生的教学基本功设计的。应当说，这些内容可以使学生初步认识中学语文教学，但在新课标形势下，这些内容显然无法完全与现实中的中学语文教学的课程要求接轨。将文本分析作为一门课程纳入教法课程体系中，目的是以中学教师的学者化为目标，在具体的文本分析个案训练中，用一种严格的治学精神对中文专业知识根据不同的文本内容进行融合、运用，真正做到学以致用，化知识为具体的思考、表达，结合具体文本分析，注重学术方法的习得，书面表达的规范性，初步掌握学术研究的基本方法，为今后独立从事教材研究打下基础。课程结束时学生应当学会独立完成一到两篇具有一定学术价值的教材文本分析文章。这种训练不同于一般研究性学术训练：它的文本分析范围局限于教材，只学习基本的学术方法，文本研究之外，还要紧密结合学生的实际情况，对教育学、中学生心理学做较为深入的钻研，对这一时期的中学生有一个完整而理性的认识。这一课程更高的追求在于，在文本分析的过程中，学生逐渐从感性到理性地完成新课标语境下对语文学科及语文课的认识，结合新课标及以往做中学生或教育见习的经历，对语文课应当教什么，学生应当从语文课中学到什么，得出自己的见解，逐渐形成自己的语文教学和语文教师理想，在语文教学的准备阶段就形成良好的反思习惯，并以此为契机，造就反思型语文教育人才。

文本分析课应当是高师教法课新教学方式的试验台。以往的教法课有许多不令人满意的地方，突出在于教学方法的陈旧，教师在讲台上传授基础理论，学生头也不抬地记笔记，最后是学生将笔记内容体现于试卷上，教师心安理得地给一个成绩。出了校门，学生才知道中学的教学环境，对教师的要求远远不是教法课上讲的那些，教法课成为师范教育最没有效率的课程之一，看一看当代较为成功的语文教师对于教法课的评价有时是很令人汗颜的。①如何使高师教法课变得有效率确实是我们这些教师应当认真思考的问题。鉴于这种情况，我们对于高师教学法课程的改革探索就从文本分析课开始。这一实验是以对话为宗旨的，目的是形成教师与学生互动中推进课程的教学模式，改变过去那种教师根据既定课程方案推进教学难以进行个性化教学的教学模式。这一课程的基本程式是：（一）课前给学生指定或共同确定要分析的教材文本，指导学生做读书笔记，对文本阅读中想到的问题整理、筛选，课上师生互动，搞清哪些是有价值的问题，哪些是自己可以解决的问题，教师在此基础上介绍思考、解决问题的方式、方法，课下学生据此进一步阅读思考。（二）通过课上讨论，课下实践，指导学生搜集、整理相关资料。着重介绍搜集整理资料的途径、方法。（三）结合某一同学准备工作的情况，讨论如何从搜集的资料当中找出有价值的问题，着重分清学术界的问题和教师教学当中遇到的实际问题之间的差别与联系，指导学生如何结合具体的教学语境解决问题。（四）指导学生写较为规范的文本分析文章，采取教师示范、习作修改等方式。这一课程的特点在于它是开放性的课程，每节课有一个大致的教学目标，上述课程内容大致有先后之分但并不绝对，会随时根据学生的情况做即时调整，课程在讨论中进行，一节课的教学方向会根据学生的认识而改变、拓宽、加深，充分实现教学的有效性原则。课程形式根据内容灵活处理，有时以老师讲解为主，有时以讨论为主，每节课教师都要做总结，谈学生们的收获，谈应当努力的方向，明确下面的目标，为下一节课的讨论、互动做充分的准备。学生和教师都是有备而来，带着问题而来，这就保证了教学的有的放矢，保证学生每节课都有切实的收获。文本分析训练课的目标不在于达成对文本的统一理解，而在于课程实施过程中对学生思维的训练，习惯和规范的养成，知识整合能力的提高，对自身能力结构的发掘与完善，对特定语境下中学生文本接受方式的认识，对当前中学教师文本分析方面出现问题的反思，对相关教学理论的再思考，等等。总之，作为一个新的实验平台，这一课程以文本分析为切入点，建构的是高师教法课师生平等对话的新型教学观。

教材建设应当成为文本分析课的一个重要环节。就目前高师教材出版而

---

① 当代一些有影响的语文教师很少谈求学期间教法课对他们的影响。以郭初阳为例，对他影响比较大的作者都是一些著名的哲学家、历史学家，他1996年毕业于杭州师范学院中文系，在六七年内，以其语文课堂的革命性冲击闻名全国，这与他深厚的人文修养以及由此产生的对语文学科的独特理解有直接的关联，但令人尴尬的是，一位熟悉他的作者说："郭初阳不读教法书。"

言，除了理论教材之外，各地出版社编辑出版了大量的教学基本功教材，供中学教师在职培训和高师学生学习之用，这些教材的缺点是显而易见的，就是将所谓的基本功定位在朗读、板书设计、教案书写等方面，而对于最能显示一位教师基本素养的文本分析能力没有相关的教材，这里需要说明的是，也有一些教材有文本分析内容，但它们不过将中学语文教学参考书用另外一种形式编写了一下而已，很难说对高师学生有什么作用。为此，我们以为，编写一本切实的、适应新课标的中学语文文本分析教材刻不容缓。这一教材的基本理念是以具体的中学语文文本分析为切入点，在语文学科人文性特点的基础上，体现新课标对中学生语文素养的理解。教材应当以经典的篇目为主，在文体上有代表性，思想内涵足够丰富，具有可分析性，审美风格多样，甚至还可以附上一些不同时期、不同版本的经典篇目，相关的争议，以增加文本的可对话性。教材的特点应包括以下几个方面：一是强调学术方法的训练。知识的综合运用，思考问题的方法，资料的查询方法，理论框架的设计，都应结合具体的文本，不同的分析文章做详细的介绍，因为学术能力的提高对高师学生适应新课标下的语文教学时必须的，无论是日常教学还是选修课的开设，都是以这种学术能力为基础的。二是在教材中要探讨中学生的文本接受问题。这是对上述学术能力的补充，中学教师所要求的学术能力不是一般治学所要求的学术能力，这种学术要研究中学生的心智水平，以设计文本分析的切入点，切入的角度，研究的深度和广度。考虑中学生文本接受问题的实质是寻找学术与中学生合理对话的平台，目的是提高中学生的语文素养。三是探讨高师学生文本分析文章的写作问题。我们总觉得，对问题的思考只有落实到文章层面上才算告一段落，当然，这种文章的写作是有难度的，或者说，并不是所有的高师学生都能够写出像样的分析文章，但当我们将它看做是未来教师素质的一部分的时候，就会觉得它是高师学生必须具有的能力，此类文章的写作本身就是对高师文本分析课程倡导的中文专业知识整合能力的具体实践。

（原载于《新课程研究》2010年第2期，与辛志英合写）

创作与解读的冲突
——重读《从百草园到三味书屋》

  《从百草园到三味书屋》是鲁迅先生的名作，1956年首次入选初中《文学》教材，以后的中学语文教材多作为保留作品，滋养了一代又一代的中学生，欣赏评论文章多年来层出不穷，又在一定程度上左右着中学语文教材对教学目的、教学重点、教学难点的设定，但统观大多数解读文章，或多或少的存在着误读或有意误读的现象，究其原因，与文本创作语境和解读语境之间的不同有关。本文试图将文本创作与解读语境还原，探讨这篇文章的真实意蕴，追寻后来的误读情况及其原因。

一

  《从百草园到三味书屋》是"五四"散文大背景下的创作。这一时期散文的精神是什么呢？郁达夫在总结"五四"以来散文成就时说："五四运动的最大的成功，第一要算是'个人的发见'。……以这种觉醒的思想为中心，更以打破桎梏了之后的文字为体用，现代的散文就滋长起来了"，"每一个作家的每一篇散文里所表现的个性，比以前的任何散文都来得强"。①这就是说，现代散文的精神特质在于它的个人性，人们把散文视为不加雕饰，自然流露作者个人真性情的个人文体，因此，个性的内涵和品位内在的决定着其散文的特色与价值，"散文种境界的大小高低，体性的刚柔奇正，现代气息的浓淡强弱，艺术旨趣的新旧雅俗，无不与作者的经验、素养、襟怀、识见诸因素密切相关。"②鲁迅是现代散文理论的奠基者之一，也是现代散文创作的开拓者，他的《朝花夕拾》是现代散文理论的集中体现，又是现代散文的代表作。因此，在解读《从百草园到三味书屋》这样的名作时，这一理论背景是

---

  ① 郁达夫. 中国新文学大系·散文二集导言[M]//王钟陵. 二十世纪中国文学史文论精华·散文卷. 石家庄：河北教育出版社，2000：122.

  ② 汪文顶. 现代散文的基本观念与发展历程[M]//汪文顶. 无声的河流——现代散文论集. 上海：上海远东出版社，上海三联书店，2003：5.

不应被忽视的。

《从百草园到三味书屋》的写作是在极其复杂的环境与心绪中进行的，这一时期他经历了人生的种种厄运。先是同二弟周作人的亲密关系因家事而中止，从他搬出八道湾的那一刻起直至去世，二人形同陌路，长庚启明分离，再也没有聚在一起，他失去的，不只是一个弟弟，还有一位情投意合的战友。再则是因在"三·一八"惨案中声援学生，受到陈西滢等所谓绅士们的攻击，又遭北洋政府的种种刁难，加上其他原因而不得不南下厦门，另谋新差，即使在新地厦门，他也并没有好过多少，生活不便，另一阵营同事的排挤，使他每天除上课之外，便是蜗居在校图书馆上的卧室里读书、写作，夜晚透过窗户，可以看到外面坟茔中的鬼火，孤独之情油然而生。但重重厄运之中也会有些许幸运降临，正是在这一时期，许广平闯进他的生活世界，给他寂寞的心灵增加了一些温暖，这也影响了他的写作，在《朝花夕拾》这类写给自己的文字中，我们会隐约在某些篇什中感到一丝温情。

二

一些评论者在谈到《朝花夕拾》的文体时，看到了这些不同时间中写作的文章在文体上的差异，也看到了鲁迅作为一个有深厚学养的学者和积极入世的思想家对散文创作的影响，指出《朝花夕拾》是文明批评与社会批评的载体，他是以杂文家兼诗人的气质创造着只属于他自己的文体[①]。具体到一篇《从百草园到三味书屋》又何尝不是这样呢？在这篇文章中，我们看到只属于鲁迅自己的那种复杂的情感，当中不只有对儿时有趣生活的沉醉，也有成年后眷顾过去的沧桑，身处漩涡，又使他情不自禁斜出一笔，对所憎之人旁敲侧击。写作中，精神放松，游目骋怀，抒情、议论、讽刺，或隐或显，收放自如，构成了此文文体风格上的自由丰腴。

《从百草园到三味书屋》是由成人和儿童的双视角构成的。两种视角面对叙述的事情时，专注的内容是不尽相同的。从总的方面而言，文章由成人视角引领，以成人的阅历、眼光咀嚼所叙之事，叙述具体内容时，又以儿童的眼光、视野体味，这便构成了成人与儿童心灵上的交汇，既使读者沉醉于儿童生活的快乐与单纯，又使读者从成人视角中感受到作者叙述时的那种沧桑、激越、无奈与欣慰等种种复杂的心绪，文章在一种繁富的感受中完成了主题的表达。

文章一开头，就是以成人视角来回顾儿时的乐园，在诸如"现在是早已

---

① 李德尧. 谈《朝花夕拾》的文体[J]. 晋东南师范专科学校学报，2002（4）：12-15.

并屋子一起卖给了朱文公的子孙了，连最末一次的相见也已经隔了七八年"的语言中，扑面而来的气息是一种怅然若失的伤感，文章末尾，作者对三味书屋留恋之余，感慨道："他的父亲是开锡箔店的，听说现在自己做了店主，而已快要升到绅士的地位了，"①即使不了解鲁迅写文章时的个人背景，从前后语言的对比中，也会分明感到其中的弦外之音，对于"朱文公""绅士"必定有着某种难以言说的芥蒂，这种无奈而略带嘲讽的语气，与整篇文章的温馨情调不怎么协调的，但正是这种不协调构成了此文特有的浑厚色调，一个身处漩涡的中年人，根本就无法使自己的生活单纯、透明。在鲁迅其他以成人视角叙述议论的文字中，我们可以清楚感到文字背后丰富的内涵。再如在叙述了美女蛇的故事之后，他接着说："这故事很使我觉得做人之险。"这不是一个儿童能说出的话，是经历了人生种种险恶之后的顿悟。可以说，鲁迅是用一个中年人的人生经历观照当时，总结自己的这几十年经验。

儿童叙事视角是这篇文章的主要叙事视角，这种视角是从儿童当时的感受出发的。在"碧绿的菜畦，光滑的石井栏，高大的皂荚树，紫红的桑椹"的背后是儿童新奇的眼光；在美女蛇故事的叙述中，鲁迅运用引述，以儿童的语气说之，我们可以感受到儿童恐惧中的那份兴奋；在对三味书屋的叙述中，也可以感到儿童的那份好奇："出门向东，不上半里，走过一道石桥，便是我先生的家。从一扇黑油油的竹门进去，第三间便是书房。"作者不厌其烦地叙述路上每一个细节，表现的是第一次上学儿童兴奋又有些急切的心理，对"扁"和"鹿"的行礼，在叙述的语气上更多的是一种好玩。以前有些文章说鲁迅写三味书屋的生活是为了表现其枯燥，根据是鲁迅叙述的内容，诸如不许乱问问题，课业艰深乏味，学生没有兴趣而在课堂上做各种小动作，虽也能说明部分问题，但如果注意到作品的儿童视角之后恐怕会得出不同的结论。作者以儿童视角叙述时，内容上是以"有趣"为宗旨：他问"怪哉"这虫完全是出于好奇，以为一位老师可以像长妈妈一样由着他问问题，被拒绝之后才突然觉得不是这样，并得出一个儿童既可笑又合理的结论："所谓不知道者，乃是不愿意说，年纪比我大的人往往都如此，我遇见过好几回了。"自作聪明里又透着一种可爱的幼稚。在沉闷的私塾生活里什么最有趣呢？自然是玩，各种各样偷偷摸摸地玩，去后花园，折腊梅花，捉了苍蝇为蚂蚁，指甲上做戏，画画，等等，不都是玩吗？私塾生活的基本内容——上课，作者只是用了几句话就一笔带过了。

---

① 文中引用《从百草园到三味书屋》原文处，均见2001年人教版义务教育课程试验教科书《语文》（七年级下册）。

有时候儿童视角和成人视角在文中是叠加在一起的。比如："我不知道为什么家里的人要将我送到书塾里去，而且是全城中成为最严厉的书塾。也许是因为拔何首乌毁了泥墙吧，也许是因为将砖头抛到间壁的梁家去了吧，也许是因为站在石井栏上跳了下来了吧……都无从知道。总而言之，我将不能常到百草园了。Ade，我的蟋蟀们！Ade，我的覆盆子们和莲花们！"表面看来是以儿童视角书写的，就内容而言，它表示的是对大人行为的不解，但我们品味出一种无奈中自我调侃，有着浓重的成年鲁迅的语气，可以说这是成年后的鲁迅在回忆童年生活时，对命运安排的自嘲。就像是说，该上学了就得上学，碰上严师也没有办法，这是自己左右不了的，一个中年人遇到了无数诸如此类的事情，渐渐也不会像第一次遇到这种事时那样义愤填膺，而代之以自嘲。这就远远不是一个儿童的心理所能概括的了，就文章所表达的经验与人生态度来说，它是实实在在的成年鲁迅的视角。

以儿童的眼光看自己的生活，是充满乐趣的，以成人的眼光看自己儿童的生活，情感是复杂的，这就是《从百草园到三味书屋》中两种视角带给我们的阅读感受，二者在文章中相辅相成，单纯与复杂交织，快乐与无奈相随，它有着儿童快乐的体验，也有着成人深沉的思索。就文章内容来说，鲁迅要在文章中写出此时此刻独特的自己。就文体而言，文章固然有诗意的文字，但也不乏讥讽与自嘲，它将诗与杂文有机结合在一起，当中有中国传统抒情文章的笔法，也将Eassy（随笔）的精神发挥得淋漓尽致，鲁迅有着清醒的文体意识，既有中国传统的影子，又有西方自由精神的灌入，他在创造着一种新的散文文体，忽略了这些，就会对文章的文体产生误读。

三

当《从百草园到三味书屋》进入中学语文课本时，无论是解读的社会环境，还是理论环境，都与鲁迅创作时发生了很大的变化。具体说，新中国成立后，散文的精神气质不再被自由精神主宰，而是处在统一的国家抒情体制的规范之中，五四散文的发展所形成的文体净化倾向也使得此时的散文概念与五四时期不尽相同。这势必影响到对《从百草园到三味书屋》从主题到文体的理解，当这种解读不是建立在对创作语境尊重的基础上，而是建立在现实语境并服务现实的基础上，误读甚至是有意误读就在所难免。

新中国成立后，在新的社会形态形成的集中统一的体制下，知识分子尤其是作家，完成了从自由言说到自觉言说的整合，主动放弃个性追求，真诚融入工农兵之中，热情赞美新的社会制度和工农兵群众，文学无条件服从政治路线和政治需要，创作指导思想在制度上排斥文学观念上的多元状态，使文学拥有排他性的文学价值体系、情感方式与审美个性，由此形成一种国家抒情机制①，散文创作由自由状态下对独特个性的书写变成了绞尽脑汁迎合主流思想的模式化写作。

这样一种抒情机制对散文解读的影响是显而易见的，表现在《从百草园到三味书屋》上就是，评论者往往根据当时的政治需要去理解文本。首先是鲁迅的学生和鲁迅研究者对文章的解读采取这种方式。如许钦文在其所著《语文课中鲁迅作品的教学》一书中对此文逐段进行理解，指出其中有表现儿童兴趣的地方，也有表现封建教育不合理的地方，意在遵照"周扬部长的指示来写，就是通过鲁迅先生作品的阐明，灌输爱国主义思想和社会主义思想"②。雪步据此作出了自己的解释："通过百草园和三味书屋儿童时代两种截然不同的生活的描写，所表达的主题则是揭露和批判以孔孟之道为核心的封建教育制度，从而表现鲁迅对封建社会及其教育制度的彻底否定。"③李何林在1974年出版的《北京市中学语文课本中十五篇鲁迅作品的问题试答》中也有近乎一致的理解。这些文章从发表的时间上看大多在20世纪60—70年代，是随着中学语文课本选入该课文而作的具体阐述。同一时期，中学语文教材的教学目标设定及教参中对此文的解读也基本上是按照这样一种理解进行。如最早将《从百草园到三味书屋》选入教材的1956年版初中《文学》课本对此文的解读是以教学目标的方式设定："学习此文要使学生认识到封建教育是束缚和损害儿童身心发展的。"④1961年版的《十年制学校初中课本（试用本）语文教学参考书》（第二册）中，说得更为明确："在这种对比之下，明显地看出作者反对摧残儿童的封建教育思想"，"文章结尾提到那些画像，也就是表示对这段淘气生活的怀念。着力写出孩子们对兴趣的追求，正表现作者对这种束缚儿童智慧发展的教育制度的憎恶。因此，讲授这一课，目的在使学生认识封建教育是束缚和损害儿童身心发展的，因而感到自己生活在

---

① 梁向阳. 抒情机制的确立与抒情散文的兴盛——"十七年时期"散文现象浅论[J]. 海南师范学院学报（社会科学版），2003（6）：53-57.

② 许钦文. 语文课中鲁迅作品的教学[M]. 上海：上海教育出版社，1961：3.

③ 参见山东师范学院聊城分院中文系1976年编辑的《鲁迅作品教学手册》（未公开出版）第93页。

④ 董奇峰，苗杰. 中学语文教材（1950—1977）中鲁迅作品的选录与解读[J]. 中国现代文学研究丛刊，2002（1）：113.

今天的新社会里受到新教育是很幸福的，必须好好学习"①。以上是十七年乃至文革后很长一段时间学术界和中学语文教育界对《从百草园到三味书屋》的典型解释。文革后随着思想解放运动的深入，对《从百草园到三味书屋》的主题有了许多新的解读，诸如"《从百草园到三味书屋》的写作充满了情趣，是为许广平写的恋人絮语"，"通过儿时的百草园和三味书屋美好生活的回忆，表现了儿童热爱自然，只求自由，充满好奇，天真活泼的天性和对儿时充满童真童趣生活的无限留恋，对成年后所处的现实生活的不满"②。观点纷呈，但都集中于是否"表现反对封建教育"这一点上，忽视了文本主题在自由个性支撑下的独特性、深刻性、丰富性特点，终觉隔靴搔痒，不能切中肯綮。

四

对《从百草园到三味书屋》解读的另一障碍来自五四以后散文文体的净化倾向以及相应的散文模式与鲁迅写作时散文形态上的错位，或者说，对《从百草园到三味书屋》的误读并不完全是统一的国家抒情机制方面的原因，还有现代散文文学性追求中存在的弊端方面的原因。

朱自清先生在讨论五四散文时认为在当时文学诸体中小品散文是最发达的，其发达的原因有二，一是中国文学的顺势，二是外国的影响③。这种判断是很有见地的。中国古代散文，从来不是纯文学意义上的散文，它是包含着许多应用文体的一个文类，其文学性体现在文体规约下的抒情性。五四散文继承了这一传统，但所表现的思想是区别古代的现代思想，也是在这一散文观念下，引进了外国许多新的散文文体，一时间，文体丰盈，思想纷繁，蔚为壮观。鲁迅先生对现代散文的特点与传统有着清醒的认识，他在《小品文的危机》一文中所言散文体裁"大可随便"的议论，既体现了他对散文本质的认识，又体现了他文体上的自觉，他认识到散文写作的难度在于其文体形态、风格与写作者的精神个性紧密相连，抽调个性，散文的外在形态是很难

---

① 十年制学校初中课本（试用本）语文教学参考书：第二册[M]. 北京：人民教育出版社，1961：23，24-25. 转引自：薄景新. 十七年时期鲁迅作品所谓教参解读[J]. 鲁迅研究月刊,2006（12）：48.

② 参见人民教育出版社2001年出版的《义务教育课程标准试验教科书·语文教学参考书（七年级上）》所列分歧意见文章。

③ 朱自清. 论现代中国的小品散文[M]//俞元桂. 中国现代散文理论. 南宁：广西人民出版社，1983：405-409.

自立的。但并不是所有的人都看到这一点。在表示旧文学之自以为特长者，白话文学也并非做不到的竞赛心态之下，周作人提倡美文作为对文体的自觉追求被狭隘地引到净化一路上去了，它重视了散文抒情本质的体现，却忽视了文体形态与抒情内容之间相辅相成的关系。在净化追求之下，每一时期因时因意而形成的散文文体随着它的成熟而被抛离，最后只剩下"抒情散文"一种，承载着散文的全部本质，散文作为文学文体虽然建立起来了，但在丰富的文体规约中抒情的中国散文传统也就此被颠覆，而没有个性支撑的抒情将不可避免要求统一趣味，五四以后的现代散文倾向是追求与传统审美趣味的认同，在当代国家抒情机制中，这种认同只留下一个诗意追求的外壳，其内容被"大我"之志的意境追寻填补，于是在十七年形成了以杨朔、刘白羽、秦牧散文为代表的当代散文模式。一时间，它成为散文审美的重要标尺，评论家衡量一个作家散文风格成熟与否的根据。

《从百草园到三味书屋》被选进中学语文课本的时候，也正是以寻求意境为核心的散文大行其道的时候，它必然影响到对此文的解读。首先，就散文艺术而言，评论家及中学语文教育专家将注意力集中于这篇文章意境优美的文字，如对百草园环境的描写，在写法、内容表现上作重点阐释，教师也将其作为讲解和作业练习的重点，这里固然有这一部分适合中学语文教学的成分，但也是与当时散文对诗意的过分关注有关，或者说，阐释者在运用鲁迅的文章阐发当前的散文观念，为他们所认为的理想散文作注解。其次，所谓"对比结构"，是解读者基于散文抒情模式的想象。很少有论者与语文教育专家将三味书屋的生活作诗意的理解，毕竟它描写的是旧式教育的枯燥生活，解读者注意的是私塾的授课内容以及课堂管理形式而没有顾及鲁迅对这种生活所作的选择性描写。私塾的授课内容或许是枯燥乏味的，课堂管理方式或许并不符合儿童的成长要求，但并不等于说这一阶段的生活就一无是处，不值得留恋，从前面的分析可以看出，解读者的错误在于将私塾课程等同于私塾生活，将自己对私塾课程的态度想象成鲁迅对这段生活的态度，而没有从整篇文章出发理解作者这部分内容所展现的真实的情感态度。但从另一个角度而言，百草园文字的内容与解读者所理解的这段文字中蕴含的思想意义正好构成一种对比，对比中所形成的主题与统一的国家抒情机制的要求相吻合，此文也就当然得成为当时散文诗化模式的典范。

就这样，在把抒我之情，言我之志当作散文第一要务和审美重要特质的五四散文精神指导下创作的《从百草园到三味书屋》，在当代统一的国家抒情机制及散文文体净化追求的理论背景之下，其精神内涵中的温情、幽默、愤激与无奈等复杂的个人因素在不同时期抽减成几个不同性质的单一主题，艺术风格上的自由、醇厚也被净化得诗意盎然。如果说，五六十年代作此解读我们并不惊讶，可悲的是，这种解读方式一直持续了近四十年，思想、艺术理论的不断创新对中学语文界仿佛丝毫不起作用，教参编写者及许多中学语文教师依然抱着这样一种陈腐的思想艺术观念误读鲁迅，直到新课程标准颁布以后，中学语文课本对此文的阅读指导才变得较为开放起来，允许其他方式的解读，这不能不叫人深思。

（原载于《石家庄学院学报》2008年第1期）

两位父亲的对话

——重读《背影》

　　《背影》是朱自清先生散文的代表作，发表至今历80余年，魅力不减，依然被编入各类中学语文教材，这是由《背影》自身深刻的思想内涵与精湛的艺术表现决定的。《背影》发表之后，好评如潮，其中不乏像叶圣陶、李广田等大家的评论，但读后仍觉意犹未尽，以为《背影》并不是一般的写父子之情的文章，它还有更深的精神内涵。现在，我想从朱自清如何表现父子关系的角度展开讨论，以期抛砖引玉，就教于大方。

一

　　中国自古至今，纪念前辈的文章层出不穷，无论是描写自己的父亲、母亲，还是师辈人物，一个共同的特点是，这些文章大都以仰视的态度回顾自己的长辈，记其贤德，念其恩情，在我们这个祖先崇拜的国度，于情于理都是自然的事情。《背影》表面上并没有跳出这方面的窠臼，它以大量的笔墨描写自己的父亲，如车站送别，父亲对儿子的拳拳之心跃然纸上，令无数人感动的原因在于它没有着力渲染父亲作为男人其坚强挺拔的一面，而是写出了坚强外表下男人细腻、温柔的一面，也难怪后人在阅读《背影》时把此刻的父亲作为母性的意象去解读①。其实，坚强与温柔在一个男人身上同时存在并不矛盾，只不过由于其社会角色与承担的责任，它向世人展示更多的是其高大威猛的雄性特征，而轻易不愿示人温柔的一面。《背影》中的父亲依然是一个男人，此时的他正在艰难中默默挣扎，差事交卸，母亲去世，家境日衰，祸不单行，打击接踵而至，他有脆弱的一面，送别时刻，对长子的关怀，与其说是父子情深的体现，不如说是在此艰难时期，从另一个男人——长子身上寻找精神支撑的潜意识显现，这是由长子在一个家庭和在父亲心中不同于其他子女的地位决定的，这一点，在送别八年之后，表现得更为明显，面对

---

　　① 蒋济永.《背影》里的"背影"解读[J]. 中国现代文学研究丛刊，2001（1）：234-239.

已长大成人的长子，他有了片刻松弛与安闲，自以为完成了对家庭的责任，他可以无所顾忌迁怒儿子，而不必再像从前那样小心翼翼，也可以在儿子面前说："惟膀子疼痛，大约大去之期不远矣！"此时，他有了更多的时间，更为从容的心态，来品味自己的一生，他感到满足，又有些伤感，这种感受确实是复杂的，只有有了一定经历的人才能体会到，而表现父亲作为一个男人的这些感受，就不能以仰视的角度，作者必须富于热情，又不失去理智，洞悉父亲精神深处的这些秘密，必须平衡儿子的角色与思想者的角色，感情与思想的表达才能既不违伦理又见出理性的光辉。

二

朱自清正是这样一个理解者和感受者，在《背影》一文中，他扮演着双重角色——孝子与对话者，孝子的角色需要仰视父亲，对话者的角色则需要平视父亲，看似矛盾的角色在朱自清这里达到了完美统一，这里有切实的生活和思想基础。

朱自清与父亲的关系既有时代特色，又有一般父子冲突、融合的年龄与心理特点。朱自清是在父亲的悉心呵护与殷切期望中长大。中国传统家庭是非常重视长子教育的，一方面是将其作为家庭顶梁柱和继承人培养的，另一方面是为弟弟、妹妹树立榜样。因此，无论品格的锻造，修养的历练，乃至身体的健康，都十分用心。这一点，朱自清享受了父亲更多地关心，从名号的取得，到开蒙入私塾，日常生活中随时随地的教育，倾注了父亲大量的心血。朱自清做事严谨、惟兢惟业、志向高远的可贵品格，无不打着父亲深深的烙印。朱自清对父亲也是感激孝顺的。他腹有诗书，学有所成，作为长子，在家庭遇到困难时，义不容辞承担其全部责任，从大学预科到本科毕业，本需6年时间，他发奋读书，仅用四年就完成学业，为的是减轻家庭负担。工作后又供二弟上学，偿还父亲欠下的债务直至去世。在"五四"反封建的氛围中，他以家庭及自身经历为背景，以妻子武钟谦为原型写成小说《笑的历史》，父亲以为家丑不可外扬，对朱自清产生误会，又由于其他原因，父子隔阂日深，朱自清认识到这一切，不想使父亲伤心，遂写《背影》，收这篇文章的集子一出版，立刻邮寄回家，父亲阅读时"手不住地颤抖，昏黄的眼珠好像猛然放射出光彩"，以至几年后"他是带着满足的微笑去世的"。①

但不可否认的是，朱自清与父亲有矛盾。一般家庭中，长子与父亲有矛

---

① 朱自华. 朱自清与《背影》[N]. 人民政协报，1998-10-25.

盾是正常的。这是由于父亲对于长子大多要求甚严，所谓玉不雕不成器，铁不打不成钉，父子冲突最厉害的时间，大多在儿子青春期内，这早已为心理学理论所证明。十四岁时父亲就为他张罗婚事，十八岁找到武钟谦，十九岁考上北京大学预科，结婚，到写《背影》的1925年，28岁，已是4个孩子的父亲。青春期是天然的反抗年龄，加之新文化运动的熏陶，以及毕业后父亲对儿子经济上的管束，父子冲突一再爆发。①尽管如此，"在中国传统家庭观中，家庭的构成是以父子关系为轴心的，即使父子之间有分歧，其轴心是不会断裂的"。②

整体而言，朱自清对父亲是恭敬而孝顺的，何况，28岁的年龄，四个孩子的父亲，使他早已洗去了青春期的冲动，回归了理性，一个作家对人生有更为深切的感触与思考，遇到父亲来信这一契机，使他对父亲也对自己进行了新的审视，它融入了多年来复杂的心路历程与心理感受，突破了父子关系的思考范围，向着更为深切的人生岩层挖掘，获得了人生态度上的悲悯情怀。

在对父亲的描写中，生活经历是理解的基础，但要从更深层次上认识父亲，则需要思想上的穿透力。对朱自清来说，这种穿透力来自五四科学民主精神下的新道德意识。它是以个人主义为本位，倡导人与人之间自由、平等、独立。在这样一个视野下，朱自清在《父母的责任》中为父子关系作了新的定位，他以现代知识为基础，破解了笼罩在父子关系上的那道神秘的樊篱，指出父子关系只具有生物学的意义，就其人格而言，二者是平等的。对社会来说，父母的责任是让子女有充足的力量，去自由发展，成为成功超越自己的人，为社会发展尽自己的一份力量。对朱自清来说，内心深处把父亲看做是与自己是平等的人容易，面对父亲时把他看做是家庭的主宰也没什么困难的，难就难在当他把这两者放在一起时该做怎样取舍，这不但是朱自清面临的困境，而且是当时一代人面临的困境，鲁迅、胡适、闻一多等莫不如此，各人的处理方式不同，结果有悲有喜，各不相同。这种新的道德意识的继承和发扬，除了要克服外在的阻力，这些倡导者和实行者还要付出巨大的努力，克服来自自身的传统因袭，他们必须时时更新前进，否则这种新的道德意识只能走向新的不平等，甚至死亡。《笑的历史》的发表，引起了父亲的误解，使本来不甚和谐的父子关系火上浇油，面对现实，朱自清又一次处在思想与现实的矛盾中，他需要做出选择，既要平息父亲的怒火，又要维护自

---

① 陈孝全. 朱自清传[M]. 北京：十月文艺出版社，1993：36.

② 吴周文，王宏根，易华，等. 经典重读与可靠的研究方法[EB/OL]. [2006-10-09]. http//news.yztuday.com/73/2003-04-25/20030425-39597-73.shtml.

己刚刚建立起来的新道德意识。有意思的是，他最终对父亲的回应不是直接写信，求其原谅、宽恕，从而做出一幅完全投降的姿态，而是写了这样一篇情真意切的散文，将心比心，与父亲对话，表达出对父亲的尊重与理解。这种方式本身意味着他首先把父亲当作与自己平等的人看待，没有把自己放在唯命是从的从属地位，但他充分照顾了传统，维护了父亲的尊严，在思想上激烈反抗传统与现实生活中尊重传统中形成一种妥协。

三

让我们回到文本，看看这场父子对话是如何展开的。

《背影》采用回顾视角来写父亲。回顾视角与现实视角的区别在于时间上的差别，现实视角将作者的思考、叙述与事件的发生基本保持同步，它具有更多的感触性。回顾视角的特点在于作者的叙述与事件的发生不在一个时间段内，这有利于作者以一种更全面更理性的方式看待所叙述的事件和人物，对于散文作者来说，作者的阅历修养成为事件走向和人物评价的决定因素。对《背影》而言，这种回顾视角的特别之处在于，《背影》的写作，朱自清对父亲的全部感情虽缘于文末的那封信，但《背影》的写作在激情之余，更多的是对父亲理性的阅读过程，这从《背影》内容的安排上即可见出。首先，它详细交代了父亲依依不舍之情的背景，差事交卸，母亲去世，家道中衰，此时长子又要远离自己，可以说，打击接踵而至，内心的凄苦之情与无助之感又难以向家人表白，如前文所说，中国的家庭，长子在父亲心目中的地位与其他子女是不同的，他是顶梁柱，是未来，是自己所有的寄托，但中国的父亲和男人是不会轻易用语言表露自己的情感和想法，他们往往喜欢用行为去表达，一切靠儿子去理解、体会。事实上，从文章的行文中，我们看到儿子也正是带着这种探究的眼光注视着父亲这一切不寻常的表现，最后终于明白父亲的心思，"我的眼泪很快流下来了"，"我的眼泪又来了"，两次眼泪说明父亲由感动到理解的过程。朱自清这段背景的安排是为父亲的送别中不同寻常的行为做了一个注脚，是对父亲处境与心理的理解在文章结构上的显现，没有感同身受的经历与体验是难有此种笔触的，与其说它体现了朱自清散文结构上的匠心，不如说它是父子二人心灵对话的产物。其次，写完车站送别后，文章没有就此打住，而是换了一种叙述语调，以一种沧桑而节制的语气回顾了父亲的一生，从年轻时做了许多大事，到年老时的颓唐，概括了父亲作为男人的心理历程，可以想见，做大事时的意气风发，失业后心力交瘁时的沮丧，一幕幕在朱自清的心中闪现，他对父亲这些内容的表述，并不是以儿子对父亲的恭敬语调进行的，他深入父亲的内心世界，是以一个正在经受人生磨砺的男人的心灵去体味另一颗心灵的，此时，他们是平等的，也可以说，唯有此种平等态度，才能将男人的沧桑之感写得如此透辟。再次，文章中一再闪现的背影意象也带有浓重的品读意味，从容而深入。父亲的背影在朱自清心中萦绕了八年，可以想见，每次忆起，会因他自己处境、思想的不同而有所不同，这八年是朱自清从切身体会出发，不断咀嚼父亲的过程，也是他由少年走向青年而至中年的过程，由对父亲反抗而理解父亲的过程，是与父亲达到心灵契合的过程，父亲的那封信只是这种理解表达的一个契机，理解并不是在那一刻才实现的，它是漫长的，长达八年的过程。两个男人不同寻常的经历，各自坎坷的心理路程，以及心灵契合时碰出的火花，都浓缩在背影的意象里，它是艺术的结晶，更是人生历练的结晶。朱自清品读父亲的过程，是他将"五四"遗产转化为自己精神血脉的过程，这使他获得了在心理上拆除了父子之间等级之墙的精神动力，为自己的心灵找到了一方自由天地，这才使得这种品读来得如此深入。

重读《背影》，我们深切地感到，《背影》的感情力量不在于文中写了作者多少眼泪，而在于他写出了男人在一个混乱的世界里承担的责任，感受到的来自各方面的心理压力，他们在奋斗过程中精神上的自豪与无助，不可避免的衰败而引起的绝望，那种深刻的精神悲剧才是最感人的。《背影》写了父子的至情至性，更表现了朱自清对人生的悲悯情怀，这是一个开放的心灵对父亲、对自己、对世界的观察与体味。

（原载于《语文教学通讯》2007年第2期）

《藤野先生》的解读问题

　　在中学课文中，《藤野先生》是经典中的经典。在这篇文章中，我们试图还原鲁迅文章的写作的历史情境，将其作为《朝花夕拾》的一篇文章去读，从中探讨《藤野先生》究竟写了些什么内容；我们还想看看几十年来我们又是在怎样的历史情境中解读《藤野先生》，从中知道这种历史情境对于此文的解读产生了怎样的影响。

一

　　对文章的理解，无论是其思想，还是艺术，最好方式是将文章放在其写作的历史情境中，最忌讳的是割裂历史，对《藤野先生》的阅读也应当遵循此原则。

　　《藤野先生》是《朝花夕拾》中的一篇文章，要理解这篇文章，首先应当理解《朝花夕拾》。《朝花夕拾》是鲁迅1926年2月至11月写的回忆录，以《旧事重提》的名字陆续发表在当时的《莽原》杂志上，于1927年7月重新编定，添写了《小引》和后记，改为现在的名字，由北京未名社于1928年9月出版单行本。此书对于鲁迅来说，具有非同寻常的意义。究其个人而言，此时他正经历着人生最为黑暗的时期：与二弟周作人的亲密关系因家事而终止，他失去的，不只是一位弟弟，还有一位情投意合的战友；在"三·一八"惨案中因声援学生，受到陈西滢等人的攻击，又遭北洋政府的种种刁难，加上其他原因而南下厦门，另谋新差；在厦门，生活不便，又受到另一阵营同事的排挤，他每天除了上课，便缩居于校图书馆楼上的卧室中读书、写作，夜晚透过窗户，可以看到外面坟茔中的鬼火，孤独之情油然而生。但这一时期有的也并非全是厄运，许广平的突然闯入给他寂寞的心灵增加的一丝温暖，使他忧愤的文章中有时也可见到一丝温情，尤其在《旧事重提》这类更多是写给自己的文章中。

　　《朝花夕拾》中的十篇文章写于不同的时间、地点，写作时的环境、情感、情绪也不同，但大体上说还是比较连贯的。他由童年一直写到自己到北平工作。具体说，这十篇文章由记忆中的人、事构成了自己几十年思想变化和情感体验的过程。早年的记忆是模糊的，只有一些片断，如猫、鼠、狗之类，在叙述时，他着重挖掘的是这些片断所蕴含的社会历史价值，把以后几十年生活经历带给他的复杂情感和思想投射到这些动物身上，或者说，他用杂文的笔法抒写自己几十年的人生体验，以此作为整理自己的一种方式。十篇文章越到后来对现实的描写越直接、越具体、越清晰，这一方面可以理解为后面所写的记忆是成人的，不似童稚时期那般模糊，另一方面可看做是鲁迅以时间为线索在认真地进行反刍。对读者来说，这十篇文章就是一篇文章，中间按时间顺序连为一体，每篇文章侧重记一个时期的生活，如《父亲的病》《从百草园到三味书屋》写故乡记忆，《琐记》写从家乡到南京的生活，《藤野先生》写在日本的经历，《范爱农》写从日本回到绍兴又到北京的生活。所写并不重在行踪，而在于一个时期独特的思想、情感体验，最终鲁迅所要回答的是自己怎样一步步走到了今天，经历了怎样的事件和人物刺激之后才有了今天的选择，这是鲁迅在45岁这一总结的年龄迫切需要做的。

在上述认识基础上，我们看看《藤野先生》到底写了什么，又是怎样写的。整体而言，《藤野先生》是按"东京—仙台—北京"的时空线索组织文章的，它所记载的是在日本每个地方的见闻感受，这种感受又有一定的方向性，即在人生选择的关口，哪些事、哪些人触动了他，就此而言，作者所记每个地方的人、事内容都有其独立意义，它们都是自己思想、情感变化链条中不可缺少的环节。比如，东京生活部分，作者从打扮到精神上的不思进取描写了清国留学生的丑态。国内新式学校一派陈腐之气，丝毫不能给人以新鲜的思想与活力，而在另一国度，沐浴在新思潮中的国人依然这样委靡不振，也许鲁迅此时并没有清晰地认识到中国人的国民性问题大于身体上的孱弱，但对于一个要寻找新的道路的先觉者来说，这种环境无疑是令人气闷的。于是他产生了"到别的地方去看看"的想法。文章自然转到仙台生活的记叙，这一部分中，鲁迅描写了仙台清冷的生活环境，与其说这是客观环境的清冷，不如说是日益严重的孤独感对外在环境的精神投射。另外，他又处于日本狂热的民族情绪包围之中，敏感于日本青年的民族歧视。歧视与麻木的强烈反差，对于一个"心事浩茫连广宇"的人来说，"意见"在变化，幻灯片事件只是一个契机而已。当然，这一部分最重要的还是对藤野先生的描写。一个人如果要长期留在另一个人的记忆中并形成这个人生活的原动力，是需要许多客观条件的。东京同胞的丑态，仙台清冷的自然环境，日本"爱国青年"的歧视，使鲁迅产生了强烈的孤独感，而藤野先生的言行使之得到了某种程度上的缓释。鲁迅着重记叙了藤野先生两个方面的特点：一是尊重客观事实的理性态度，健康清朗的人格形象，二是对弱国学生的同情态度，或者说种族平等的思想态度。前者是鲁迅一直希望自己的国民应有的，后者更多地出于自己的心理期望。可以说，藤野先生的出现是鲁迅日本留学生活中为数不多的亮色之一，这正是他对藤野先生念念不忘的心理原因。

这样看来，藤野先生在当时乃至一生都是对鲁迅产生重要影响的人，但《藤野先生》一文并不是为记藤野先生而记藤野先生，它主要记鲁迅的日本留学生活，以及这些年对此所思所想，目的在于清理自己，藤野先生是作为深刻影响了鲁迅选择的人而被载入文章的，就整体而言，《藤野先生》首先是回忆录，而不是一般纪念文章。

二

为什么几十年来我们的中学语文教学在解读这篇文章时出现许多分歧呢？我觉得这与六十年代以来形成的"形散神不散"的散文观念以及"艺术服务政治"的文艺观念的双重影响有关。

其实这二者是同一个问题。"形散神不散"源于肖云儒发表在《人民日报》上的一篇500字的同题文章，意在说明散文写作的特点，它综合了当时参与讨论散文特征的各家观点，一方面肯定"师陀同志说散文忌散很精辟"，另一方面强调散文贵散，即形散神不散，并明确解释"神不散"为"中心明确，紧凑集中"，"形散"是指"运笔如风，不拘成法"，指出"'散'与'不散'相互统一，相映成趣的散文，方是形神兼备的佳作"①这一概括，因为表述得明快与传播得广泛，成为那一时代散文理论的代表作，但一篇500字的文章难以进行细致的理论阐述，论断难免不充分，这便为当时及后来人的解读提供了理论想象的空间，其中"艺术服务于政治"的文艺观念对这一理论的负面影响起了重要的作用。十七年散文中，"艺术服务于政治"的观念在散文中的表现是在大唱光明赞歌的同时，要求强烈表现"时代精神"，而这种"时代精神"又常常以僵化、单一的观念来概括，甚至以流行的政治信念取代"时代精神"，散文甚至只要反映了这一政治信念就被认为是反映了时代精神。另一方面，"时代精神"常常是与作家的个性相对立的。许多作家在创作时，满足于描摹现实生活现象和演绎现实流行的政治信念，回避个性的眼光、思想、情感、情绪。这种艺术创作氛围必然在对"形散神不散"的解读

---

① 肖云儒. 形散神不散[N]. 人民日报，1961-05-12（8）.

中打下它的烙印，于是，散文的"形"与"神"有了它特定的范畴，具体说就是"散文写什么样的人和事，抒什么样的情，从立意、取材、表现手法等方面都要受到'规范'，排除了散文可以松动一些、散漫一些的特征，在一定程度上促使了散文规矩化。"①

这种特定历史情境中的散文理论也对作为中学语文教材的《藤野先生》的解读产生了影响，表现在以下两个方面：

其一，就内容而言，个性的表达被解读为以"爱国主义思想感情"或"以藤野先生为中心"的"神聚"式表达。郁达夫在解释"五四"散文发达的原因时认为，由于"五四"对个人的发现，"现代散文之最大特征，是每一个作家的每一篇散文里所表现的个性，比从前的人和散文都来得强"。从这个意义上说，"现代散文却更是带自叙传的色彩了"。②鲁迅《朝花夕拾》正是在这一思想背景下的写作，鲜明地体现了这一时代的思想特征和散文写作特征。《藤野先生》的个性表达表现在它紧扣个人经历，着重梳理自己日本留学时期（而不仅仅是仙台时期）的思想、情感，为自己现在的思想、情感寻根溯源。这种目的下的叙述，不可避免地要表现自己的爱国主义感情，但它只是一种客观再现，而非鲁迅的有意表白，或径直作为文章的中心思想。作为读者，我们需要分清作品的主观意图与客观效果，不能把二者混为一谈，更不能将两者颠倒。可惜的是，新中国成立后的中学语文教学对《藤野先生》的解读正是犯了这样一个错误，《藤野先生》中的个性表达被有意隐去，为了突出鲁迅思想家和革命家的角色，把客观再现的"爱国主义情感"转化为文章的主观表现，把并不是中心的"藤野先生"解读成文章中心内容，这样，"个性主义"的"五四文学"消失了，鲁迅及其《藤野先生》也随之变成了"文艺服务于政治"文艺观的傀儡。

其二，就散文文体而言，"大可随便"的"五四"散文被解读为"形散神聚"的新时代散文范本。这是一种散文观念上的削足适履，它是上述有意误读在散文观念上的反映。鲁迅曾在《怎么写》一文中就散文体裁的表现方式作过明确的阐述，他说："散文的体裁，其实大可随便的，有破绽也不妨……与其防破绽，不如忘破绽。"③这实际上指出了个性表现追求下的散文形式准

① 陈一萍. 冲破束缚 舒展心灵——谈散文教学应突破"形散神不散"的僵化模式[J]. 江西社会科学，2001（6）：161.

② 郁达夫. 中国新文学大系·散文二集·导言[M]//俞元桂. 中国现代散文理论. 南宁：广西人民出版社，1983：446。

③ 鲁迅. 怎么写[M]//鲁迅. 鲁迅全集：4. 北京：人民文学出版社，2005：25.

则，它首先要求写作者以一种自由的心态从事写作，心游万仞，思接千载。反观六十年代的散文写作，由于"神"有一种有形无形的特殊规定，与此相适应的"形"也不可能散到哪里去，于是出现了以杨朔、刘白羽、秦牧为代表的把表现时代精神与为政治服务等同起来，而与作家个性表现对立起来的三大家散文。对鲁迅《藤野先生》的解读是在这一观念潮流的支配下进行的，时间线索被隐去，而代之以"以表现藤野先生为主线或明线，以爱国主义的思想感情为暗线"的两线论，这种解释看似合理，但有过散文写作经历的人都懂得，这种过于理性的结构方法使人根本无法沉浸到创作所需的情绪中去，解释者也没有把《藤野先生》放在整部《朝花夕拾》中去理解它的写作方式，而是将它孤立起来，又用现有的散文理论模式削足适履，这就难免在艺术上产生误读。

当代散文随着西方种种新的文化哲学、美学、文学和散文思潮的长驱直入，极大地改变着我们旧有的散文概念，同时，中国现代散文及其所显现的散文观伴随着新时期以来的启蒙思潮又一次走进读者的视野，散文创作以它的私人话语的情致、特立独行的反思和放任不羁的写法，终结了六十年代以来"形散神聚"的单一模式，呈现出多元态势。但我们感到遗憾的是，新时期以来丰富的散文观念在三十年的时间里并没有进入中学语文课堂，没有影响或改变对经典散文教材的解读，对《藤野先生》的解读也是如此，在这期间，尽管出现了各种各样的争论，但都是在"形散神聚"的理论框架下的争论，没有切近鲁迅创作及"五四"散文理论的实际。这种有意的误读对于中学生走近鲁迅、认识鲁迅的遗害是显而易见的，同时这不仅是如何认识鲁迅和理解鲁迅的问题，更是在中学生文学趣味养成的阶段，给他们什么样的文学观念的问题。如果一种僵死的文学观念又以一成不变的方式在这一时期被灌输进中学生的文学思维中，将使他们无法面对课堂之外丰富多彩的文学世界，从而败坏他们的文学趣味，他们独自步入社会后，要么重新调整、树立自己的文学观念，要么从此与文学绝缘，无论怎样，这一过程都是痛苦的，我们的中学语文教育对此应当负责。

（原载于《语文学刊》2007年第6期，与高剑芳合写）

有意误读的缺憾

——谈中学语文教材《我的叔叔于勒》的删节问题

"文革"结束后，语文教育重新走向正轨。1980年，《全日制十年制学校中学语文教学大纲》首次提出"可以选入少量有明显消极因素而艺术性较强的传统篇目"。这一时期，除了"文革"前就有的篇目外，还选入了《项链》《雷雨》《我的叔叔于勒》等作品，从此，历次大纲修订，《我的叔叔于勒》都作为基本篇目出现在中学语文课本中，现在看来，此文入选本身在当时有着很强的意识形态原因，虽然当时对待作品入选语文课本的原则由"思想内容要加工，语言文字也要加工"，变成了"可改可不改的，不改"，[①]但对"思想内容要好"的狭隘理解，还是促使编辑们对原文作大删节。新课标实施以后，这篇作品并没有被删除，依然出现在中央教科所新版义务教育阶段语文教材中，其他省市的语文教材也大多编入了这篇作品。遗憾的是，这些编选沿用的依然是删节版，并没有恢复此作的本来面目。作为翻译作品，入选中学课本时对文字作必要的修饰、对文章内容进行必要的整理是可以理解的，然而，《我的叔叔于勒》的删节可谓伤筋动骨，主题上与原作有很大出入，艺术表现不啻一次再创作，原作丰富的人文内涵和艺术内容大大降低了，变成了一篇"应时之作"，作为课堂教学中教师、学生、文本平等对话的基本品质也大大降低了，能取得什么样的教学效果是叫人存疑的。

一

《我的叔叔于勒》的删节版，删节的内容大致有三个方面：一是若瑟夫伙伴的叙事部分。小说开头以第一人称来叙述若瑟夫的惊人举动："一个白胡子穷老头儿向我们讨钱。我的同伴约瑟夫·达弗朗什竟给了他一个五法郎的银

---

①潘晓凌. 教科书：删掉的文字，删不掉的秘密[N]. [EB/OL].[2010-05-09].http://www.360doc.com/content/09/0629/17/19032_4075573. shtml.

181 ·

币。"①下面由若瑟夫自己解释为什么这样，这就形成"我"讲若瑟夫的故事和若瑟夫讲自己的故事两个第一人称叙事。但他们不是并列关系，前者视角实际上是为了体现后者的非正常性，借此突出若瑟夫多少年来情感上的煎熬，引起读者的注意，通过这一人物传达作者的某些思想，这是这一视角设置的主要功用，从某种程度上说，小说中的伙伴具有叙述人和作者的统一性特点。二是对菲利普夫妇生活细节的描写部分。这是被删节最多的部分，主要是若瑟夫以成人的眼光和回忆的方式对其父母日常生活的描述，如他们在生活重压之下窘态：母亲"常常找出一些尖酸刻薄的话，一些含蓄、恶毒的责备话发泄在我父亲身上。这个可怜的人这时候总做出一个手势，叫我看了心里十分难过。他总是张开了手摸一下额头，好像要抹去根本不存在的汗珠，并且总是一句话也不回答"。"我的父亲穿着礼服，带着礼帽，戴着手套，让我母亲挽着胳膊，我的母亲打扮得五颜六色，好像节日悬着万国旗的海船。姐姐们总是最先打扮舒齐，等待着出发的命令，可是到了最后一刻，总会在一家之主的礼服上发现一块忘记擦掉的污迹，于是赶快用旧布蘸了汽油来把它擦掉。"再如对他们的虚荣带有嘲讽意味的叙述，虽然家境不好，但他们还是要强作欢颜，时常要出来散步，"我现在还记得我可怜的双亲在星期日散步时候那种正颜厉色、举止庄重、郑重其事的神气。他们挺直了腰，伸直了腿，迈着沉着的步伐向前走着，就仿佛他们的态度举止关系着一桩极端重要的大事"。小说中被删除的诸如此类的文字在千字左右。三是对于勒直接表示同情的内容。如："当船驶到防波堤附近的时候，我心里产生了一种强烈的愿望：我想再看一次我的叔叔于勒，想到他的身旁，对他说几句温暖的话。可是他已经不见了，因为没有人再吃牡蛎；毫无疑问，他已回到他所住的那龌龊的舱底了，这个可怜的人啊！"这三方面内容的删节，无论思想上还是艺术上都对原作产生了很大的影响。

二

这种删节，使原作的叙述人身份发生了改变。伙伴叙述人叙述内容的删除，使原来两个第一人称叙事变成了一个第一人称叙事——若瑟夫叙事。这一删节使若瑟夫现在的精神状况失去了直接佐证。更为严重的是，即使是叙述人若瑟夫，也因为删节的原因，身份由成人变为儿童，小说的主要内容，

---

① 莫泊桑. 我的叔叔于勒[M]//莫泊桑. 莫泊桑中短篇小说选（下）. 北京：人民文学出版社，1981. 教材中的主人公叫若瑟夫·弗朗士，在《莫泊桑中短篇小说选》中译作约瑟夫·达夫朗什，译者同为赵少侯。以下相关引文皆出此书。

也由成人叙事变成儿童叙事。

若瑟夫在小说中既是故事中人又是叙事者。作为故事中人，成人的若瑟夫扮演着多种角色。若瑟夫看到，于勒要偿还哥哥的债，最终并没有如愿，但于勒的心愿是一目了然的，相反，菲利普夫妇要的是结果，在对待于勒及其债务的问题上，他们表现的不是兄嫂情谊，而是债主的无情和无尽的贪欲。在这一点上，若瑟夫是一个局外的观察者。当初上演的这出亲情与金钱的争斗，以金钱的胜利而告终，这一结果对若瑟夫的伤害是巨大的，以至多少年后面对和于勒同样处境的老乞丐时，会情不自禁掏出五法朗，使自己的朋友感到诧异。从这个意义上说，若瑟夫又是一个受害者。对于勒前面的事情，若瑟夫采用"据说"一类的词语转述，努力用一种客观的方式将于勒的故事呈现出来，为父母当时的表现作一个注解，而对父母当时的表现若瑟夫采用的是直接叙述方式，有大量的描写、刻画，他使用冷嘲热讽的叙述语气清楚地表现了自己的情感倾向。因此，若瑟夫又是一个评判者。还应当看到，叙述时的若瑟夫并不是一个孩子，而是一个成人，从他对父母这一阶层的小公务员日常生活熟悉程度看，此时的他也应当正跻身这一阶层，深知这一阶层的特殊性在于社会地位上属于上流阶层，而经济收入并不丰厚，甚至有些寒酸，"他们的生活与其说是一种平庸，不如说是一种煎熬"[1]，社会地位造就了他们的虚荣，经济地位又促使他们为自己的虚荣付出昂贵的代价。所以，随着时间的流逝，对父母当时的行为虽然觉得不可原谅，还是给予了足够的理解，在对他们的行为举止冷嘲热讽的同时，看到他们的无奈和挣扎，透过他们对于勒态度的变化，若瑟夫从他们身上体会到的是世态炎凉，人情冷暖，是小人物在金钱世界里的无能、无助和变态。在这里，若瑟夫是一个悲悯者，站在人道主义的高度，以一种悲悯的眼光看待曾经发生的一切，对父母行为的谴责是出于对于勒的同情，从另一角度理解了当初父母的举动。

若瑟夫又是讲故事的人。小说是成年的若瑟夫以回顾的方式叙述的，故事的取舍，人物的评价，都带有若瑟夫的情感色彩。在童年的若瑟夫眼里，于勒是他的叔叔，父亲的亲弟弟，尽管于勒叔叔的行为为大人所不齿，但对于一个儿童来说有难以抵御的传奇性，父母对于勒前后态度的变化超出了儿童对亲情的认知范围，简单化地认为父母绝情，最后情绪化地做出了多给半个法郎小费的惊人之举。而在成年的若瑟夫眼里，事情就不这么简单，成年人的人生经历使若瑟夫换了一种眼光看待父辈之间的事情，此刻的他是沉思

---

[1] 张柯. 莫泊桑小说中的公务员情结[J]. 开封教育学院学报，2005（1）：30.

者和悲悯者，以这样一种身份叙述故事，叙述语气上少了单纯的义愤，多了些调侃、讥讽，还有一些怜悯，种种复杂的情绪显示出成年的若瑟夫对童年这段经历的认识已经趋于理性，对故事中的人物已经有充分的理解。与童年的若瑟夫不同的是，除了看到父母的可恶、可笑之处，他也看到他们的可悲、可怜之处，删除了表现这一看法的具体内容，如对他们日常生活的描述，就使得小说的叙述人由成人变成儿童，故事被从儿童视角重新整合了一遍，最大的变化是小说中的若瑟夫的身份已由原来的观察者、受害者、评判者、悲悯者，变成简单的观察者、受害者、评判者，菲利普夫妇和于勒的故事由此变成一个纯洁儿童眼里的故事，没有了悲悯者的身份，小说本身原有的复杂意味也就相应地消失了。

三

叙事者身份的改变使得小说的主题发生了改变。

如上所述，原作中叙事者的成人身份，在故事的进程中扮演着旁观者、受害者、评判者、悲悯者等不同的角色，每一种角色下的故事内容也是不同的。如作为旁观者，这一故事可以解读为父母和叔叔相见不相认的悲情故事。作为受害者、评判者，故事的重心更多地向于勒的前故事倾斜，以突出于勒的忏悔和对亲情的珍视。在一个悲悯者眼里，菲利普夫妇的行为给与了更多的理解，他们的日常生活描写成为中心故事的有力补充，甚至这些内容可以单独构成完整的故事。如果将这些不同角色下的故事统一起来，就会看到在叙事者叙述的"亲人相见不相认"这一中心故事外，还附着几个不同的、既独立又相互联系的故事，如于勒的故事、菲利普夫妇的故事，甚至若瑟夫的经历因其对故事讲述的导向作用也完全可以被看做是另一个故事，即若瑟夫的故事。这三个故事和中心故事是相互联系的，构成一个有机整体，这样一个有机体所表现的主题已远远不是"对金钱社会下被异化的人与人的关系的鞭挞"或"表现这一社会形态下小人物的悲哀"所能概括的了，它表现的是一种悲悯情怀：于勒因为不能挣到足够的钱而无法再见兄嫂，无法一起过快活的日子，自己的良心也就无法得到救赎；菲利普夫妇因为于勒钱的问题，一方面无法消除对他的愤恨，另一方面无法接纳他，接纳了就意味着自己又增加一份经济负担，本来就捉襟见肘的经济状况雪上加霜。他们因为钱遭遇的是同一种命运，在金钱的困厄下，他们难以张扬自己对亲情的渴望——这一人性中重要的一面。接受美学认为，文学作品是作者和读者共同完成的，因此，若瑟夫这一悲悯者的态度使读者对故事的意蕴领悟不再局限于对扭曲人性的金钱社会的批判上，更重要的是看到了整个故事整个人的悲剧。

同样的故事，成人眼里和儿童眼里所呈现的内涵是不一样的，叙事者身份的改变，使原来小说中的故事变得单纯了，同时强化了叙事者作为儿童的观察者、受害者、评判者的角色，淡化甚至改变了原来小说中成人叙事者对世界复杂的情怀，对菲利普夫妇和于勒精神世界的理解变得简单化，菲利普夫妇成了为金钱而不要亲情的冷漠符号，于勒变成了有家不能回的可怜虫，毕竟一个儿童的视野是有限的，爱憎分明是其优点，但在小说中这一视角使人物和故事复杂隽永的意味丧失殆尽，小说就简单地成为对于勒的同情，对菲利普夫妇的谴责，小说内部隐含的悲剧氛围随之改变，谴责、鞭挞代替了悲悯，小说的主题就这样被改变了。

四

语文教学的视角是随着语文教学大纲或课程标准对语文课程性质的不同界定而变化的。20世纪八九十年代，大纲对语文课程性质过于强调其工具性的一面，语文教学的视角很自然集中在"语文知识点"上。《我的叔叔于勒》也是如此，教学目标确定在在字词句的掌握，作家、作品知识的记忆，小说文体知识在作品中的运用上，教学的重点则集中于作品结构的梳理、主题的认识，但这些是教学参考书早已规定好的，并且作为试题答案的依据，所谓教师个人的理解，学生的质疑、探寻，无从谈起。21世纪初修订的《语文教学大纲》，开始要求课文有典范性，文质兼美，富有文化内涵和时代气息，关注学生视野的开拓和学习兴趣的激发，教学视角相应地转换到学生素养的培养上，要求"学习欣赏文学作品，感受作品中的形象"，[①]教学内容主要集中在人物形象分析、人物关系的梳理、对资本主义的金钱社会的认识等方面，研读课文时，小说的知识点仍然是教学重点，从情节到人物，从手法到主题，紧紧扣住的仍然是教材的知识体系，虽然过去那种死教教材的现象有所改观，也开始关注学生的阅读体验，但由于教材本身按照一定的意图作了删节，留给教师和学生的理解空间并不大，出现了热热闹闹但最后结论一致的课堂图景，这是对学生的"伪尊重"。

《全日制义务教育阶段语文课程标准（实验稿）》颁布后，中学语文教育进入一个崭新的阶段，它明确指出"工具性与人文性的统一，是语文课程的基本特点"与过去的语文教学大纲相比，它突出了语文课程的人文性，认为

---

① 中华人民共和国教育部. 九年义务教育全日制初级中学语文教学大纲（试用修订版）[M]. 北京：人民教育出版社，2000：2.

学生语文学习过程是人实现自我成长的过程，激发人的创造力与生命力的过程，这一过程的实现，有赖于自主、合作、探究的学习方式的倡导，有赖于语文教师对语文教学过程中知识与能力、过程与方法、情感态度与价值观等三个维度的把握，更有赖于语文教材本身所具有的丰富的人文精神，也可以这样说，新课标下的语文教学过程，是教师、学生、教学文本三者平等的对话过程，目标是培养学生丰富的语文素养。自此，《我的叔叔于勒》的教学视角才真正转到学生人文精神和相应的语文素养的培养上，虽然在教学目标中基础知识仍是不可忽略的，但学生通过自主、合作、探究理解人物关系和人物命运已经被提到教学重点的位置。现在的问题是，我们面对的是一个有着明确指向性的文本，叫师生如何体验小说本身原有的丰富意蕴呢？

经典教材之所以成为经典，原因在于它在文字优美的基础上，有丰富的思想意蕴，吸引教师不断加强自己的学养对它进行探讨，无论是学术上的研讨，还是生活上的启发，都会觉得兴味无穷，激发与学生分享这些感受的强烈欲望；这些思想又是平实的，对不同学段的学生产生了强烈的吸引力，它不但给学生们以教益，而且使学生拥有了平等交流、对话的欲望，与这些思想相比，学生不会感到自己的想法幼稚，也相信自己在成长当中。与这样的作品对话，学生感到的是充实，是自信，是成长的幸福。从这个意义上说，《我的叔叔于勒》原文的经典性是充分的，其最大的特点在于它为教师、学生提供了广阔的解读空间。学生既可以顺着若瑟夫悲悯的眼光看待这悲惨的世界，也可以跳过这一视角，直接深入故事深处，在不同的人物命运中体味人生和命运，这类看法没有深刻浅薄之分，因为个人的经历、阅历不同，对作品的解读方式、视角也不会相同，重要的不是结论，是他们思考的过程，当然教师也会有自己的一份解读，也可能与学生的结论不尽相同，这些不同的结论完全可以作为学生的理解问题的一个视角。一堂语文课，以作品为平台，师生对话，互相切磋，不求同，可存疑，不正是新课标所标榜的自主、合作、探究的真义么？盎然的兴趣，独立的思考，表达的愿望，不正是学生语文素养的培养所要求的么？从这一角度说，当前新课标教材中的删节版《我的叔叔于勒》，主题先行，有意误读，最大的问题在于削弱了原作丰富的人文内涵，使小说丧失了进一步解读的空间，即使摆出了几种对主题的理解让学生"探讨"，学生最后得出怎样的结论不是很明白的么？

在推进新课改的过程中，我们不但要对教师进行培训，使他们尽快适应新课标带来的教学思想冲击，充实自己的知识结构，还要关注教材的编写这一领域，对教材与新课标思想的衔接问题应予以充分的注意，以往我们注意了文字的优美，教材本身适应学生的解读空间问题似乎还没有引起足够的重视，在此以《我的叔叔于勒》为例对这一问题作一探讨，希望语文教育界警觉，不能让它成为新课标实施的瓶颈。

（原载于《石家庄学院学报》2010年第3期）

"立人"的散文教材文本
——推荐孙犁的《记邹明》

一、选文之"质""立人"本位

就语文学科而言，大纲时代更多地从特定政治视角理解学生人格精神的培养问题，新课标时代除了对此有所延续，特别重视对学生独立、健全的人格的培养。新课标下，语文教材由文体组元改为主题组元，编写形式的变化，意在纠正过去文体教学的功利化倾向。但就教材的"人文"主题而言，新课标时代对大纲时代的延续性大于开拓性，突出了"宏大主题"，与大纲时代相比，精讲篇目没有太大变化。为了进一步强化特定的"宏大主题"，新教材编选依然沿用了大纲时代的做法：删改和有意误读。典型的删改是《我的叔叔于勒》，削足适履，改变原作主题，使之成为我们需要的主题的作品[1]；为了适应单元主题，编写者通过导读系统对一些教材阐释，偏离了作者的写作实际，淡化了具体文本独特的思想性和艺术性，使之完全成了单元主题阐释的"一个例子"，这在鲁迅作品中表现得最为明显。"宏大主题"的延续，决定了经典教材的延续，对经典教材的删改和有意误读则强化了教材主题的"宏大性"。

现代社会中，学生培养是一个"立人"的过程。"立人"作为新文化运动的基本主题，也是我们民族寻求变革的最根本的"宏大主题"，也应是我们特定意识形态下"宏大主题"实现的前提。"立人"就是要培养学生的独立人格，让他们学会独立观察、理解和表达。如果忘记了这一意义上的"宏大主题"，狭隘地去理解教材主题的"宏大性"，就会与时代发展脱节。语文教材作为现代人文精神培养的载体，应以"立人"为本位，陈述真实的生活、真实的历史，展现特定语境下人的真实精神状态。唯有呈现真实，才能有个人的思索与判断；唯有个人判断的建立，才有健全的个人存在。因此，教材编

---

① 张占杰，辛志英. 有意误读的缺憾——谈中学语文教材《我的叔叔于勒》的删节问题[J]. 石家庄学院学报，2010（2）：109-112.

选中，我们要换一个思路，把有特点的、适合学生阅读的、体现"个人叙事"的作品引入教材。孙犁的《记邹明》就是这样的作品。

二、《记邹明》是适当的"立人"散文教材文本

邹明生前是《天津日报》副刊编辑，孙犁任副刊科副科长时唯一的"兵"。四十年中，孙犁将他看做是自己的一个帮手，是"最接近的朋友，最亲近的同事"，甚至晚年还想让他帮助孩子们处理自己的后事。这样一个人，却要先孙犁而去，对孙犁的打击之大可想而知。孙犁的文章写于1989年12月11日，邹明则于第二天，即1989年12月12日去世，是机缘巧合，还是天意？

《记邹明》是孙犁怀人散文的代表作。这类散文写的大都是他的战友、同学，虽然身份各异，大到部长级，小到不名一文，但孙犁从未想过这些，只是选一些"无关紧要"的零碎小事，点染勾画，符合自己的印象即可。这就决定了他对人物观察的平视角度，和我们日常所见纪念文章大都采用的仰视角度有所不同。孙犁就是这样把握邹明的。作为一位很早就从事编辑、写作的作家，在孙犁看来，邹明的文章，写得也很拘谨，不开展，出手很慢，后来也就很少写了。尽管孙犁总是劝他多写一些，但他就是不愿动笔，偶尔写一点，文风改进也不大。应当说，这不是一个才华出众的作家。他也很胆小。中国的政治运动，使人人自危，再亲近的朋友，一旦卷入运动漩涡，也会被周围的人视若异类，唯恐避之不及。反右中，邹明受牵连被调离报社，文革时，一次在报社附近等汽车，他远远看到孙犁，"跑过来说了几句话"，可以想见他的挂念和兴奋，但当孙犁从干校回来，遇见几次，"约他到家来，他也总没来过"，其中原因，可以想见。这又是一个保守的、有点文人小情调的人。好喝酒，好浓茶，抽劣质烟，看秘籍，爱好"新玩意儿"，因此孙犁说他"在一些问题上，在生活行动上，有些旧观念。他不会投政治之机，渔时代之利，因此也不会得风气之先。他一直不能成为一个时代的宠儿，耀眼的明星。他常常有点畸零之感，有些消极的想法"。这样一个小人物，注定"将永远是默默无闻的，再过些年，也许会被人忘记的"。但，邹明真诚，无论过去在运动中，还是当今浮躁的日常生活里，在日益"商贾化、政客化、青皮化"的文坛，这都是难能可贵的品质，也是孙犁所珍视的。"大批中青年作家，都是他的朋友。丁玲、舒群、康濯、魏巍对他都很尊重"，他和孙犁一家关系密切，孙犁的老伴儿将他视为亲人，曾向孙犁说过："她有一次到报社去找邹明，看见他拿着刨子，从木工室出来，她差一点没有哭了。又说：我女儿的朝鲜同学，送了很多鱿鱼，她不会做，都送给邹明了。"邹明总是尽可能

地帮助孙犁，默默地想"匡正"孙犁的一些做法，以免引起不必要的误会。孙犁写了"自己拿不准"的新作，也先请邹明给看一看……正直、认真，上下级之间彼此信赖，在沉浮起落的年月里达到这样的程度，实在不多见。作为编辑，邹明勤勉，任劳任怨，以一人之力支起了一本双月刊《文艺》，一做就是十年，直至去世。

平视角度写朋友，写亲人，与仰视角度最大的区别在于，展现在眼前的是有血有肉、灵魂鲜活的人物，不是毫无缺陷，只能使人仰视的"神"。我们教材中，此类文章大多采用仰视角度，即使不是，导学系统也按照这样的理念进行阐释，突显主人公的"伟大"，朱自清的父亲，鲁迅的藤野先生，不都被我们这样阐释过么？这不只是文学观的问题，从根本上说，是如何正视"人性"的问题，仰视了平凡的人，赋予了他们更多的"神性"，却无形中粉饰了他们，掩盖了真实。我们不鼓励现在给中学生暴露太多的"丑恶"，但应当告诉学生平凡的真实。只有这样，学生才能慢慢学会自己判断，才会有理性精神。

教材中的记人散文，大都是线性结构①：材料取舍围绕某种思想，作者或托物言志，或借景抒情，情感的触发由浅入深、由弱到强，层层推进，形散而神聚。对于散文的文体性质，王富仁先生作过一个比喻，他说："如果说小说家与小说的关系就像一个建筑师和他的建筑物的关系，散文家和散文的关系就像一个人和他的家的关系。"我们无法抛开这个人去感受他的家，因为这是他的家，到处都会有他的气息、习惯，也只有这样，你才能感到这个家的亲切与生动。"散文表现的是作者直觉质感中的世界，小说表现的是作者想象中的世界，散文实现的是作者与读者之间的直接交流，是把作者的见闻感受直接告诉读者，小说实现的是作者与读者间接的交流，是通过一个想象的世界的感受和理解实现的潜在的交流。"②这就决定了作者在散文表现中的意义，一些作家借此创作出一种别样的、以作者的情绪变化为结构核心的散文。《记邹明》就是这样的散文。你在作品里无法抛开孙犁的感悟去看邹明，它们水乳交融，孙犁的邹明，是在自己的情感、经历范围中理解的邹明，是两个人几十年思想情感交流历史中的邹明，有时候根本分不清作者是在写邹明还是写自己，用孙犁的话说，就是"与其说是记朋友，不如说是记我本人。是哀邹明，也是哀我自己"。阅读全篇，可以分明感到作者情绪的起伏变

---

① 关于"线性散文"，参见：陈剑晖. 中国现当代散文的诗学建构[M]. 南昌：江西高校出版社，2004：190.

② 王富仁. 语文与语文教学[M]. 广州：广东教育出版社，2006：122-123.

化。邹明得了不治之症，孙犁当然无比难受，但文章开头，还是平静地叙述和邹明交往，随着文章的演进，孙犁似乎已经忘记了在写文章，完全沉浸在追忆当中，有琐事，有不快，心有戚戚，写到邹明命运的变化，在强烈的共鸣下，情绪达到高潮，一番沉痛的议论，还是不能平复激动的心情，对邹明绵长的记忆，化作后面一个一个的片段，上下文之间看不到关联，直至终篇，文章在孙犁近乎绝望的哀嚎中戛然而止，即将失去朋友时的巨大哀伤、孤独与无助跃然纸上，留给读者的是久久难平的同情、伤感，很难说这是孙犁的写作技巧所致，但又不能不说文章达到了"止于不可不止"的文学写作境界。《记邹明》以情绪的变化结构全篇，看似杂乱无章，实则是一曲跌宕起伏而又绵延悠长的交响乐。

现代散文，作为"五四"文学成就最突出的文体，本于"自由精神"，作家的人格精神、思想情怀乃至此时此刻的情绪波动，都是文本要集中传达的。没有自由，就没有个性，没有个性，就没有散文《记邹明》中，我们看到许多貌似闲笔的笔墨，如开始写到自己是"副刊科副科长"时，顺便写到旧社会对履历的重视，又写到官职的层级和自己的位置，调侃"这就像过去北京厂甸卖的大串山里红，即使你也算是这串上的一个吧，也是最下面，最小最干瘪的那一个了"。你可以说这是孙犁写自己没有架子，与邹明没有上下级关系的隔阂，但这不是主要的，它体现的是写作者的放松心态，是将全部身心投入抒情对象，"视通万里，思接千载"的自由状态，这种状态下的作者，会随着自己的意绪，一步步展现自己真实的情感、思想、情绪，以一种身临其境的方式展现自己的"个性"，在文中，我们看到的孙犁，是一个沧桑的老人，自己的"一生，这样短暂，却充满了风雨、冰雹、雷电，经历了哀伤、凄楚、挣扎，看到了那么多的卑鄙、无耻和丑恶，这是一场无可奈何的人生大梦"，在生命即将走到终点的时候觉醒过来，他对人生有不同常人的观察与思考，他的沧桑来自他对世事的深刻观察，来自对人生的期望与失望的巨大对比，因此，他更加珍惜这个世界中美好的事物，比如朋友，在他那里，是"友直、友凉、友多闻"，不分官职，可以有性格瑕疵，但在人生的重大关口，能够洁身自好，他为这样的朋友的不幸，送上自己的同情，为他们的不足，递上自己的宽容，为他们的真诚，表达自己的赞美。散文可以写作者视野中的人物、事件、花花草草，我们关注的不仅仅是这些，我们更在乎他作为一个个性鲜明的人，在这些描写背后所展示的思想与态度，这才是散文的味道，是它阅读与接受的独特之处。一个没有个性的作者，不可能在散文中提供给我们有意义的启示，他的文章，文辞再华丽，也不是好散文，好的散文必须是有阅历、有思想、有情怀的作者的"个人叙事"。

三、"个人叙事"的教学解读问题

《记邹明》作为一篇"个人叙事",有突出的思想性,展现了散文独特的艺术性,写作渊源上直追鲁迅的《为了忘却的纪念》,孙犁在用自己的写作实绩回归"五四"散文传统。如何将文本的思想与"立人"结合起来,如何使学生理解散文之美,则是一个教学解读问题,它与教材编写者以及教师的思想、艺术修养直接关联。就《记邹明》而言,涉及两个方面的问题:一是散文观念问题,二是散文教学观念问题。

第一,尽管现在教科书中的《谈谈散文》不再将"形散神不散"作为散文的唯一旨归,但现实中它对语文教学的影响依然广泛存在。"形散神不散"来源于一篇小文《形散神不散》,发表在1961年5月12日的《人民日报》上。作者萧云儒认为:所谓形散,指的是"散文运笔如风,不拘成法,尤贵清淡自然,平易近然"。谈到"神不散",他指出鲁迅的散文是最典型的代表,"看起来,没有一篇紧扣题目,就题论题,散得很;实际上,是用自己精深的思想红线把生活海洋中的贝壳珠粒,串缀成闪光的项链。虽然色彩斑驳,但粒粒如数;虽然运思落笔似漫不经心,但却字字珠玑;环扣主题,形似'散',而神不散"。[①]这一观点今天看来,没什么大毛病,错就错在:一,将一家之言变成散文的金科玉律,连作者对此都不以为然;二,对它做了符合国家抒情体制逻辑的演绎。自毛泽东《在延安文艺座谈会上的讲话》发表,我们通过一系列文艺政策、组织方式、管理方式,建立了一套完整的"国家抒情机制",确保文艺"对工农兵为主的伟大劳动人民和伟大的时代的反映和赞美"。[②]"形散神不散"因此被做了过度阐释,"将散文贵散误传为主张散文不能散,又将神就是主题强加于短文,并解释为要为政治服务,直奔主题,图解政治,配合中心"。[③]时过境迁,我们现在不会再这样解释散文,但这一观念背后的思想逻辑依然影响着现在的语文教学。教材选文和解读的"宏大主题"观念,遮蔽了我们的艺术视野,对散文类型趋于多样化,表现形式精彩纷呈的现实熟视无睹,钟情于线性结构散文,只按这类散文的规范解读散文,这明显违背了散文的自由精神,是对"个人叙事"的空泛化

---

① 萧云儒. 形散神不散[N]. 人民日报, 1961-05-12(8).

② 梁向阳. 抒情机制的确立与抒情散文的兴盛[J]. 海南师范学院学报(社会科学版), 2003(6): 53-57.

③ 萧云儒. "形散神不散"的当初、当年和现在[J]. 美文, 2005(6): 72.

处理，教学过程中的"立人"也便无从谈起。从这个意义上说，将来难免有些编选者和教师将《记邹明》看做是仰视角度的纪念文章，以线性散文的思维解读。如此，就与孙犁的写作初衷相悖了。

第二，现实教学中，以文章学的视角进行散文教学，是一个普遍的现象。文章学视角下的散文，着眼于记叙、说明、议论等写作基本方法的梳理，文章结构上起承转合的总结，特定"宏大主题"范围内主题及其意义的解读，忽略了文本独特的思想内涵和艺术形式。如果《记邹明》入选教材，我们的教参、我们的教师对此会怎样处理呢？如果忽视这一文本的"个人性"，依然按照传统文章学的观念解读，对作为散文文本的"视角"问题、独特的"情绪结构"以及作者的个性视而不见，它的教材意义就丧失了。

（原载于《名作欣赏》2015年第3期）

后　记

　　2002年10月，在教了13年初中之后，我到了石家庄师范专科学校，2005年它改名叫石家庄学院。转眼14年过去了，期间，教过基础写作、中学语文教学法、书法、新闻写作、中国新闻传播史，还有两门选修课：孙犁研究、中学语文教材文本分析。每每想起，就像做梦一样。上大学期间，老师给我们的印象是一人只教一门课，甚至只教这门课的一部分，上完课就走人，余下的时间写自己的论文，喝自己的茶，聊自己的天，打自己的球。我不知道自己究竟是"一专多能"，还是一颗螺丝钉，派到哪里，就在哪里努力"实现自我"。也不知道一些课程在没有任何科研成果的情况下，教学效果会是怎样，只知道有研究心得的，讲起来眉飞色舞，忘了时间，与学生互动良好，不用担心学生迟到、早退，不用登记学生出勤，不用关心学生上课是否玩手机，更不用关注每个学期末学生对教师的"判罚"。

　　这样的课印象中只有两门。一门是孙犁研究。我读研时的专业是中国现当代文学，硕士论文是关于孙犁晚年散文的，2011—2014年完成了两项省级孙犁研究课题，一本所谓专著《中国新文学传统建构中的孙犁》于2014年5月出版，2015年获河北省文艺批评一等奖。这样的基础不愁上课没话说。另一门是中学语文教学法。当年这所学校要我，原因之一就是有中学语文的教学经历，也有相关的论文，教教学法理所当然，最佳人选。好吧，这就开始了自己中学语文教学法的教学生涯和相关科研工作。2008年主持河北省高等教育学会教育科学"十一五"规划重点研究课题"由虚变实——高师语文教学论课程体系构建与实施策略研究"，2010年主持河北省教育科学"十一五"规划课题"新课标下中学语文教师学者化成长研究"，之前的2007年还做了一项有关儿童文学的学校重点课题"中国传统文化经典中儿童文学资源的现代阐释与传播"，题目看起来高大上，实际上研究的初衷和中学语文教学有关。参与编写《语文新课程研究性学习》和初中学科教师专业发展指导丛书《语文》卷，另外还有论文多篇。

活了50余年，资质平平，自觉属于比较用功的一类人。十几年过去，中学语文学科教学法课程有了个基本框架，与其他院校稍有不同，分三个部分：第一部分是语文教学法理论。重点介绍语文及语文课程、语文教师、教材编写、阅读教学、写作教学等内容，一般都是结合当初的实践经历和现在的观察来讲，使学生对语文课程有一个基本的了解。第二部分是文本分析。就是以现在教材中的课文尤其是经典课文为载体，让学生学习文本的阅读、笔记、札记、查阅、整理资料等方法，学习鉴赏类、教学问题探讨类文章的写法。将文本分析作为一个专题，是因为文本分析能力事并语文教师的核心素质，也是现在很多教师的短板，随着新课标的施行，这一素质越来越重要。通过这一训练，可以有效整合学生中文专业的所有知识，静心读书，安静写作，从中找到自己的乐趣。第三部分是将学生实习与课堂试讲结合起来，学生试讲一篇课文或一个片段，大家集中讨论，找问题，寻正道，对语文教学有一个初步的认识。在这样的训练中，学生逐渐接近教学实际，有利于他们将来尽快适应新的教学环境。几轮试验下来，通过调查和毕业学生的反馈，觉得课程设计的方向是正确的。

本书就是在这些年教案基础上写成的，参考了相关教学法教材和研究论文以及一定数量的硕士、博士论文，对一些内容做了补充、取舍。我们的学生，一部分人将来的就业方向是小学或初中语文教师，紧要的是对语文教学有一个基本概念，有一定的语文教学能力，所以这本书强调实践性、实用性、基础性。书后附录部分，是自己近年写的文本分析文章、教学研究文章。写作的初衷是想给学生做示范，告诉他们某一类文章的写法、规范和要求，当然其中也包含着自己对一些问题的思考。

本书的出版，得益于学生们的支持。每年上完课，都要请学生们提一些中肯的意见，这对下一年的教学帮助非常大，也直接影响了教案的修改，所以要感谢我的学生们，和他们在一起，对我是一种享受。我们上课，尤其到教学实践环节，我会对试讲的学生说，一定要将心态放好，因为试讲不是用来表扬和鼓励的，是用来找问题的，有了问题不要觉得难为情，找到一个就会避免一个，就会有相应的解决办法，是一个进步的过程。所以试讲课时争论、辩白很是激烈，最后大家似乎早已忘记试讲人是谁，而集中于问题的提出与解决。应当说，这样的课在我的教学生涯中是不多的，因而每次都倍加珍惜。

张占杰

二〇一七年三月十一日